As Novas Regras do Marketing Verde deveria servir como o livro definitivo para qualquer empresa que se preocupe em comercializar seus produtos ou a si mesma como verde ou sustentável.
L. Hunter Lovins, presidente, Natural Capitalism

Jacquelyn o inspirará a respeito do potencial do marketing verde não apenas para gerar crescimento, mas para que se sinta bem consigo mesmo e com sua carreira ao mesmo tempo que ajuda a melhorar a saúde do planeta.
Adam Lowry e Eric Ryan, Cofundadores e CEOs, Method

Um livro essencial para os profissionais de marketing que trabalham com mercados verdes em busca de um futuro mais limpo e sustentável.
Cathy L. Hartman e Edwin R. Stafford, Center for the Market Diffusion of Renewable Energy and Clean Technology, Jon M. Huntsman School of Business, Utah State University

... Jacquelyn Ottman foi e ainda é a maior defensora do conceito de marketing verde, mostrando a necessidade de desenvolvermos produtos e serviços que permitam aos consumidores adotar um estilo de vida mais sustentável... Um texto essencial para todos os alunos de design de produtos e marketing, também para professores e para a indústria de produtos. Talvez seja a hora certa para a criação da "The Jacquelyn Ottman Academy"?
Dr. Han Brezet, diretor de pesquisa e professor da Faculty of Industrial Design and Design for Sustainability, Delft University of Technology

Livro essencial para todos os profissionais de marketing que buscam aumentar o valor do fluxo de negócios já existente.
Hiro Motoki, Deputy Chief Executive, E-Square Inc.; Lecturer, Tohoku University Graduate School of Environmental Studies

Jacquie Ottman sempre esteve à frente da ligação entre os teóricos e os visionários do marketing sustentável, e do mundo do marketing prático de pressões e restrições competitivas. Com seu novo livro, ela transformou totalmente essa ligação.

Professor Ken Peattie, diretor, BRASS Research Centre, Cardiff University

Os livros e artigos da Sra. Ottman têm sido alguns dos principais trabalhos que uso para atender meus clientes e alunos, há mais de uma década.

Wendy Jedlicka, autor de *Packaging Sustainability*

O marketing verde é o futuro, e Jacquie Ottman é nossa guia. Um livro sincero e muito motivador, repleto de dicas úteis para todos os interessados em comunicações inteligentes e sustentáveis.

Brian Dougherty, autor de *Green Graphic Design*

Todos os empresários envolvidos na criação de produtos sustentáveis devem ler este livro.

CJ Kettler, empreendedor, fundador e CEO da LIME Media

A pioneira do marketing verde, Jacquelyn Ottman, ensina as "Novas Regras" em um livro abrangente, interessante e útil que certamente se tornará mais um clássico... Tudo que um professor de marketing verde (e seus alunos) podem querer!

Fredrica Rudell, professora-adjunta e diretora da Marketing, Hagan School of Business, Iona College

O livro da guru do marketing verde, Jacquelyn Ottman, oferece uma estratégia indispensável para o marketing de produtos e serviços nos períodos críticos que enfrentaremos.

Jon Naar, autor de *Design for a Livable Planet*

Jacquie Ottman continua no cerne do assunto... Ela continua ensinando de onde o marketing verde responsável surgiu. E, ainda mais importante, onde estará daqui a 20 anos. Aproveite.

Sol Salinas, ex-diretor de Marketing e Planejamento, ENERGY STAR; Federal Sustainability Lead, Accenture Sustainability Services NA

Neste novo livro, Jacquie mais uma vez integrou dados interessantes e observações muito pertinentes em um registro importante a respeito do assunto.

Michael V. Russo, autor de *Companies on a Mission*

O mais novo livro de Jacquie oferece um guia interessante e prático a respeito de assuntos que costumam ser complexos e desafiadores.

Martin Charter, diretor, The Centre for Sustainable Design, Reino Unido

Em seu novo livro, Jacquie mostra que o próximo ponto alto é o mercado verde.

Ichin Cheng, diretor e sócio, Sustainable Innovation Lab, Reino Unido

Jacquelyn Ottman escreveu, mais uma vez, um livro indispensável a respeito do marketing verde... *As Novas Regras do Marketing Verde* é leitura obrigatória para todos os profissionais de marketing.

Jennifer Kaplan, autora de *Greening Your Small Business*

Finalmente, o livro de que precisamos para uma abordagem ao marketing no século XXI.

Mary McBride, Design Management Graduate Program, Pratt Institute

Este livro se tornará uma referência importante para qualquer pessoa que queria participar dessa nova realidade do mundo verde.

Tukee Nemcek, diretor, New Brand Initiative, BISSELL Homecare Inc.

Todos que queiram participar da sustentabilidade devem ler este livro.

Ron Buckhalt, gerente do programa USDA BioPreferred

As Novas Regras do Marketing Verde deve ser a bússola para os negócios que navegam na odisseia da sustentabilidade.

Jay Fang, CEO, Green Consumers' Foundation, Taiwan

Jacquie Ottman usa seus 25 anos de experiência como ativista verde e fornece dados importantes e dicas úteis para os envolvidos na área.

Shelley Zimmer, Environmental Initiatives Manager, HP

As Novas Regras do Marketing Verde é brilhante. Leitura obrigatória para todos os interessados em sustentabilidade.

Laurie Tema-Lyn, diretora, Practical Imagination Enterprises

O novo livro de Ottman é uma fonte maravilhosa e muito valiosa.

Valerie L. Vaccaro, professor de Marketing, Kean University

Quem compra ou vende qualquer coisa pode usar este livro para realizar escolhas melhores para um futuro duradouro e próspero.

Pamela J. Gordon, autora de *Lean and Green*

Ottman conseguiu de novo. Ela tem força no campo do marketing verde; na verdade, ela é a força.

John Rooks, autor de *More Than Promote*

JACQUELYN A. OTTMAN

AS NOVAS REGRAS DO MARKETING VERDE

Estratégias, Ferramentas e Inspiração para o *Branding* Sustentável

M.Books do Brasil Editora Ltda.

Rua Jorge Americano, 61 - Alto da Lapa
05083-130 - São Paulo - SP - Telefones: (11) 3645-0409/(11) 3645-0410
Fax: (11) 3832-0335 - e-mail: vendas@mbooks.com.br
www.mbooks.com.br

Dados de Catalogação na Publicação

Ottman, Jacquelyn A.
As Novas Regras do Marketing Verde: Estratégias, Ferramentas e
Inspiração para o *Branding* Sustentável. Jacquelyn A. Ottman.
2012 – São Paulo – M. Books do Brasil Editora Ltda.

ISBN 978-85-7680-183-2

1. Marketing   2. Sustentabilidade   3. Administração

Do original: The New Rules of Green Marketing

Publicado em inglês pela Berrett-Koehler Publishers, Inc.

©2011 J. Ottman Consulting, Inc.

©2012 M.Books do Brasil Editora Ltda.

Editor
MILTON MIRA DE ASSUMPÇÃO FILHO

Tradução
Carolina Caires Coelho

Produção Editorial
Lucimara Leal

Coordenação Gráfica
Silas Camargo

Editoração
Crontec

2012
M.Books do Brasil Editora Ltda.
Todos os direitos reservados.
Proibida a reprodução total ou parcial.
Os infratores serão punidos na forma da lei.

**Para o meu Geoff,
o reciclador original**

Sumário

Prólogo 17
Prefácio 19
Agradecimentos 22

1   O Verde Agora É Tendência **29**

Todos Estão Preocupados 30
Toda Geração É Verde 33
    Baby Boomers: a Primeira Geração Moderna e Verde 33
    Geração X: de Olho no Mundo 34
    Geração Y: Mídia Digital sob Controle 34
    Geração Z: o Verde Faz Parte da Vida Deles Naturalmente 35
Comportamento Verde: um Fenômeno Diário 36
    Eleitores e Cidadãos Verdes 38
    As Compras Ficaram Verdes 39
A Mídia se Torna Verde 33
Os Governos Entram em Ação 44
Amplas Oportunidades de Negócios 45
    Lucros Maiores 46
    Nova Fonte de Inovação 47

10 Sumário

A Hora de os Profissionais de Marketing Agirem É Agora.........................48
Prêmios para Pessoas Também 50

2 Somos Todos Consumidores Verdes 53

Cinco "Tons" de Verde dos Consumidores 54
    LOHAS...56
    Naturalites..57
    Drifters 58
    Conventionals 60
    Unconcerneds 60
Segmentando por Interesses Verdes...60
    Poupadores de Recursos...63
    Fanáticos por Saúde 63
    Amantes dos Animais...64
    Entusiastas da Natureza...64
Estratégias de Compra e Motivação dos Consumidores Verdes 64
    Assumir o Controle 65
    Obtendo Informações 68
    Faça a Diferença, Diminua a Culpa 70
    Ser Fiel ao Estilo de Vida..72
    Parecer Bacana..74

3 O Novo Paradigma do Marketing Verde 77

O Novo Paradigma do Marketing Verde 78
As Sete Estratégias para o Sucesso do Marketing Verde 81
Abordando as Novas Regras..82

4 Projetando Produtos Mais Verdes 93

Abordagem ao Ciclo de Vida 93
Levando em Consideração o Ciclo de Vida Todo 94
Problemas de Projeto de um Produto Verde 95
Estratégias para o Design de Produto Sustentável 100
    1. Colheita e práticas de mineração sustentáveis 101
        C.F. Martin & Company...101

Tiffany & Company 102

2. Conteúdo reciclado 103
Cartuchos de Impressora HP 103
Recycline 103

3. Redução de fonte 104
Cápsulas Solúveis Dropps 104

4. Cultivo orgânico 105
Linha de Orgânicos Safeway 106
Comida Orgânica de Bebê Earth's Best 106
Nike Organics 107

5. Comércio justo 107
Divine Chocolate Limited 108
O doce certificado de comércio justo da Ben & Jerry's 109
Produtos de Beleza Clarins 109

6. Redução da toxicidade 110
A Linha de Tênis Considered da Nike 111
Cobertura para Piso Marmoleum da Forbo 111
Produtos de Limpeza Doméstica Seventh Generation 112

7. Pensar no global, cultivar na região 113
Wal-Mart 114

8. Usar práticas responsáveis de manufatura 114
Kettie Foods 114

9. Eficiência energética e de combustível 115
Eletrodomésticos Bosch 116
Eletrodomésticos com Smart-Grid 117
Telefones Celulares Nokia 117
Toyota Prius 118

10. Eficiência no uso da água 118
Vasos Sanitários de Descarga Dupla Caroma 119

11. Prolongar a vida útil dos produtos 120
Cadeira Stokke Tripp Trapp 120

12. Reuso e refil 120
Garrafas de água reutilizáveis 120
ecoEnvelopes 121

13. Reciclagem 121
Cadeira de escritório Herman Miller Mirra 122
Programa de reciclagem Patagonia Common Threads 122

14. Compostagem 123

12 Sumário

Aparelho de jantar VerTerra...123
Embalagem da Frito-Lay Sun Chips.............................124
Harvest Collection, da GenPak 125
15. Seguro para descarte...126
Lâmpadas Fluorescentes Philips Alto II 126

5 Inovação e Sustentabilidade...**131**

Design para a Eco-inovação..132
Cinco Estratégias para a Eco-inovação.................................134
1. Inovar no nível de sistema...134
Mudar Elementos Individuais de um Sistema de Produto Existente... 135
Sistema de Reciclagem Greywater AQUS 135
Escova de Dente Soladey 135
gDiapers 135
Desmaterializar o Produto 136
Mostras de Carpete da Tricycle 136
E-readers 137
Criar um Novo Sistema de Produto 137
Estações de Recarga Better Place 138
2. Desenvolver Novos Materiais.....................................138
PlantBottle da Coca-cola..139
Bioplástico Mirel da Metabolix......................................139
Bioplástico Ingeo da Natureworks................................140
3. Desenvolver Novas Tecnologias 140
Diodos Emissores de Luz (LEDs)...............................141
Energia Renovável 141
Carregador Solio movido a energia solar....................142
Turbina Eólica Swift..142
Produtos Acionados pelo Homem................................142
Automóveis Alternativos 143
4. Desenvolver Novos Modelos de Negócios 146
Oferecer o Produto como Parte de um Serviço 147
Compartilhamento de Carros da Zipcar.......................147
Compartilhamento de Bicicletas Vélib.........................148
Aluguel de Livros Acadêmicos.....................................148
Acordos de Compra de Energia....................................149
Substituir um Produto por um Serviço Eletrônico............149

Serviço de Computador Zonbu 149
Substituir Conhecimento por um Produto Físico 150
Controle de Pestes 150
5. Restaurar o Meio Ambiente 150
Catalisador de Ozônio BASF PremAir 150
Purificador de Água PUR 151

6 Comunicando a Sustentabilidade com Impacto 153

Os Desafios de Comunicar a Sustentabilidade 154
Fundamentos do Bom Marketing Verde, segundo Ottman...................... 156
Seis Estratégias da Comunicação de Marketing Sustentável 158
1. Conheça seu Consumidor.. 158
2. Chame Atenção dos Consumidores 159
3. Ensine e dê Poder aos Consumidores para que Eles
Criem Soluções 162
Enfatize os Benefícios Ambientais 164
Seja Otimista.. 166
Aborde os Motivos Secretos dos Consumidores 167
4. Garanta na Performance 170
5. Envolva a comunidade.. 170
Envolva-se no Marketing de Causa.................................... 171
Seja Criativo.. 175

7 Estabelecendo a Credibilidade e Evitando o *Greenwashing* 181

Greenwashing! 181
Cinco Estratégias para Estabelecer Credibilidade para Marca e
Marketing Sustentáveis 184
1. Faça o Que Fala.. 185
Um CEO Visível e Comprometido 185
Dê Poder aos Funcionários 186
Seja Proativo.. 187
Seja Detalhista.. 188
2. Seja Transparente.. 188
3. Não Engane.. 190
Seja Específico e Proeminente.. 192

Ofereça Informações Completas 192

Não Exagere 193

Conte a História Inteira 195

4. Peça a Ajuda de Outras Pessoas 195

Selos de Atributo Único 199

Selos de Múltiplos Atributos 200

Selos Voluntários do Governo 202

Programas de Autocertificação 204

Verificação Independente 205

Declaração de Produto Ambiental 206

Escolha com Sabedoria 206

Seja Relevante 206

Eduque 207

Promova seu Selo Ecológico 207

5. Promover o Consumo Responsável 207

8 Parcerias para o Sucesso 213

O Público em Geral 214

Estratégia para Educar o Público 216

Crianças 216

Estratégias para Educar as Crianças 217

Funcionários 221

Estratégias para Dar Poder aos Funcionários 222

Varejistas 223

Estratégia para Criar Parcerias com Varejistas 225

Fornecedores 228

Estratégias para Parcerias com os Fornecedores 229

Governo 231

Estratégias de Parcerias com o Governo 232

Estabeleça Parcerias para Criar Novos Produtos 233

Grupos Ambientais 234

Estratégias para Criar Parcerias com os Grupos Ambientais 235

9 Dois Líderes em Sustentabilidade que Abordam as Novas Regras Perfeitamente..**241**

Timberland®...242
Starbucks®...250

Conclusão **259**

Informações Extras **261**

Notas..**293**

Sobre a Autora **313**

Índice Remissivo **315**

Prólogo

Na última década, poucos assuntos relacionados ao marketing têm sido mais dinâmicos do que os "verdes" e a sustentabilidade. Em poucos anos, testemunhamos os consumidores mudarem de opinião a respeito do desempenho de produtos ecologicamente corretos, acostumando-se ao "verde" em muitas categorias.

A recente explosão da imprensa, dos produtos, dos serviços e do marketing verde tem trazido consigo muita confusão e falta de confiança, e tudo isso coloca em risco todo o movimento verde e nos ameaça com a possibilidade de voltarmos para uma época de apatia dos consumidores.

Complicando ainda mais o movimento verde está a chegada da Geração Y que, agora com pessoas entre 20 e 30 anos, está tomando o ponto central na arena do consumismo. Os anos de formação desta geração foram os 1990, quando as pessoas tinham tantas opções que os valores se tornaram o diferencial de marca. A sustentabilidade e os valores verdes são uma característica de geração para esse forte grupo que influenciará a lealdade de uma vida toda a uma marca. Eles levam esses valores enraizados a nossa economia, e também as ferramentas para apoiar ou expor as empresas na forma de mídias sociais.

No momento em que este livro está sendo lançado, vemos algumas das maiores poluidoras do mundo serem consideradas como as empresas mais "amigas do meio ambiente", de acordo com a percepção dos consumidores. Essa discrepância entre a percepção do público e o verdadeiro impacto ambiental está sendo alimentada pela mídia de massa que frequentemente destaca alguns produtos ou iniciativas que têm apenas uma "aura verde". Mas isso não durará. A transparência da Internet e a imparcialidade das ferramentas de mídia social pretendem expor as diferenças entre o lado público e o privado de uma empresa. Com isso, ocorrerá uma mudança no marketing verde... no que se diz e no que faz.

Ao avançarmos para um futuro no qual o marketing verde não pode continuar separado das operações de um negócio, o papel da equipe de marketing e sua influência interna também se desenvolverão. Na essência do marketing verde há uma missão maior do que qualquer marca: o planeta. Trata-se de um propósito maior que exigirá que os profissionais de marketing mudem seu papel na organização a fim de influenciar as atitudes da organização e refletir sobre seu verdadeiro impacto ambiental. Há diferença entre marketing verde e uma empresa verde? Hoje, há, mas amanhã não haverá.

As Novas Regras do Marketing Verde, de Jacquelyn Ottman, é um livro que nos permite viver bem neste mundo de mudanças. Ela o ajudará a deixar de ver o "verde" como uma oportunidade e passar a vê-lo como parte essencial do marketing de qualquer empresa e da filosofia empresarial geral. Jacquelyn o inspirará a respeito do potencial do marketing verde para gerar crescimento e para que você se sinta melhor a respeito de si mesmo e de sua carreira além de ajudar a melhorar a saúde do planeta.

Enquanto criávamos a marca *Method* ao longo dos últimos anos, assumimos uma jornada pioneira colocando os cuidados verdes em ponto de destaque. Passamos por essas mudanças no que se refere ao "verde" mantendo, na essência de nossa organização, uma dedicação real à construção de uma empresa sustentável chamada "People Against Dirty" [Pessoas contra a sujeira]. Na *Method*, não vendemos um produto, mas, sim, uma filosofia. Seguindo nossos valores e crenças, criamos não apenas uma marca financeiramente compensadora, mas um maior nível de satisfação e de felicidade no trabalho – sabendo que fazemos parte de algo maior do que nós mesmos. Afinal, quem quer simplesmente produzir sabão quando é possível salvar um planeta? Esperamos que você embarque numa viagem bem parecida.

Adam Lowry e Eric Ryan
Cofundadores e CEOs da Method,
San Francisco, Califórnia

Prefácio

Este livro aborda as novas regras do marketing verde que cada vez mais caracterizam a sensibilidade de compra de bilhões de consumidores pelo mundo. Passei mais de vinte anos de minha carreira prestando consultoria para empresas líderes a respeito das estratégias de marketing verde (e quinze anos a mais do que havia planejado), mas poucas pessoas questionariam agora o fato de a preocupação com o meio ambiente ser o normal e de as regras do jogo para os profissionais de marketing estarem mudando depressa. Todos os consumidores têm essa preocupação? Não. Longe disso. Mas a consciência, a preocupação e a intenção de comprar a coisa certa estão no campo de visão da maioria dos consumidores no mundo desenvolvido hoje? O verde também está mudando os planos dos fabricantes e das empresas de serviço para satisfazer as necessidades dos consumidores, além de moldar os planos de governantes, ONGs, líderes religiosos, imprensa, educadores, celebridades de Hollywood e todas as outras forças importantes da sociedade? A resposta para essas duas perguntas é um enfático "sim".

Este livro também fala sobre as estratégias necessárias para se obedecer às regras. Pensando na atitude e no comportamento diferente dos consumidores de hoje, essas estratégias cobrem os produtos atuais e o advento de novos produtos sustentáveis; comunicando com credibilidade e impacto, atuando de modo proativo com uma diversidade de *stakeholders* para estender os recursos e abordar as necessidades dos consumidores de modo autêntico e minucioso. Ilustro essas estratégias contando as histórias de líderes em sustentabilidade: marcas com o verde enraizado em seu DNA. Temos histórias de empresas, como Seventh Generation, Timberland e Stonyfield Farm, que estão aumentando seus negócios rapidamente, intensificando seu apelo a partir de um público muito restrito, passando agora para algo mais abrangente. Temos também histórias de grandes marcas multinacionais, como

GE, HSBC, Starbucks, Nike, Procter & Gamble, Toyota e Wal-Mart, que rapidamente estão se adaptando às novas regras. Este livro também aborda essas duas forças que se unem para abrir as portas para empreendedores jovens e criativos, como a Method, tornarem-se verdes e conhecidos desde o início – e o que todo o mundo pode aprender estudando suas estratégias únicas. Preocupados com o futuro, a demanda do cliente por produtos sustentáveis é construída na base da confiança. Infelizmente, neste momento, o termo "marketing verde" tem o mesmo impacto de *greenwashing** – *players* dentro da indústria que exageram ou enganam os consumidores a respeito dos atributos ambientais de suas ofertas. Acredito pessoalmente que grande parte do chamado *greenwashing* é não intencional e até compreensível em uma indústria em rápido crescimento ainda testando os novos territórios. Os profissionais de marketing verde de hoje trabalham sem uma orientação governamental forte ou uma auto-orientação bem estabelecida. (A Comissão Federal de Comércio dos Estados Unidos não julgou nenhuma causa de pedidos verdes durante a administração Bush, de 2000 a 2008!) Não existe forma de certificação para os praticantes do marketing verde, e existem poucos (quando existem!) cursos a respeito de sustentabilidade nas universidades públicas, em cursos de administração ou programas de treinamento em empresas. Mesmo assim, sinto-me incentivada pelos esforços sinceros para divulgar os benefícios de produtos realmente sustentáveis que existem no mercado hoje; são essas histórias e estratégias que reconto e comemoro em meus muitos anos de envolvimento profundo nesse setor.

O objetivo deste livro é ajudar todo profissional de marketing bem intencionado a entender as estratégias necessárias para se adaptar às novas regras do marketing verde e a encontrar um caminho rentável e de baixo risco para satisfazer as necessidades dos clientes de modo verdadeiramente sustentável – e incentivá-lo a se tornar um líder. Escrito principalmente a partir da perspectiva do meu país, os Estados Unidos, o livro traz conteúdo valioso de todo o mundo. Escrevi-o para os diretores de sustentabilidade, para os executivos de marca de fabricantes de bens de consumo e fornecedores de serviços, assim como para o pessoal de marketing, relações públicas e publicidade. É também uma valiosa ferramenta para empresários e investidores

---

* Branqueamento ecológico ou ecobranqueamento (*greenwashing* em inglês) é um termo utilizado para designar um procedimento de marketing usado por uma organização com o objetivo de dar à opinião pública uma imagem ecologicamente responsável dos seus serviços ou produtos, ou mesmo da própria organização, quando, na realidade, a organização tem uma atuação contrária aos interesses e bens ambientais. (N. T.)

de risco, professores e alunos, e representantes de associações de comércio, ONGs e agências do governo.

No Capítulo 1, explico a predominância do verde e as maneiras pelas quais as regras têm mudado rapidamente. No Capítulo 2, descrevo duas maneiras de segmentar os consumidores verdes antes de caracterizar as motivações dos compradores e a psicologia em rápida mudança. No Capítulo 3, descrevo o novo paradigma do marketing verde e ofereço uma explicação detalhada de uma empresa que exemplifica esse paradigma perfeitamente bem – a Method. Em seguida, no Capítulo 4, mostro o que é necessário para abordar o novo paradigma do marketing verde, começando com as estratégias para tornar os produtos verdes. Depois disso, no Capítulo 5, faço uma introdução à inovação sustentável com cinco estratégias práticas para criar um caminho interessante a fim de reduzir de modo significativo os impactos ambientais, ao mesmo tempo em que se melhora a perspectiva para o futuro.

Como veremos no Capítulo 6, com os produtos "amigos do ambientes" em mãos, os leitores ficarão prontos para aprender a respeito das novas estratégias de comunicações com o consumidor verde e como alcançar os benefícios com impacto. O Capítulo 7 é todo dedicado ao complemento total de estratégias estabelecendo a confiança e evitando o *greenwashing*. No Capítulo 8, veremos as novas estratégias para colaborar com diversos *stakeholders* – um passo essencial para a garantia da legitimidade e da completude dos esforços humanos em um mundo complexo no qual uma empresa não pode acumular os recursos e o domínio necessários para a tarefa.

O Capítulo 9 engloba as histórias e estratégias complexas de dois líderes de sustentabilidade, a Starbucks e a Timberland, o que exemplifica uma compreensão mais profunda das novas regras do marketing verde e estão mostrando muito bem o caminho para a integração das considerações ambientais e sociais, mantendo a saúde dos negócios. No Capítulo 10, concluímos o livro com um complemento total de recursos no mundo.

Espero que aproveite este livro e os exemplos de esforços bem-sucedidos de marketing verde que foram realizados por muitos líderes de sustentabilidade, incluindo alguns de meus clientes, o que me dá muito orgulho. Espero ainda que você mantenha esta obra por perto, para usar como recurso útil, guia prático e fonte de inspiração constante.

Jacquelyn A. Ottman
Nova York, Outono de 2010

Agradecimentos

Assim como são necessárias muitas pessoas para criar uma criança, precisei de um exército de colegas e parceiros, pessoas que conheci ao longo de 22 anos como consultora de marketing verde, para escrever este livro.

Na J. Ottman Consulting, buscamos sempre os produtos verdes e as campanhas mais bem-sucedidas para nossos clientes. Diversos funcionários e muitos outros colegas nos ajudaram a pesquisar mais e a descrever muitos exemplos que serão vistos ao longo deste livro. Entre eles, estão: David Aigner, Ann Amarga, James Blackburn, Catie Carter, Brynne Cochran, Marjorie Dunlap, JC Darne, Ling Feng Funcionário, Laura Gardner, Alana Gerson, Laura Kortebein, Lisa Martin, Isabelle Mills-Tannenbaum, Michael Mintz, Emily-Anne Rigal, Kyle Weatherholtz e Margot Wood. Veronica Gordon, Sydnee Grushak, Sarah McGrath, Candela Montero, Alexandra San Roman e, especialmente, Elizabeth Weisser devem receber destaque pelas contribuições importantes que fizeram ao texto.

Além disso, agradeço muito aos diversos representantes dos líderes sustentáveis, incluindo alguns de nossos clientes, que revisaram trechos deste livro para checar a exatidão. Entre eles, estão: Steve Davies, da Natureworks, Clifford Henry e Laura Thaman, da Procter & Gamble, Kate Lewis do programa BioPreferred, da USDA, Steven Mojo da BPI, Katie Molinari da Method. Anastásia O'Rourke da Ecolabel Índex, Ben Packard da Starbucks, David Rinard da Steelcase, Nicole Rousseau do HSBC, Cara Vanderbeck da Timberland, Jill Bohr do programa ENERGY STAR do EPA, e Shelley Zimmer da HP.

Agradecimentos especiais a Gwynne Rogers, do Natural Marketing Institute, que ofereceu diversos quadros de proprietários, e Martin Wolf, da Seventh Generation, que orientou nos trechos a respeito da avaliação do ciclo de vida, como fez tão habilmente em meus dois primeiros livros.

Queridos colegas revisaram partes do texto e ofereceram informações e opiniões importantes, incluindo Martin Charter, Fred Curtis, Joy Fournier, Ann Graham, Wendy Jedlicka, Byron Kennard, John Paul Kusz, Birgitte Racine, Inês Sousa, Edwin Stafford, Pamela van Orden, Rudy Vetter e, principalmente, John Laumer. Agradeço especialmente a Mark Eisen pelo trabalho de realizar uma última revisão ao fim da criação e a Stephanie Tevonian pela inestimável ajuda com o design.

Por fim, agradeço a minha editora Greenleaf Publishing, no Reino Unido, e a Berret-Koehler, nos Estados Unidos, e em especial a Dean Bargh, Jeevan Sivasubramaniam, e Johanna Vondeling pelas importantes contribuições. Manifesto, meu apreço a John Stuart, da Greenleaf, por envolver-se neste projeto com entusiasmo, inteligência e graça.

As 20 Novas Regras do Marketing Verde

1. **O verde agora é tendência.** Até pouco tempo atrás, apenas um pequeno grupo de consumidores verdadeiramente verdes existia. Hoje, 83% dos consumidores – representando todas as gerações, desde Baby Boomers à Geração Y – têm um "tom" de verde. Além disso, agora existem segmentos muito bem definidos de consumidores verdes.

2. **O verde é *cool*.** O verde já foi uma preocupação passageira de poucos, mas agora além de tendência é chique. Na verdade, os consumidores verdes são pioneiros na adoção e líderes que influenciam o comportamento de compra. As celebridades e outras pessoas bacanas geralmente defendem causas verdes. As pessoas se mostram (e se atualizam) passeando em um Toyota Prius (ou logo, como prevemos, em um Nissan LEAF elétrico) e carregam sacolas de compra de tecido para participarem da tendência.

3. **Os produtos mais verdes funcionam tão bem ou melhor, e agora começam a ter um preço mais acessível.** Graças à tecnologia, fizemos grande avanço desde a época em que os produtos sustentáveis acumulavam pó nas prateleiras das lojas de alimentos saudáveis, porque eles não funcionavam tão bem e não tinham boa qualidade. Os orgânicos, os carros híbridos e os produtos de limpeza mais seguros ao meio ambiente agora têm um preço que vale a pena.

4. **O verde inspira produtos e serviços inovadores que podem resultar em melhor valor ao consumidor, em marcas melhoradas e em uma empresa mais forte.** Os gerentes inteligentes não mais consideram o meio ambiente como um peso que representa mais custos, mas, sim, um investimento que compensa muito.

5. **Os valores guiam o consumo.** Historicamente, os consumidores compravam apenas de acordo com o preço, o desempenho e a **conveniência.** Mas hoje, a maneira como os produtos são

fabricados, manufaturados, embalados e dispensados – e até aspectos sociais a respeito de como os trabalhadores das fábricas e do campo são tratados – importa.

6. **Faz-se necessária uma abordagem de ciclo de vida.** Atributos únicos, como recicláveis, orgânicos ou eficientes importam muito, mas não querem dizer que um produto é verde de modo geral. Os produtos reciclados ainda criam muito desperdício, os morangos orgânicos ainda precisam ser transportados por milhares de quilômetros e as lâmpadas compactas fluorescentes contêm mercúrio. Assim, uma abordagem mais detalhada de ciclo de vida ou com base no carbono para a adoção do verde se torna necessária.

7. **A fama do fabricante e do varejista importa mais do que nunca.** Além de procurar por nomes de marcas mais confiáveis nas prateleiras dos supermercados, os consumidores agora viram as embalagens para ler o verso e saber "Quem é o dono desta marca? Eles produziram este artigo com altos padrões sociais e de proteção ao meio ambiente?".

8. **Salve-me!** Esqueça as imagens de planetas! Ignorem as margaridas! Abaixo os bebês! Nem mesmo os consumidores mais conscientes compram produtos apenas para "salvar o planeta". Os consumidores de hoje compram marcas mais verdes para ajudar a proteger sua saúde, economizar dinheiro ou porque simplesmente têm um desempenho melhor. É por isso que produtos como orgânicos, artigos naturais de cuidados pessoais e de cuidados aos animais e produtos que fazem uso eficiente de energia estão liderando as vendas.

9. **A filosofia do negócio.** Antes, as empresas eram o que fabricavam. International Business Machines. General Foods. General Motors. Agora, os negócios e as marcas são o que representam. Method. Starbucks. Timberland.

10. **A sustentabilidade representa uma importante necessidade do consumidor e agora é um aspecto integral da qualidade do produto.** O verde deixou de ser simplesmente uma posição de mercado. Os produtos precisam ser verdes. As marcas precisam ser socialmente responsáveis. Ponto.

11. **Os produtos mais verdes representam novos conceitos com modelos de negócios com bem menos impacto.** Se simplesmente continuarmos "esverdeando" os mesmos produtos "marrons" de sempre, nunca chegaremos à sustentabilidade. Precisamos recorrer à substituição de serviços e produtos, adotando maneiras totalmente novas de abordar os negócios.

12. **Os consumidores não necessariamente precisam possuir um produto; os serviços podem satisfazer suas necessidades, talvez até melhor.** Os consumidores, historicamente, satisfazem as suas necessidades adquirindo produtos, mas conceitos como o Zipcar e e-books estão começando a provar que a utilidade e o serviço são o que realmente importa.

13. **As marcas que os consumidores compras e nas quais confiam hoje os educam e os colocam em conversas importantes por meio de diversas opções de mídia, principalmente os sites e as redes sociais.** Falar "para" os consumidores por meio das mídias convencionais e anúncios pagos não consegue mais estabelecer lealdade entre os consumidores em um mundo conectado.

14. **Os consumidores de produtos e serviços verdes são fortemente influenciados pelas recomendações de amigos, família e de terceiros.** Com as pesadas críticas a respeito das formas tradicionais de propaganda e um percebido retrocesso do *greenwashing*, os profissionais de marketing inteligentes influenciam os influenciares de compra e terceiros, como ONGs e, principalmente, os que se autodenominam protetores da ecologia.

15. **Os consumidores verdes confiam em marcas que dizem tudo.** BP, ExxonMobil e SIGG aprenderam essa lição da maneira mais difícil. Não basta mais ter um nome conhecido. As marcas de hoje se tornam confiáveis praticando a "transparência radical", revelando as coisas boas... e as ruins.

16. **Os consumidores verdes não esperam perfeição.** Assim como não existe o branco mais branco, não existe o verde mais verde. Os consumidores esperam que você estabeleça altos objetivos

(por exemplo, desempenho além da mera concordância), procure sempre melhorar, e registre o progresso.

17. **Os ambientalistas não são mais inimigos.** Reconhecendo o poder do ambiente de trabalho para realizar a mudança, muitos defensores do meio ambiente se aliam à indústria, oferecendo orientação útil e domínio do assunto.

18. **Quase todo mundo é um *stakeholder*.** Não mais apenas restrito a clientes, empregados e investidores, públicos de todas as esferas agora são *stakeholders*: ambientalistas, educadores e crianças, até mesmo as ainda não nascidas.

19. **Autenticidade.** Não basta adotar um logotipo de reciclagem nem fazer uma promessa de adoção de produtos biodegradáveis. As marcas consideradas mais verdadeiras integram benefícios sustentáveis importantes em seus produtos. É por isso que o HSBC e a Stonyfield Farm buscam reduzir os impactos de carbono de suas operações.

20. **O simples é tudo.** Platão era um ambientalista: "Simplicidade é elegância". Os consumidores de hoje estão cortando as compras desnecessárias e se livrando dos equipamentos e quinquilharias que não somam valor a suas vidas. É por isso que têm migrado para marcas que ajudam a expressar esses valores, como Method, Starbucks, Timberland. Simples assim.

O Verde Agora É Tendência

Nos anos 1960, tentar levar um estilo de vida consciente do meio ambiente, e principalmente integrar o verde nas compras, era um fenômeno muito raro. Mas agora é tendência e tem mudado as regras do jogo do marketing de modo muito acentuado. Acionado pelo livro de Rachel Carson, *Silent Spring* (1962), acreditava-se que os pioneiros dos consumidores verdes dos dias atuais viviam com aquecedores de água movidos à energia solar instalados no telhado, moíam a granola que eles mesmos preparavam e eram vistos usando roupas feitas com folhas, além de sandálias Birkenstocks e dirigiam um Volkswagen. Os produtos verdes disponíveis – principalmente de negócios menos populares, e às vezes feitos em porões e em garagens – acumulavam poeira nas prateleiras de baixo em lojas de alimentos saudáveis por um bom motivo: eles não funcionavam, eram caros e tinham nomes de marca dos quais nunca ninguém tinha ouvido falar.

Não é de surpreender que houvesse pouca demanda por eles. O sabão em pó natural que foi lançado em resposta ao susto com o fosfato em 1970 deixava as roupas encardidas, a primeira geração de lâmpadas compactas fluorescentes tinha um brilho esverdeado e os cereais multigrãos tinham gosto de papelão. Se você quisesse ajudar na reciclagem, tinha de levar suas garrafas e jornais a um local adequado, porém do outro lado da cidade. A imprensa verde se limitava a cópias raras da *National Geographic*, edições especiais das aventuras submarinas de Jacques Cousteau, e as idealistas e liberais revistas *Mother Jones*, *Utne Reader* e *New Age*.

Mas isso é passado. As coisas mudaram muito e, com elas, as regras do marketing verde. Hoje, assim como muitas pessoas do mundo, 83% dos norte-americanos adultos têm adotado pelo menos um "tom" de verde a mais em suas vidas.[1] Eles gozam de um estilo de vida no qual as escolhas sustentáveis são altamente acessíveis, atraentes e esperadas. Graças aos avanços nos materiais e na tecnologia, os produtos mais verdes de hoje (conhecidos por terem um impacto menor no planeta do que os alternativos) e os produtos mais sustentáveis de hoje (aqueles que atribuem uma dimensão social, por exemplo, o comércio justo) agora funcionam bem, e até melhor e de modo mais eficiente do que seus semelhantes convencionais.

Além disso, os canais de distribuição mudaram. Hoje, os produtos sustentáveis estão disponíveis em mercados convencionais, como o Fred Meyer e o Safeway, empórios bem iluminados, como o Trader Joe's e o Whole Foods Market, e, claro, os mercados on-line. Antes limitada aos telhados, a energia solar agora é móvel, abastecendo um estilo de vida moderno e intenso, com carregadores de celular, mochilas e até frotas de barcos. Antes limitado às caixas de lenços de papel e embalagens antigas, o material reciclado atualmente é bom o bastante para fazer parte da linha de lenços Scott Naturals, da Kimberly-Clark, e artigos de escritório EcoEasy, da Staples, sem falar de uma série de outros tipos de produtos da Synchilla PCR (reciclado após uso) da Patagonia, como camisetas feitas com garrafas de refrigerante recicladas e até embalagens de cosméticos, como aquelas feitas de jornal reciclado, que embelezam a marca Uruku, da Aveda, entre outros.

O mercado verde está aqui para ficar e vai crescer e amadurecer muito, desenvolvendo regras de comprometimento ainda maiores. Aprender a atender aos consumidores verdes de hoje de maneira melhor trará importantes oportunidades de aumentar as vendas e os lucros, tornando maior a participação de mercado entre o crescente número de consumidores verdes, além de economizar dinheiro, melhorar a confiança dos funcionários e recrutar e manter os melhores. Como discutiremos ao longo deste livro, você verá como estimular a inovação e a habilidade de melhorar sua reputação no mercado. Adote a sustentabilidade – agir hoje de modo que as futuras gerações possam satisfazer suas necessidades – e goze de mercados duradouros para seus produtos, protegendo as fontes de matéria-prima das quais seu negócio depende.

Todos Estão Preocupados

O verde se tornou tendência porque mais pessoas estão preocupadas com os assuntos relacionados à sustentabilidade, mais do que nunca. Refletindo uma consciência que tem se tornado mais sólida nos últimos vinte anos, o público geral está começando a compreender o impacto que esses assuntos terão em suas vidas agora e nos próximos anos – e está começando a agir.

Figura 1.1 **Principais pontos de preocupação ambiental**
Porcentagem de adultos norte-americanos indicando que os seguintes assuntos os preocupam

		2009 **%**	**2005-2009** **% de** **mudança**
Qualidade da água		67	−1%
Lixo nuclear perigoso e tóxico		61	−6%
Poluição de carros e caminhões		54	+2%
Conservação da água		53	+10%
Desmatamento		52	+8%
Aquecimento global ou mudança de clima		50	+2%
Superpopulação		50	+28%
Uso de combustíveis fósseis		47	+18%
Falta de espaço aberto ou áreas urbanas		37	+42%

Fonte: © Natural Marketing Institute (NMI), 2009 LOHAS Consumer Trends Database®
Todos os direitos reservados

No passado, os profissionais de marketing verde acreditavam que as pessoas se preocupavam com o meio ambiente porque sentiam que o planeta estava sendo prejudicado – e suas comunicações refletiam isso. (Lembre-se de todos os comerciais de antes mostrando bebês, margaridas e planetas.) Mas os profissionais de marketing de hoje estão percebendo, cada vez mais, que os consumidores temem que o planeta esteja perdendo sua capacidade de manter a vida humana; eles se preocupam com sua saúde e com a saúde de seus filhos. (Lembre-se de que o planeta estará sempre aqui!) É por isso que os problemas relacionados à saúde, como qualidade da água, lixo nocivo e poluição do ar, disponibilidade de água, aquecimento global e superpopulação estão no topo da lista das preocupações ambientais que os consumidores mais temem (veja a Figura 1.1).

Esse medo tem aumentado há muito tempo. O lixo tóxico que envenena a água e a comunidade de Love Canal, no Estado de Nova York, e o incêndio do rio Cuyahoga, em Cleveland, Ohio, em 1972, colocaram a qualidade da água e do ar na lista das maiores preocupações dos norte-americanos. Pense também no dilema do lixo de Mobro, quando em 1987 procurou-se, sem sucesso, por um porto. A destruição causada pelo furacão Katrina, em Nova Orleans, no verão de 2005, o filme vencedor do Oscar de 2006, de Al Gore, *An Inconvenient Truth*, e o fluxo constante de matérias de que a Terra está se aquecendo e de que as calotas de gelo estão derretendo causaram temor diante da mudança climática. Na época em que este livro é publicado, os Estados Unidos lidam com os resultados do derramamento de óleo no Golfo do México, com projeções de destruição piores do que aquela causada pelo derramamento de óleo da Exxon Valdez, em 1989.

Os tóxicos – independentemente de eles serem gerados longe, em regiões industriais, ou de fazerem parte de produtos de limpeza que ficam embaixo da pia – também estão na lista, acompanhados pelos temores de sempre, produtos químicos como asbesto, dioxina e efeitos hormonais, percloroetileno, usado em limpeza a seco, o cloreto de polivinila (PVC), ftalatos, o agente amaciante de brinquedos de plástico e, mais recentemente, o bisfenol A (BPA), que foi relacionado a problemas de desenvolvimento fetal, uma descoberta que fez com que garrafas de água e produtos para bebê fossem tirados das prateleiras dos mercados.

A limitação das fontes naturais e o rápido crescimento da população também aparecem na lista das principais preocupações. Economize cada watt! Salve uma árvore! Economize cada gota! Os consumidores se preocupam com recursos escassos de combustíveis fosseis e a maior dependência de recursos estrangeiros, o uso da água doce, o desmatamento e, cada vez mais, a sua relação com a mudança climática. Os preços da gasolina nos Estados Unidos passaram de 4 dólares por galão durante o verão de 2008 e muitos motoristas temem que tais aumentos de preço possam ser apenas o começo.

Toda Geração É Verde

O comportamento de uma pessoa reflete seus valores e a sustentabilidade – cuidar da natureza, do planeta e das pessoas que vivem aqui agora e das que viverão no futuro – é um valor essencial de todas as gerações vivas, começando com os Baby Boomers, que lideraram a carga verde de meados ao fim dos anos 1960. Por mais importantes que os Baby Boomers sejam para o ativismo ambiental como os maiores consumidores da nação e líderes da sociedade, o possível impacto a ser provocado pelas Gerações X, Y e Z, usuárias da Internet, pode ser mais importante ainda.

Baby Boomers: a Primeira Geração Moderna e Verde

Líderes de milhões de famílias norte-americanas, os Baby Boomers, há muito lideram o movimento verde por meio dos valores e atitudes que eles inseriram na sociedade, que passaram a seus filhos e netos. Nascidos entre 1946 e 1964, e com idade entre 46 e 64 anos em 2010, os Boomers mais velhos, na faculdade e na juventude, lideraram o movimento anti-Vietnã, anti-empreendimentos grandes e a favor de movimentos ativistas pelo meio ambiente do fim dos anos 1960 e início dos anos 1970. Uma criação do então senador Gaylord Nelson, o Dia da Terra foi comemorado pela primeira vez pelos Baby Boomers em 1970, depois do primeiro Dia Solar, em 1971. As demonstrações de preocupação deram origem ao National Environmental Policy Act [Ato de Política Ambiental Naciomal], de 1969, a base da Agência de Proteção Ambiental Norte-americana, em 1970, os atos a favor do ar limpo e da água limpa naquele mesmo ano e o ato pela preservação das espécies em extinção, de 1973.

E então veio o embargo do petróleo no Oriente Médio, marcando o começo da crise de energia de 1973-1975, que aumentou a demanda dos Baby Boomers por carros menores e com combustíveis mais eficientes, além de formas renováveis de energia. Em 1979, o lançamento do filme de ficção *Síndrome da China*, sobre medidas de segurança em uma base nuclear, passou a ser exibido, por uma feliz coincidência, duas semanas antes da queda parcial da estação geradora de energia nuclear em Three Mile Island, perto de Harrisburg, Pensilvânia. Hoje, mais de metade (54%) dos Baby Boomers são considerados "consumidores socialmente conscientes".[2] São 40 milhões de Boomers que escolhem orgânicos, compram produtos que preservam os recursos naturais, boicotam os produtos de empresas que poluem e apoiam os produtos de empresas que retribuem à comunidade.

Geração X: de Olho no Mundo

Criada na emergente CNN, que levou os problemas do mundo para dentro de nossos lares, as pessoas da Geração X (também conhecidas como geração Baby Bust) nasceram entre 1964 e 1977 e tinham de 33 a 46 anos em 2010. Contando com os atores Leonardo DiCaprio e Cameron Diaz como os maiores ambientalistas de sua geração, as pessoas da Geração X analisam os problemas ambientais por meio de uma lente que alinha questões sociais, educacionais e políticas.

Em 1984, as pessoas da Geração X testemunharam o incêndio numa estação da Union Carbide, em Bhopal, na Índia, que destruiu mais de três mil vidas e, acredita-se, ainda causar sérios problemas hoje em dia.[3] Em 1985, o concerto Live Aid, organizado pelos músicos Bob Geldof e Midge Ure, divulgou a necessidade de ajudar a erradicar a fome em uma Etiópia desesperada a 400 milhões de pessoas no mundo, algo sem procedentes – e abriu os olhos de milhões de pessoas da Geração X em países desenvolvidos, fazendo que elas tomassem conhecimento da dura realidade dos países subdesenvolvidos. Em 1986, as pessoas da Geração X também testemunharam o resultado da explosão da base nuclear de Chernobyl. E, em 1989, as mesmas emissoras de televisão mostraram a devastação causada pelo derramamento de óleo da Exxon Valdez em Prince William Sound, Alasca, e também tomaram consciência de eventos como o Eco-92, promovido no Rio de Janeiro.[4]

Geração Y: Mídia Digital sob Controle

Os possíveis novos líderes do movimento verde de hoje são as pessoas da Geração Y, nascidas entre o início dos anos 1980 e o início dos anos 1990, que em 2010 tinham idades variando de 20 a 30 anos. Essa geração com conhecimento tecnológico (também conhecida como Millenials) cresceu com computadores e Internet.

Descrentes do governo e das autoridades, rapidamente eles desafiam as práticas de mercado que consideram não autênticas ou não confiáveis. Com a capacidade de expressar suas opiniões por meio de blogues, textos e nas redes sociais, são capazes de obter respostas de milhões de pessoas pelo mundo. Filhos da geração Baby Boom, cujos valores sociais e ambientais elas compartilham, os jovens adultos de hoje testemunharam o Furacão Katrina em 2005 e o derramamento de óleo no Golfo do México, em 2010, e têm conhecimento a respeito da Grande Mancha de Lixo no Pacífico, uma massa de lixo plástico cujo tamanho é estimado como maior que o Estado do Texas. Como seus semelhantes de outras gerações, a Geração Y acredita que a mudança de clima mundial é causada por atividades humanas e eles compram quase duas vezes mais produtos verdes do que os consumidores que acreditam que a mudança climática está ocorrendo naturalmente.[5]

O verde é parte essencial da experiência de estudo dessa geração. Muitas escolas se comprometeram com o American College & University President's Climate Commitment[6] (um acordo de proteção do meio ambiente) e muitos estudantes se envolveram e recentemente criaram um programa de estudos ambientais e de iniciativas de sustentabilidade em seus *campi*. Garrafas de água reutilizáveis e canecas de café estão por todas as partes das universidades, onde muitas empresas estão, de maneira inteligente, buscando espaço com mensagens de sustentabilidade aos alunos, que logo terão boas rendas e se tornarão proprietários de casas. Sem querer sacrificar tudo pelo dinheiro todo-poderoso, as pessoas da Geração Y procuram equilibrar a qualidade de vida e a busca por riqueza[7]. Elas procuram trabalhar para empregadores com consciência social.

Geração Z: o Verde Faz Parte da Vida Deles Naturalmente

A Geração Z é a primeira a ser criada num mundo consciente do meio ambiente, em que o verde faz parte do dia a dia de todos eles. As pessoas da Geração Z nos Estados Unidos, aqueles que atualmente têm 16 anos, julgam normal viver em casas com sistema de energia solar e com um carro híbrido na garagem. Aprendem a respeito de questões ambientais na escola e, provavelmente, assistiram ao vídeo *A História das Coisas*, uma animação de 20 minutos que explica o impacto ambiental de nosso consumo diário. Para as pessoas da Geração Z, separar papel e plástico para a reciclagem é uma atividade rotineira tão natural como tirar o lixo de casa para os pais. Na escola e em casa, os 3 R's da administração do lixo, "reduzir, reutilizar e reciclar" são tão comuns quanto ler, escrever e estudar matemática. Pessoas sensíveis aos cuidados com o meio ambiente, elas compram artigos produzidos na região, e na lista de compras de seus pais estão produtos feitos com papel reciclado. As roupas feitas com algodão orgânico e fibras bionaturais fazem parte do vestuário das pessoas da Geração Z.

Comportamento Verde: um Fenômeno Diário

Com todas as gerações agora demonstrando valores sustentáveis, o comportamento preocupado com o meio ambiente está se tornando a regra. Como detalhamos a seguir na Figura 1.2, em 2009, quase todos os norte--americanos (95%) se envolveram em diversos tipos de atividades voltadas para a proteção do meio ambiente, como coisas que podem ser feitas em casa, como jogar embalagens vazias no cesto de reciclagem (que atualmente está acessível a 87% dos norte-americanos)[8], substituir lâmpadas incandescentes por lâmpadas compactas fluorescentes (CFL), ou por LED (diodos emissores de luz). (Uma campanha pela troca de lâmpadas incandescentes terá início nos Estados Unidos em 2012.) Apagamos as luzes, diminuíamos a temperatura do termostato e fechamos a torneira enquanto escovamos os dentes.

Levados pelos preços altos da gasolina e por programas de carona, em 2009, 23% dos adultos norte-americanos afirmam que agora pegam carona para irem ao trabalho (graças, em parte, aos programas de caronas das empresas), um em cada quatro consumidores pega o ônibus ou o metrô, e 31% agora afirmam caminhar ou ir de bicicleta para o trabalho em vez de dirigir. Graças à nova consciência a respeito dos danos causados pelas sacolas de plástico dos mercados, que sufocam as espécies marinhas ou acabam como lixo, e incentivados pelas recompensas monetárias nos caixas, a pressão dos amigos e até o desejo de seguir moda, em 2009, quase metade (48%) dos adultos norte-americanos disse levar sacolas reutilizáveis aos mercados, 30% a mais do que em 2006. É importante lembrar que quase metade (46%) dos consumidores afirma que eles sempre boicotam uma marca ou empresa que adota práticas sociais ou ambientais reprováveis, 17% a mais do que em 2006.

Figura 1.2 **Comportamentos Mais Recorrentes dos Consumidores**

Porcentagem da população adulta indicando que (diária/semanal/mensalmente) adotam os seguintes comportamentos:

	2009 %	2006-09 % de mudança
Economizam energia apagando as luzes	95	NC
Desligam eletrodomésticos quando não estão sendo usados	90	−1%
Economizam água	85	+2%
Reciclam todas ou a maioria das garrafas de plástico, latas etc.*	65	+9%
Reciclam todos ou a maioria dos papéis (por exemplo, jornal)*	61	+3%
Levam a própria sacola ao mercado	48	+30%
Boicotam uma marca ou empresa cujo comportamento não agrada	46	+17%
Caminham ou pedalam em vez de dirigir um veículo	31	+5%
Transformam restos de comida em adubo	27	+2%
Pegam/Dão carona	37	+8%
Utilizam transporte público (por exemplo, ônibus, trem etc.)	17	+4%

*Mudança em relação a 2007. Comportamento de reciclagem medido em quantidade, não em frequência.
Fonte: © Natural Marketing Institute (NMI), 2009 LOHAS Consumer Trends Database®
Todos os direitos reservados

Empresas renomadas se tornaram alvos fáceis de grupos ativistas. Exxon, McDonald's, Coca-Cola, Walmart e Kimberly-Clark são apenas algumas das grandes marcas que foram castigadas pelo Greenpeace e por outros ativistas por terem práticas ambientais ou sociais questionáveis, incluindo excesso de embalagem, uso excessivo de açúcar, práticas injustas de trabalho e operações não sustentáveis. Quando as impressões negativas se formam, é quase impossível mudá-las. Quem deixou de relacionar a Nike a práticas injustas de trabalho ou a Exxon ao derramamento de óleo no Alasca?

Eleitores e Cidadãos Verdes

A preocupação com a situação do meio ambiente tem mobilizado muitos eleitores e incentivado cidadãos a serem voluntários em suas comunidades. Muitos cidadãos votaram pensando no meio ambiente quando apoiaram Barack Obama em 2008, por seu posicionamento ainda mais verde na base de sua plataforma do que Al Gore. O apoio a assuntos como acabar com o aquecimento global, controlar o poder nuclear, limitar as explorações subterrâneas, reduzir a produção de etanol e melhorar a segurança dos alimentos e outros produtos tem ajudado a impulsionar candidatos verdes ao Congresso nos anos de 2006 e 2008[9]. Desde 2006, mais de 80% dos candidatos apoiados pela League of Conservation Voters alcançaram postos na Casa Branca ou no Senado, enquanto 43 de 67 candidatos identificados como não ambientalistas foram derrotados.[10]

Acontecimentos devastadores que ocorreram desde o início do novo milênio, como os ataques terroristas de 11 de Setembro, o Furacão Katrina, as guerras no Iraque e no Afeganistão e o tsunami no Oceano Índico levaram a um número cada vez maior de associações a organizações de atendimento, como a AmeriCorps e o Peace Corps – e o derramamento de óleo no Golfo do México provavelmente vai causar comoção parecida. As associações ao Teach for America, uma organização que atende áreas rurais e urbanas esquecidas, chegaram a quase 19 mil em 2006, quase o triplo do número alcançado em 2000; em 2005, o Peace Corps aumentou em quase 8 mil voluntários (o maior grupo em 30 anos), de 11.500 associações, 20% a mais que o ano 2000; e a AmeriCorps VISTA (Volunteers in Service to America) teve um aumento de 50% em pedidos de associação ao trabalho de 2004 a 2006.[11]

As Compras Ficaram Verdes

As regras estão mudando – e as listas de compras também. Um grande número de consumidores (84%) está comprando alguns produtos verdes de vez em quando, aquecendo os mercados de roupas feitas com algodão orgânico; alimentos orgânicos; sabões ultraconcentrados; produtos de limpeza, de higiene pessoal e de cuidados aos animais naturais; equipamentos para filtro de água e ar; tintas com compostos orgânicos voláteis; garrafas de água portáteis; e pesticidas e fertilizantes biológicos. Graças a uma forte campanha do Wal-Mart durante o ano 2007 e a uma promoção abrangente das empresas regionais, a compra de produtos sustentáveis lidera a lista, seguida por eletrônicos e equipamentos que economizam energia, e alimentos orgânicos e produtos de limpeza. Em 2008, os consumidores dos Estados Unidos investiram cerca de 290 bilhões de dólares em uma ampla variedade de produtos e serviços que representavam setores, como os de alimentos orgânicos, itens de cuidados pessoais naturais, equipamentos com selo de economia de energia, carros híbridos, ecoturismo, móveis e aparelhos menos nocivos ao meio ambiente e energia renovável, 219 bilhões de dólares a mais que em 2005.[12]

Esse mercado vai apenas aumentar com o tempo, refletindo mais avanços em design e tecnologia e uma variedade cada vez maior de produtos verdes de alta tecnologia com nomes de marcas de confiança que podem ser prontamente obtidos em lojas e mercados.

O interesse nas compras verdes continua estável, mesmo em uma recessão; de fato, alguns comportamentos motivados pela recessão estão tornando o verde algo da moda: 67% dos norte-americanos concordam que "mesmo em épocas econômicas difíceis, é importante adquirir produtos com benefícios sociais e ambientais".[13] Uma coisa é expressar interesse verbalmente, e outra é demonstrar interesse com o cartão de crédito. Apesar de todos os setores de compra, incluindo os de produtos verdes, terem sido atingidos violentamente pela recessão, muitas classes de produtos verdes se saíram muito bem, graças, em parte, aos benefícios de saúde e de economia que eles geram. Por exemplo, de acordo com a Organic Trade Association, em 2008, as vendas de alimentos orgânicos cresceram 15,8% e chegaram a 22,9 bilhões de dólares (respondendo por 3,5% de todas as vendas de produtos alimentícios nos Estados Unidos, 2,8% a mais do que em 2006). As vendas de produtos orgânicos não alimentícios (fibras orgânicas, produtos de cuidados pessoais e ração para animais) aumentaram 39,4%, chegando a 1,6 bilhão de dólares.[14] A Burt's Bees, a linha de cosméticos naturais que agora

Figura 1.3 Comportamento Verde nas Compras

Porcentagem de adultos norte-americanos indicando que compraram produtos verdes nos últimos 3 anos[1], 12 meses[2], 6 meses[3], 3 meses[4] e aqueles que têm/alugam um veículo híbrido[5].

	População geral %
Qualquer um	84
CFLs[2]	51
Eletrônicos e equipamentos que economizam energia[3]	34
Pilhas recarregáveis[4]	33
Alimentos/bebidas naturais[4]	29
Cuidados pessoais naturais/orgânicos[3]	25
Produtos de limpeza naturais[2]	21
Ração de animais orgânicas ou naturais[2]	19
Purificadores de água caseiros[1]	18
Descarga de baixa potência[1]	16
Janelas que ajudem a economizar energia[1]	15
Tinta não tóxica ou pouco prejudicial[1]	12
Luzes por energia solar[1]	11
Roupas feitas com algodão orgânico[3]	10
Jardim e gramado com cuidados ao meio ambiente[2]	9
Veículo híbrido[5]	3
Móveis feitos com materiais sustentáveis[1]	2
Carpete com soluções de proteção ao meio ambiente[1]	2
Painéis solares para a minha casa[1]	1

Fonte: © Natural Marketing Institute (NMI), 2009 LOHAS Consumer Trends Database®
Todos os direitos reservados.

pertence à Clorox, continuou a registrar vendas anuais de 200 milhões de dólares, apesar dos tempos de recessão.[15] Durante seu ano de lançamento, 2008, a linha Green Works, da Clorox, de produtos de limpeza naturais arrecadou 123 milhões de dólares em vendas, representando uma parcela líder desse mercado em expansão, enquanto um sétimo das vendas da Generation de produtos domésticos cresceu mais de 20% em 2009 em comparação ao ano anterior, chegando a 150 milhões de dólares – e só vai aumentar com a distribuição no Walmart anunciada no verão de 2010. O veículo Prius, da Toyota, que economiza combustível vendeu 140 mil unidades nos Estados Unidos, em 2009, enquanto a Honda, que fabrica um veículo de célula de combustível e um Civic movido a gás natural, reintroduziu o modelo Insight durante o outono de 2009, com o objetivo de vender 500 mil unidades no mundo todo até o início desta década.[16] E em 2008, a General Electric obteve um ganho de 21% em lucros por seu portfólio de produtos ambiental e industrialmente sustentáveis, chegando a 17 bilhões de dólares.

Percebendo que as oportunidades agora são boas (e possivelmente temendo que concorrentes mais verdes roubem sua fonte), os gigantes de produtos de consumo estão apresentando novas marcas verdes. Estão fazendo propaganda, preparando seus sites e rapidamente alcançando as mais recentes redes sociais para educar seus consumidores, já cientes, a respeito dos benefícios que seus produtos trazem ao meio ambiente. Alguns exemplos mais notáveis são: Scott Naturals, da Kimberly-Clark (produtos domésticos feitos com papel reciclado), o papel alumínio Reynolds Wrap feito com 100% de alumínio reciclado, e os produtos de Arm & Hammer Essentials, da Church & Dwight. Depois de passar 20 anos despertando as preocupações dos consumidores principalmente por meio de embalagens reduzidas, a poderosa Procter & Gamble (P&G) começou a seguir as novas regras verdes. Prometeram desenvolver e lançar, até 2012, pelo menos 20 bilhões de dólares em vendas cumulativas de produtos sustentáveis inovadores, que definem como produtos que diminuem de modo importante o impacto no meio ambiente contra produtos alternativos anteriores.[17] Mais para o final, na primavera de 2010, eles inauguraram, nos Estados Unidos, uma campanha verde multimarcas e de multiplataformas chamada Future Friendly. Seu objetivo é colocar suas ofertas verdes em 50 milhões de lares norte-americanos até o fim do ano. O esforço, iniciado no Reino Unido e no Canadá em 2007, será impulsionado por mensagens educacionais realizadas com grupos de conservação e contará com marcas como pilhas recarregáveis

Duracell, sabão em pó Tide HE e Tide Coldwater, e filtros de água PUR.[18] Como fabricante de diversas marcas bilionárias, a campanha da P&G se forma com pesquisa, mostrando que os consumidores estão tentando entender como as marcas que eles já conhecem e confiam podem ajudar a reduzir o impacto que causam no meio ambiente.

Outro sinal de que as regras estão mudando rapidamente: profissionais de marketing de massa bem estabelecidos agora também estão trabalhando com marcas sustentáveis líderes com potencial extra para expansão no mercado. Alguns exemplos são The Body Shop (adquirida pela L'Oréal), Stonyfield Farm (agora 40% pertencente à Danone), produtos de cuidados pessoais naturais Tom's of Maine (Colgate-Palmolive), cosméticos Aveda (Estée Lauder), chocolates orgânicos da Green & Black (Cadbury, agora parte da Kraft), sorvete da Ben & Jerry (Unilever), cereais Cascadian Farm (General Mills) e a linha de cuidados pessoais Burt's Bees e os filtros de água Brita (Clorox).

Espere ver mais prateleiras de supermercados repletas de opções verdes no futuro. Em 2007, a U.S. Patent and Trademark Office testemunhou os pedidos de associação de mais de 300 mil nomes de marcas, logomarcas e linhas relacionados a produtos verdes. De acordo com a Datamonitor, em abril de 2009, havia mais de 450 lançamentos de produtos sustentáveis para aquele ano, esperando representar o triplo de lançamentos de 2008, que era, por si só, mais do que o dobro dos de 2007.[19] Os varejistas estão exigindo alternativas mais verdes de seus fornecedores e estão dando tratamento preferencial aos produtos sustentáveis. Liderando a situação está o Sustainability Consortium que o Wal-Mart anunciou durante o verão de 2009, e formou em conjunto com a University of Arkansas e a Arizona State University. O Consórcio foi formado para descobrir a melhor maneira de rotular produtos com base em ciclo de vida para informar as decisões de compra dos consumidores – sem dúvida elevando o padrão verde para os produtos que estocarão no futuro.

Por fim, mais de 4 bilhões de dólares em lucro – mais do que nunca antes – estão sendo investidos no setor de tecnologia limpa para apoiar o desenvolvimento de energia solar e eólica, biocombustível, geotérmica e alternativas renováveis aos combustíveis fósseis.[20] Mais dinheiro está sendo investido em energia renovável do que em energia convencional, e a tecnologia limpa atualmente é a maior categoria de capital de risco dos Estados Unidos, representando 27% de todos os fundos desse tipo de capital.

A Mídia se Torna Verde

As histórias "verdes" agora figuram em todas as seções do *New York Times* e do *The Washington Post*, e outros grandes jornais todos os dias, e aparecem nas capas de revistas como *Vanity Fair, Newsweek, Wired* e a revista *Sunday New York Times Magazine,* entre muitas outras. Campanhas com grande orçamento, como as dos "Greenest Laptopos" da Apple, a "Sete Grãos em uma Missão", dos cereais Kashi, e a "Green Done Right" da Scott Naturals tomam conta dos intervalos na televisão. Discovery Channel, Planet Green, Sundance, e outros canais preocupados com a preservação do meio ambiente se voltam para os telespectadores conscientes da sustentabilidade. A NBC dá atenção ao verde por meio de uma programação especial e da campanha "Green is Universal". Com quase cinco milhões de assinantes, a revista *Good Housekeeping* chegou até a unir seu selo verde ao valioso selo Good Housekeeping. Tais organizações estão comprometidas em abordar os interesses verdes de seus telespectadores e leitores, e também estão se tornando verdes, algumas por meio da iniciativa de Open Mídia e Empresas de Informação (Open MIC) dedicada a tornar as práticas de administração de empresas do setor de mídia mais transparentes e responsáveis.[21]

Muitas das incontáveis mensagens e imagens diárias que acionam o estilo de vida verde do consumidor comum são mantidas nos bastidores pela Environmental Media Association (EMA), um grupo sem fins lucrativos de Hollywood com o objetivo especial se garantir programação televisiva de qualidade para o meio ambiente. Muitas celebridades hollywoodianas ajudam a EMA a divulgar o verde como algo bom, acessível e que as pessoas querem imitar, entre elas Bette Midler, Brad Pitt, Julia Louis Dreyfus, Cameron Diaz, Leonardo DiCaprio e Ed Begley Jr., que, entre outras celebridades, atravessou o tapete verde ao sair de seu Toyota Prius para entrar na cerimônia do Oscar, em 2006. Enquanto isso, a Internet está mudando depressa a imagem da mídia, tornando-se o meio interativo para consumidores conscientes que procuram informações. Sites, como o treehugger.com, da Discovery, e o greenamerica.org mostram aos consumidores os mais novos produtos e dicas verdes para o dia a dia. Faça uma pesquisa na Internet com as palavras "verde", "meio ambiente" ou "eco" e verá que comunidades inteiras de tuiteiros e blogueiros estão passando adiante recomendações confiáveis a respeito de quais produtos comprar e em quais empresas confiar. A sua marca sustentável faz parte dessa conversa digital? Por fim, de acordo com a J.D. Power & Associates, os debates a respeito da sustentabilidade em postagens de blogues e fóruns de discussão mais do que dobraram entre janeiro de 2007 e dezembro de 2008. No fim de 2008, mais de 70% dos colaboradores *on-line* afirmaram estarem preocupados com o meio ambiente e quase metade disse que eles estavam fazendo algo a respeito: por exemplo, usando menos o carro, reciclando e comprando produtos verdes.[22]

Os Governos Entram em Ação

Qualquer político que acredite que o verde não condiz com uma economia robusta pode se dar mal nas eleições. Bem diferente do que aconteceu na administração de Bush, que não tomou as rédeas nas questões da mudança do clima mundial e em outros problemas ambientais importantes, a administração de Obama está mudando depressa as regras verdes tornando os empregos verdes, a energia verde e a infraestrutura verde um ponto essencial em seus compromissos com a nação. Entre as suas primeiras iniciativas estavam: o Pacote de Estímulo Econômico, de 2009, que incluía mais de 30 bilhões de dólares em fundos para a eficiência energética para os orçamentos estaduais e regionais, a climatização para moradias de baixo custo, a restabilização e modernização de prédios federais, investimentos em redes inteligentes para energia elétrica e tecnologia de carvão limpo e projetos de reforma. O programa muito bem-sucedido Cash for Clunkers, lançado em julho de 2009, buscava tirar carros ineficientes e poluentes das ruas e a estimular a compra de carros mais novos e eficientes em relação aos combustíveis. Um programa especial da Casa Branca para empregos verdes encabeça uma iniciativa nacional que atua educando, treinando e preparando uma força de trabalho para as tecnologias verdes de amanhã.

Apesar de ser de natureza simbólica, muita coisa pode ser entendida ao pensarmos que, em um de seus primeiros atos como primeira-dama, Michelle Obama plantou uma horta na Casa Branca para ajudar a ensinar os norte-americanos a respeito dos benefícios de frutas e legumes saudáveis e cultivados em casa.

Em resposta às preocupações sobre sustentabilidade dos norte-americanos, os líderes em nível municipal, estadual e federal estão criando cidades sustentáveis caracterizadas por espaços mais verdes para seus moradores e para reduzir seu trânsito (por exemplo, fechar a Broadway para reduzir o tráfego na cidade de Nova York); ciclovias e espaços para caminhada construídos sobre antigos trilhos de trem (incluindo a nova High Line de Nova York); táxis híbridos e ônibus a gás natural para um ar mais limpo; adubos feitos por moradores (em São Francisco, entre outros); e ajudar nas hortas e na agricultura mantidas pela comunidade.

Com um histórico de mandatos internos a respeito de compras verdes, os governos de todos os níveis estão dando passos para distorcer a enorme economia de consumo para obter um tom mais verde, criando (ou promovendo mais títulos voltados para a natureza que favoreçam produtos eficientes em relação à energia (ENERGY STAR), orgânicos (USDA – Departamento de Agricultura dos Estados Unidos) e que economizem água (WaterSense); e na época em que este livro era escrito, a USDA estava preparando um selo de consumo para acompanhar seu programa BioPreferred para a compra de produtos naturais. Se a senadora da Califórnia, Dianne Feinstein, conseguir fazer as coisas a sua maneira, os Estados Unidos logo terão um selo múltiplo parecido com o Eco Flower, da Europa, o EcoMark, do Japão, e o Qualidade Ambiental, do Brasil.

O receio de que o nível dos mares suba está mudando rapidamente as regras nas muitas cidades que proibiram as garrafas de água (cujo combustível relacionado ao transporte agora está ligado ao aquecimento global), a partir de reuniões de governo, estão incentivando a construção ou atualização de construções verdes e os produtos (artigos de escritório, carpetes etc.) que as ocupam. De olho na redução das emissões de gases de efeito estufa relacionadas à geração de energia, muitos prédios públicos agora devem ser estudados de acordo com as regras de construção ENERGY STAR, da EPA ou satisfazer aos padrões de certificação Leadership in Energy and Environmental Design (LEED) do U.S. Green Building Council.

Amplas Oportunidades de Negócios

A demanda do consumidor por produtos e serviços sustentáveis cria oportunidades para a promoção de ofertas mais verdes, além de apresentar novas oportunidades lucrativas, enquanto as vendas aumentam, melhorando a imagem e levantando o moral de funcionários que estão comprometidos com um propósito maior.

Lucros Maiores

As pesquisas indicam que os consumidores estão dispostos a pagar mais pelo verde. No entanto, a evidência empírica é exigida por empreendedores desconfiados para justificar os investimentos em nova tecnologia, materiais ou ingredientes especiais e altos custos de iniciação ao apresentar os novos produtos mais verdes. Uma regra-chave do marketing verde: as pessoas agora pagam mais por marcas como Aveda, Burt's Bees, Method, Stonyfield Farm e Toyota Prius, todas discutidas neste livro, indicando que os consumidores de hoje têm expectativas mais altas para os produtos que eles compram e que a preocupação com o meio ambiente é uma nova dimensão de qualidade. Até onde esses negócios podem satisfazer ou exceder as expectativas desses novos consumidores, eles melhoraram a imagem e a qualidade de seus produtos para justificar um preço diferente.

De acordo com as novas regras, os consumidores não esperavam que os produtos sustentáveis funcionassem bem. No entanto, como será mostrado ao longo deste livro, e principalmente no Capítulo 4, graças aos avanços tecnológicos, os produtos verdes de hoje funcionam muito melhor do que seus antecessores que passavam muito tempo parados nas prateleiras das lojas; a safra atual de produtos verdes é considerada mais saudável, menos tóxica, e capaz de garantir uma economia tempo e dinheiro, além de contribuir para um futuro sustentável. Alguns exemplos: torneiras e chuveiros que economizam água ajudam a reduzir as contas de água e energia, o sabão em pó concentrado pode ser transportado e guardado com mais facilidade, e os produtos de limpeza não tóxicos, inseticidas e produtos de jardinagem são considerados mais seguros para crianças e animais de estimação.

Alguns produtos verdes atraem os consumidores por diversos motivos, sugerindo o potencial para conquistar mais de um segmento do grande mercado verde.

Quer um híbrido? Deveria, porque ele economiza mais combustível, mas pode ser que você queira economizar dinheiro (além do preço bom) ou ir menos vezes ao posto de gasolina. Pode ser também que queira dirigir um veículo grande ou simplesmente parecer bacana dirigindo pela cidade. E assim acontece com muitos outros produtos verdes, como demonstramos na Figura 1.4.

Figura 1.4 **Benefícios dos Produtos Verdes mais Comercializados**

Categoria do Produto	Benefícios ao Consumidor
Lâmpadas compactas fluorescentes	Economizam dinheiro, duram mais
Carros híbridos	São silenciosos, necessitam de menos combustível
Produtos de limpeza naturais	Segurança, consciência tranquila
Alimentos orgânicos	Segurança, sabor melhor
Papel reciclado	Economizam dinheiro
Dar/pegar carona	Conveniência, economia de dinheiro
Celulares movidos à energia solar	Vida útil maior

Espero para ver que os benefícios reais de desempenho superior, conveniência, custos reduzidos e saúde e segurança maiores continuarão a impulsionar o mercado de massa de produtos inspirados na sustentabilidade nos próximos anos e décadas.

Nova Fonte de Inovação

Historicamente, o uso de produtos verdes tem ajudado a descobrir eficiências que aumentam os lucros de uma empresa. Com as novas regras, estamos descobrindo oportunidades mais atraentes de inovação que aumentam os lucros. Isso ocorre porque o verde significa fazer as coisas de modo diferente. Como será mostrado no Capítulo 4, as empresas proativas estão inventando novas tecnologias verdes, novos modelos de negócios e novos designs que têm chamado a atenção da mídia, atraindo novos consumidores e estabelecendo uma vantagem competitiva – se não estiverem mudando as regras do jogo totalmente. Há muitos exemplos. A Zipcar, a nova negociadora de carros, está mudando as regras para compra, financiamento e aluguel. O Prius, da Toyota, voltou a produzir a caminhonete – e SUV – Detroit pensando nos mercados futuros de veículos com motor híbrido, e uma nova geração de carros elétricos e de células de combustível está na manga da Toyota. A NatureWorkds, da Cargill, está provando que os plásticos não têm de depender de combustíveis fósseis e podem ser reciclados e remontados também. E a tecnologia de redes inteligentes com medidores de energia locais e sistemas de monitoramento com base na web está criando novas e interessantes oportunidades de negócios que surgem da consciência cada vez maior do consumidor a respeito da habilidade de economizar dinheiro por meio da administração eficiente de recursos.

A Hora de os Profissionais de Marketing Agirem É Agora

A situação do meio ambiente deve piorar nos próximos anos e décadas. Apesar dos relatórios e opiniões conflitantes, a maioria dos cientistas ainda prevê que a temperatura média vai subir entre 1,8 e 4 graus Celsius durante o século XXI, graças somente à queima de combustíveis fósseis.[23] Até 2030, as calamidades causadas pela mudança de clima por si só deverão ser as responsáveis por 500 mil mortes e 340 bilhões de dólares em danos, 310 mil morte e 125 bilhões de dólares a mais do que hoje.[24] As economias em rápido desenvolvimento como as do Brasil, Rússia, Índia e China agora tentam satisfazer suas exigências de recursos cada vez maiores e, sem dúvida, colocarão mais pressão nas mercadorias. Ao longo dos últimos cinquenta anos, o consumo de água doce no mundo triplicou;[25] acredita-se que, até 2025, dois terços das pessoas do mundo não terão acesso à água potável.[26]

O verde toca a vida de todas as pessoas do mundo. Os negócios atendem a diversos *stakeholders*, incluindo consumidores, investidores e funcionários; por isso, os líderes do setor que são sensíveis às novas regras estão tornando seus produtos e processos mais verdes. Eles sabem que projetar a imagem de uma empresa como líder e inovadora, além de ser consciente no que tange a sociedade e o meio ambiente, só pode ser positivo. Os clientes influentes querem fazer negócios com empresas que se estabeleceram como sustentáveis, por isso as empresas estão lançando anúncios e campanhas na web, publicando relatórios muito bem redigidos sobre a sustentabilidade, cooperando com fontes externas para comunicar de modo transparente, mostrando seus esforços internamente.

Pegue qualquer exemplar da revista *Fortune* ou da *Businessweek* ou assista a um programa de televisão e você provavelmente verá anúncios de empresas multinacionais que estão gastando milhões para projetar seu compromisso com a sustentabilidade e criar consciência a respeito de novos produtos e tecnologias interessantes: A campanha The Human Element, da Dow Chemical, mostra a capacidade que ela tem de abordar questões globais econômicas, sociais e ambientais. A campanha Human Energy, da Chevron, defende a eficiência energética. A campanha Ecomagination, da General Electric, ressalta seu compromisso em resolver problemas ambientais urgentes enquanto guia o crescimento rentável por meio do desenvolvimento de mais motores de avião, turbinas, grandes eletrodomésticos e outras tecnologias mais eficientes. Ressaltando os benefícios sociais, a SC Johnson se esforça para mostrar que é uma empresa familiar, enquanto a Toyota mostra seu interesse em enriquecer a comunidade e ser um bom vizinho por meio de sua campanha *We See Beyond Cars*. Apesar de algumas empresas serem questionáveis (será que a General Electric deveria estar defendendo a tecnologia "de carvão limpo"? e algumas pessoas acham que a campanha Beyond Petroleum, da BP foi muito prematura por causa do derramamento de óleo e outras transgressões ambientais recentes), a verdade é que as empresas agora reconhecem oportunidades e estão tentando abraçá-las.

Comunicar a preocupação com relação à sustentabilidade pode melhorar a equidade empresarial, uma vez que os investidores buscam reduzir riscos e muitos investidores "socialmente responsáveis" querem alinhar seus valores com suas economias. Reconhecendo a oportunidade, cada vez mais empresas estão demonstrando sua missão e progresso verdes. Por exemplo, de acordo com um estudo realizado pela SIRAN, um grupo de trabalho do Social Investment Forum, a partir de 2007, 49 dos 100 relatórios emitidos pela Standard & Poor eram sobre sustentabilidade, 26% a mais do que em 2005; e em 2008, 86 dos 100 tinham websites especiais detalhando seus esforços para obter o resultado final triplo – sociedade, meio ambiente e economia – da sustentabilidade, em comparação com 58, em 2005.[27]

Esses relatórios costumam detalhar o progresso relacionado ao desempenho da sustentabilidade alinhado a padrões produzidos pela Global Reporting Initiative, com menções importantes de prêmios – demonstrações da excelência ambiental e sustentável. Por exemplo, uma lista de vencedores do Global Medal Award do World Environment Center mais parece um tipo de Quem é Quem nos negócios dos Estados Unidos: a Coca-Cola Company, a Starbucks Coffee Company, a S.C. Johnson & Son Inc., a Procter & Gamble Company e a IBM fazem parte da lista. Dezenas de empresa que representam mais de 50 categorias de produtos aprovaram o "ENERGY STAR Partner of the Year" da EPA, indicando sua disposição para atuar de modo positivo com o governo para criar eficiência energética. Algumas empresas, como o nosso cliente Bissell (do site "Get a Little Greener"), a Patagonia (do site "ecofootprint") e a IKEA Canada ("The IKEA Way"), têm websites especiais com informações detalhadas para os consumidores.[28]

A respeito dos produtos, a Industrial Designers Society of America (IDSA) concede prêmios especiais – o Industrial Design Excellence Award

(IDEA), que já foi dado a Nike, Timberland, Herman Miller e muitas outras líderes pelo design de produtos eco-inovador. Alguns exemplos estão relacionados na Figura 1.5.

Figura 1.5 Vencedores do prêmio IDEA por excelência em design

Empresa	Produto
Dell	PC híbrido eco-consciente
Herman Miller	Sapato reciclado Trash Talk
Tesla	Carro elétrico Roaster
Timberland	Calçados Mion
Tricycle	Simulador SIM

Por fim, os "Effies" verdes especiais – o Oscar da indústria de propaganda equivalente a campanhas de eficiência – foram dados à General Electric (GE) ("Ecomagination"), nosso cliente HSBC ("There's No Small Change"), Walmart ("Personal Sustainability Project"), e a SunChips ("Compostable Bag") da Frito-Lay.

Prêmios para Pessoas Também

As regras também estão mudando para definir o que constitui satisfação pessoal no trabalho. Com clientes e *stakeholders* de todos os tipos, desde funcionários e vizinhos de fábricas a legisladores e ONGs, pedindo que as empresas abracem a sustentabilidade em seus produtos e processos, CEOs inteligentes sabem que a causa oferece uma oportunidade rara de integrar os valores e a visão de uma pessoa em seu ambiente de trabalho – e como foi demonstrado pela Geração Y, ganhar a vida e fazer a diferença é essencial no recrutamento de gerações futuras de funcionários capacitados.

As marcas sustentáveis ajudam a levar essa visão aos clientes por meio de um prisma de produtos que estão mais em sintonia com a natureza e por meio de comunicações que estão mais relacionadas aos valores dos clientes – enquanto oferece a oportunidade única de contribuir de modo pessoal para um futuro mais interessante para nossos filhos e netos e preservar o planeta para as gerações que virão.

Compreender as novas regras do marketing verde começa com uma compreensão profunda de como os consumidores de hoje se diferem de modo significativo dos ativistas sutis de ontem em atitudes, comportamento, estilo de vida e expectativas corporativas. Vamos começar discutindo a série de assuntos que preocupam os consumidores de hoje, suas motivações de compra e como esses consumidores podem ser segmentados de acordo com os propósitos do marketing verde – o assunto do próximo capítulo.

Lista das *Novas Regras*

Use a lista a seguir para testar o que você entendeu a respeito da tendência verde e a necessidade de sua empresa reagir agora.

❍ Existe uma consciência dentro de sua empresa a respeito da abrangência do ambientalismo dentro da sociedade atual?

❍ Quais são as principais preocupações ambientais de seus consumidores? *Stakeholders*? Funcionários? Varejistas? Comunidade?

❍ Qual é o seu maior risco ambiental? Existe alguma ameaça relacionada a um produto químico no futuro de sua marca?

❍ Quais são os recursos naturais de que nossas marcas dependem – e quais são as projeções no longo prazo para sua disponibilidade?

❍ A quais gerações nossos consumidores pertencem e de que maneira eles expressam suas preocupações ambientais e sociais?

❍ Até que ponto as questões ambientais afetam a maneira como os consumidores se envolvem com a nossa marca e os nossos produtos em geral?

❍ Até que ponto nossos consumidores são política e socialmente ativos em relação às questões ambientais?

❍ Como o ambientalismo afetou os hábitos de compra de nossos consumidores? Que tipos de produtos e serviços verdes nossos consumidores estão comprando atualmente?

❍ Quais são as principais iniciativas voltadas para a sustentabilidade de nossos concorrentes? Até que ponto eles estão apresentando ou possivelmente adquirindo novas marcas sustentáveis?

❍ Quais são os principais meios de informação a respeito da sustentabilidade dos quais nossos consumidores dependem?

❍ Quais legisladores preocupados com o meio ambiente e quais iniciativas legislativas afetam nosso negócio?

- Quais oportunidades podem aumentar nossas vendas e melhorar nossa imagem por meio de produtos e campanhas de marketing verde?

- Quais recompensas pessoais em adotar o verde podem ser significativas para obter o apoio de colegas e *stakeholders* nos esforços de sustentabilidade de nossa empresa?

Somos Todos Consumidores Verdes

Desde que teve início durante os anos de 1970, a revolução dos consumidores verdes tem sido guiada por mulheres com idade entre 30 e 49 anos, com filhos e educação escolar acima da média. Elas são motivadas por um desejo de afastar seus entes queridos de prejuízos e de garantir seu futuro. O fato de as mulheres terem sido pioneiras na compra de produtos sustentáveis não pode ser esquecido. Elas ainda fazem a maior parte das compras e tomam grande parte das decisões a respeito de determinadas marcas (ajudadas por seus pequenos copilotos sentados na cadeirinha do carrinho de compras) e elas naturalmente demonstram um instinto de proteção da saúde e do bem-estar da próxima geração. As pesquisas mostram que as mulheres dão mais importância aos critérios ambientais e sociais em suas decisões de compra que os homens. Isso também pode refletir o fato de que os homens, de modo geral, se sentem menos vulneráveis e mais no controle que as mulheres e, portanto, relativamente menos ameaçados pelos acontecimentos ambientais.

Mas com a crescente preocupação com o meio ambiente, todos nos tornamos consumidores verdes agora. As mães ativistas de ontem receberam o apoio de filhas adolescentes que procuram o protetor labial da Burt's Bees feito de cera de abelha, enquanto suas jovens sobrinhas optam pelos produtos de limpeza da Method. Os maridos se gabam da quilometragem maior, de menos idas ao posto de gasolina e da aparência bacana de seus econômicos carros movidos a diesel. A incidência das compras verdes é tão prevalente em toda a população dos Estados Unidos (e eu diria que as populações de todos os países nos quais o verde é importante) que os consumidores precisam ser segmentados psicograficamente, ou seja, por orientação de estilo de vida e comprometimento com o meio ambiente, para atender seus anseios. Tal segmentação é oferecida pelo Natural Marketing Institute (NMI) de Harleysville, Pensilvânia. A pesquisa que realizam, com base nas entrevistas com mais de 4 mil adultos norte-americanos e intitulada *The LOHAS Report: Consumers and Sustainability*, será mostrada a seguir:

Cinco "Tons" de Verde dos Consumidores

De acordo com o NMI, a maioria dos consumidores de hoje – 83% da população norte-americana – pode ser classificada como tendo um "tom" de verde, o que significa que eles se envolvem nos valores, atividades e compras sustentáveis. Mas os que não se envolvem, no entanto, cerca de 17%, por mais que não se preocupem com o planeta, podem ser vistos como verdes inconscientes, mesmo que seja apenas porque eles precisam cumprir regras regionais que exigem o comportamento verde, como fazer reciclagem.

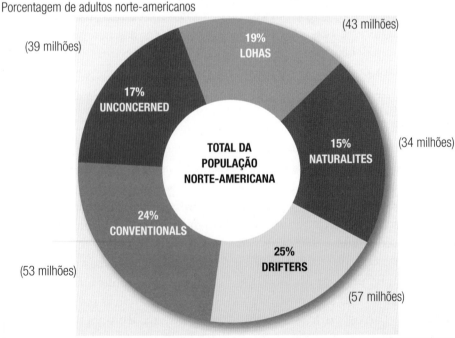

FONTE: © Natural Marketing Institute (NMI), 2009 LOHAS Consumer Trends Database®
Todos os direitos reservados.

Figura 2.1 **Modelo de segmentação do consumidor verde, em 2009, da NMI**

Figura 2.2 Composição demográfica de cinco segmentos NMI de consumidores

As letras maiúsculas sobrescritas indicam grande diferença entre os grupos de 95%.
Porcentagens arredondadas.

	Total de adultos norte-americanos	LOHAS (A) %	Naturalites (B) %	Drifters (C) %	Conventionals (D) %	Unconcerned (E) %
Sexo						
Homem	48	39	40	49[AB]	57[ABC]	54[AB]
Mulher	52	61[CDE]	60[CDE]	51[D]	43	46
Idade						
Anos	47,3	48,6[CE]	46,6	46,3	49,1[BCE]	45,5
Geração						
Geração Y	24	21	27[AD]	26[AD]	19	30[AD]
Geração X	20	19	19	22	22	18
Boomers	37	40[C]	36	33	39	36
Seniores	19	19	18	19	21	17
Raça						
Branco	78	80[B]	72	77	82[BC]	80[B]
Afro-americano	11	8	23[ACDE]	10	7	11[D]
Asiático	2	2	1	4[ABDE]	2	2
Latino	4	4[B]	1	4[B]	4[B]	3
Status de emprego						
Empregado	51	54[B]	45	51	52[B]	51
Aposentado	23	20	24	23	25[AE]	20
Crianças na casa						
Crianças menores de 18 anos	28	23	31[AE]	33[ADE]	26	25
0-4 anos	10	7	11[A]	13[AD]	8	9
5-12 anos	15	13	19[ADE]	16	14	14
12-17 anos	12	10	13	14[AE]	12	9
Educação						
Ensino médio ou menos	44	33	53[AD]	47[AD]	39[A]	50[AD]
Menos do que a faculdade	29	33[C]	27	26	29	28
Faculdade ou pós-graduação	28	34[BCE]	20	27[BE]	32[BCE]	21
Renda familiar anual						
Media (US$)	$59,6	$68,6	$43,3	$60,5	$69,4	$50,8

(*Continua*)

	Total de adultos norte-americanos	LOHAS (A) %	Naturalites (B) %	Drifters (C) %	Conventionals (D) %	Unconcerned (E) %
Região						
Nordeste	21	27	13	25	25	10
Centro-oeste	22	21	23	20	23	27
Sul	33	29	48	27	26	45
Oeste	23	24	16	28	26	19

Fonte: © Natural Marketing Institute (NMI), 2009 LOHAS Consumer Trends Database®
Todos os direitos reservados.

Guiados pelo segmento LOHAS (Lifestyles of Health and Sustainability)[1] os mais verdes, a segmentação do NMI dos consumidores verdes adultos norte-americanos em cinco grupos distintos torna possível o marketing direcionado aos principais consumidores (veja a Figura 2.1).

LOHAS

Como o nome sugere, o segmento LOHAS (Lifestyles of Health and Sustainability) representa os consumidores mais conscientes a respeito do meio ambiente, holisticamente orientados e ativos. Representando 19% de todos os adultos norte-americanos ou 43 milhões de pessoas em 2009, eles percebem uma ligação universal entre saúde e preservação do meio ambiente e usam produtos que garantem tanto o bem-estar pessoal quanto o do planeta. O segmento que, ao longo da história, tem mais dado retorno aos profissionais de marketing verde, o típico consumidor LOHAS, como mostramos na figura 2.2, costuma ser uma mulher casada, com boa formação e de meia-idade. Com a segunda maior renda de todos os cinco segmentos, esses consumidores costumam ser menos sensíveis ao preço do que os de outros segmentos, sobretudo com relação aos produtos verdes.

Ativas no lar e em suas comunidades, procuram por produtos sustentáveis nas prateleiras, defendem programas de preservação com diversas causa ecológicas e sociais e são representantes conscientes do meio ambiente. São líderes do grupo em assuntos como a economia de energia e de água, a troca das sacolas de plástico pelas de tecido, e se unem no esforço de verem aprovadas leis que protejam o meio ambiente (veja a Figura 2.3). Ótimos consumidores para qualquer profissional de marketing, os LOHAS são os primeiros a adotar tecnologias sustentáveis. Costumam ter o dobro de probabilidade de associar seus valores pessoais a empresas e suas marcas, são mais leais a empresas que refletem seus valores que as pessoas dos outros segmentos. Influentes em suas comunidades, elas recomendam marcas mais sustentáveis para amigos e familiares.

Representando uma mudança nas regras de suas próprias compras, os consumidores LOHAS procuram sempre informações para garantir que os produtos que compram estejam sincronizados com seus padrões ambientais e sociais. Eles leem com muita atenção rótulos de alimentos e bebidas, preferem produtos com o mínimo de processamento e consomem mais vegetais orgânicos que qualquer membro de outro segmento. Também estudam as políticas de sustentabilidade corporativa: 71% boicotam uma marca ou empresa que tenha práticas de que não gostem, quase o dobro em relação aos outros segmentos. Sem confiar na imprensa, eles consultam a Internet e outras fontes de informação. De acordo com a NMI, 14% das pessoas do segmento LOHAS afirmam que compram pela Internet produtos sustentáveis mais difíceis de encontrar.

Naturalites

Cerca de um em cada seis norte-americanos adultos, ou 34 milhões de consumidores, se encaixam no segmento Naturalites. Com uma abordagem muito pessoal ao meio ambiente, os Naturalites procuram adotar um estilo de vida saudável e acreditam em filosofias que ligam mente-corpo-espírito. Motivados por palavras como "antibactericida", "sem produtos sintéticos" e "naturais", os Naturalites se preocupam com os efeitos prejudiciais dos produtos químicos em artigos como tinta, cosméticos e alimentos. Rapidamente, eles selecionam alternativas mais seguras para si mesmos e para seus filhos. Eles também, mais do que quaisquer outros segmentos (além dos LOHAS), consideram muito importante o consumo de alimentos orgânicos, e 19% compraram produtos de limpeza naturais no último ano.

Os Naturalites se consideram comprometidos com a sustentabilidade, mas na verdade eles não são tão dedicados às compras ou comportamentos sustentáveis, incluindo até mesmo a reciclagem, como os LOHAS ou até mesmo os Drifters. Mesmo assim, os Naturalites querem aprender mais para e se tornar mais ativos na proteção do meio ambiente e são receptivos à educação nesse âmbito, principalmente quando existe uma ligação pessoal com a saúde. Quanto à escolaridade, os Naturalites têm menos probabilidade de terem diploma universitário, e economicamente têm as rendas mais baixas. Metade dos Naturalites vivem no Sul (região em que a reciclagem não prevalece como em outras áreas) e onde há maior concentração de afro--americanos.

Drifters

Motivados por tendências mais do que por fortes ideais, os Drifters são o segundo maior segmento da população, representando 25% de todos os adultos norte-americanos ou 57 milhões de consumidores. Mais jovens e concentrados nas cidades costeiras, diferentemente dos LOHAS, eles ainda não integraram seus valores e éticas a seus estilos de vida. Com o verde considerado "na moda", é comum ver os Drifters dentro do mercado carregando uma sacola de tecido bacana ou dirigindo um carro híbrido não para economizar dinheiro da gasolina, mas para serem vistos pela cidade. Eles boicotam empresas com fama ambiental questionável, mas procuram informações da imprensa, não fazem a própria pesquisa. Dispostos a participar de atividades verdes simples que eles compreendam – são defensores da reciclagem e economizam energia – eles têm menos probabilidade do que os LOHAS de adotar comportamentos ecológicos, como tomar medidas para reduzir as emissões de carbono.

Demograficamente, os Drifters costumam ter terrenos maiores para as suas casas e um terço deles tem filhos com menos de 18 anos. Como os Drifters têm certa noção dos efeitos que suas atitudes provocam no meio ambiente, e têm renda média alta, eles representam um segmento atraente para os profissionais de marketing verde. De acordo com a NMI, quase um quinto acredita ser muito difícil analisar os impactos ambientais de suas atitudes e quase metade dos Drifters gostariam de fazer mais pela sustentabilidade. Os profissionais de marketing capazes de expressar sua camaradagem e a sensação de pertencimento que um estilo de vida verde traz aos Drifters terão ótimos retornos.

Figura 2.3 **Comportamento dos consumidores por segmento da NMI**

% de cada segmento quanto à frequência (diária/semanal/mensal):

Atividade de modo frequente (diária/semanal/mensal)	LOHAS	Naturalites	Drifters	Conventionals	Unconcerned
Economizam energia apagando as luzes	99	94	95	96	92
Desligam os eletrônicos quando não estão sendo usados	96	88	90	90	84
Reduzem gastos com aquecimento e ar-condicionado	95	55	85	89	74
Controlam o termostato para economizar energia	93	83	85	86	77
Economizam água	96	81	88	86	68
Reciclam os jornais	87	29	78	79	24
Reduzem a velocidade dos carros para economizar gasolina	79	67	67	66	47
Levam a própria sacola ao mercado	71	38	50	50	26
Boicotam empresas ou marcas que têm práticas reprováveis	71	44	45	40	29
Caminham ou pedalam em vez de dirigir	43	26	34	31	19
Pressionam os políticos para criarem leis que protejam o meio ambiente	43	23	19	17	8
Fazem compostagem	41	21	30	28	12
Oferecem/aceitam caronas	31	19	26	23	15
Usam o transporte público	21	15	19	16	10

Fonte: © Natural Marketing Institute (NMI), 2009 LOHAS Consumer Trends Database®

Conventionals

Imagine um pai pedindo a seus filhos que vistam a blusa em vez de ligar o ar quente do carro e pedindo que apaguem as luzes e você terá uma imagem dos Conventionals, o segundo maior segmento representando 53 milhões de consumidores, que apenas aderem ao verde por motivos práticos. Por exemplo, se os consumidores LOHAS pagam mais por produtos sustentáveis, os Conventionals gastam mais em uma geladeira econômica sabendo que terão contas de eletricidade reduzidas.

Os Conventionals são bons em reciclar e reusam as coisas num esforço de reduzir o lixo e economizar centavos. Eles têm consciência das questões ambientais, mas não estão tão motivados a comprar alimentos orgânicos ou outros produtos saudáveis como os LOHAS pela saúde e pelo meio ambiente. Em geral, são homens na faixa dos 45-50 anos, com as maiores rendas de todos os segmentos, e 25% deles são aposentados (mais do que nos outros segmentos), e um grupo sensato: 45% deles sempre pagam a fatura toda do cartão de crédito todos os meses.

Unconcerneds

Em contraste com os LOHAS, Drifters e Conventionals, 17% da população, representando 39 milhões de consumidores, chamados Unconcerneds ("Despreocupados"), demonstram a menor noção de responsabilidade de todos os segmentos. Um pouco mais de um quarto boicota marcas produzidas por empresas que eles não aprovam, em comparação a 40% de seus semelhantes de outros segmentos; e apesar de 61% dizerem que se importam com a preservação do meio ambiente, apenas 24% praticam a reciclagem. Os Unconcerneds são em geral jovens que vivem no Sul com rendas inferiores à média e níveis educacionais mais baixos.

Segmentando por Interesses Verdes

As regras para abordar a preocupação dos consumidores com o meio ambiente se tornaram mais difíceis e mais complicadas. Enquanto seus semelhantes antigamente se preocupavam com uma lista curta de questões ecológicas, lideradas pela qualidade do ar e pela água, reciclagem e economia de energia, os consumidores verdes de hoje temem uma série muito maior de males ambientais, sociais e econômicos que incluem emissões de carbono e mudança climática mundial, comércio e direitos trabalhistas. É claro que ninguém tem capacidade mental e psicológica, tempo ou recursos para atuar em todas essas questões. Assim, até mesmo os consumidores conscientes costumam priorizar suas preocupações ambientais, tornando necessário dividir os consumidores verdes em quatro subsegmentos caracterizados por questões e causas específicas: os recursos, a saúde, os animais e a natureza. Meus colegas e eu, da J. Ottman Consulting, extraímos a segmentação da Figura 2.4 mostrada com mais detalhes na Figura 2.5, de evidência empírica, e a oferecemos como suplemento da segmentação NMI para ajudá-lo a somar relevância e precisão a esforços direcionados aos consumidores mais conscientes.

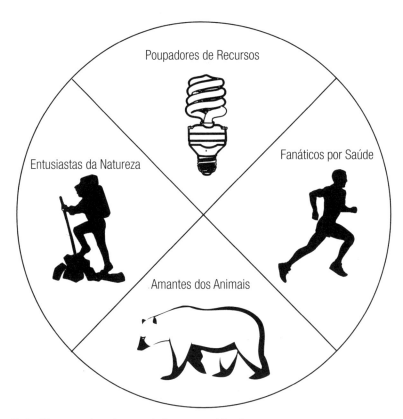

Figura 2.4 **Segmentando por Interesses Verdes**

Figura 2.5 **Segmentando por Interesses Verdes**

Poupadores de recursos	Fanáticos por saúde	Amantes dos animais	Entusiastas da natureza
Provavelmente pertencem a:	**Provavelmente pertencem a:**	**Provavelmente pertencem a:**	**Provavelmente pertencem:**
American Rivers	Beyond Pesticides	Wildlife Conservation Society	Sierra Club
Green America	Organic Consumers Association	Defenders of Wildlife	Surfrider Foundation
Center for the New American Dream	Slow Food	People for the Ethical Treatment of Animals (PETA)	American Hiking Society
Comportamento ambiental provável:	**Comportamento ambiental provável:**	**Comportamento ambiental provável:**	**Comportamento ambiental provável:**
Conservar energia, água	Comprar alimentos orgânicos	Vegetariano/vegano	Usar garrafas e sacolas duráveis e reutilizáveis
Garrafas, latas e jornais reciclados	Comprar cosméticos naturais	Boicotar atum, marfim	Evitar embalagens em excesso
Comprar lâmpadas compactas fluorescentes	Comprar produtos de limpeza naturais	Boicotar produtos testados em animais	Comprar produtos naturais/biodegradáveis
Usar sacola de compras reciclável	Usar protetor solar	Não usar produtos feitos com pele de animais	Comprar equipamentos de lazer e roupas feitas com material reciclado
Provavelmente leem ou visitam:	**Provavelmente leem ou visitam:**	**Provavelmente leem ou visitam:**	**Provavelmente leem ou visitam:**
www.treehugger.com	HealthyStuff.org	Revista *Animal Fair*	Revista *Sierra*
www.greenerchoices.org	Revista *Natural Life*	Revista *Veg News*	Revista *Backpackers*
www.earth911.com	Revista *Natural Awakenings*	Revista *The Animals Voice*	Revista *Outdoors*

Quadro: J. Ottman Consulting, Inc.

Poupadores de Recursos

Os poupadores de recursos (incluindo a autora) detestam lixo. Eles podem ser vistos carregando bolsas de lona de compras e bebendo água de garrafas reutilizáveis. Levam os cartuchos vazios de impressora e seus eletrônicos para o centro de descarte da Best Buy. Já foram recicladores ávidos de jornais, mas há algum tempo adotaram as versões *on-line*. Em casa, reutilizam todas as sacolas plásticas e embalagens de papel alumínio. Sempre atentos à economia de água e energia, eles instalam vasos sanitários e chuveiros que economizam água. Recusam produtos com excesso de embalagem, sabendo que estes custarão mais no sistema municipal de descarte de lixo, no qual se paga por quantidade descartada. Trocaram as lâmpadas antigas por econômicas há muito tempo, e ligam seus aparelhos em réguas de energia, permitindo, assim, a economia de mais watts enquanto estão trabalhando ou passando o fim de semana longe de casa.

Se tiverem como fazer isso, eles compram vasos de compostagem para processar os restos de alimentos e instalam painéis solares para economizar dinheiro com eletricidade. Os Poupadores de Recursos aproveitam as economias resultantes desses comportamentos (eles se sentem espertos) e compartilham suas experiências com amigos e familiares para que ajudem a diminuir a quantidade de lixo. Organizações como a Green America e o Center for the New American Dream mantêm todos eles informados com dicas sobre como descartar o lixo.

Fanáticos por Saúde

A regra principal para os Fanáticos por Saúde é a consequência dos males ambientais na saúde das pessoas. Esses indivíduos são aqueles que se preocupam com o câncer de pele causado pelo sol, que temem os impactos, em longo prazo, dos inseticidas na saúde de seus filhos, e leem artigos de jornal sobre o chumbo e outros contaminantes presentes em brinquedos e artigos escolares. Os Fanáticos por Saúde usam protetor solar, pagam mais por alimentos orgânicos, produtos de limpeza não tóxicos e produtos naturais de cuidados aos animais. HealthyStuff.org e HealthyToys.org, do Ecology Center, são seus sites favoritos para se manterem informados a respeito das mais recentes substâncias tóxicas em produtos comercializados, como artigos escolares, cadeirinhas de carro, brinquedos, veículos e produtos para animais.

Amantes dos Animais

Como o nome sugere, quem pertence a este grupo ama todos os animais, tanto os seus de estimação quanto os que foram abandonados. Geralmente são vegetarianos ou veganos, eles se comprometem com um estilo de vida de defesa dos animais. Eles pertencem ao PETA (Grupo a Favor do Tratamento Ético aos Animais), boicotam atum e peles, e apenas compram produtos que não tenham sido testados em animais. Eles se interessam pelo bem-estar de animais em casos de necessidade, independentemente de serem antas ou ursos polares em locais distantes, e costumam ser voluntários em abrigos próximos. Preocupados com a vida marinha, eles recusam as sacolas de plástico. Esse grupo ajuda em campanhas como a do detergente líquido Dawn, que se mostrou um limpador excelente para espécies animais afetadas por vazamentos de óleo.

Entusiastas da Natureza

Os Entusiastas da Natureza adoram o ar livre e passam grande parte de seu tempo envolvidos em atividades como acampamento, escalada em rochas sem o auxílio de cordas, esquiar e caminhar. Eles passam as férias em parques nacionais e gostam de ler a respeito de destinos na natureza pelo mundo. Os Entusiastas da Natureza também se envolvem ativamente em organizações como Sierra Club e o American Hiking Society, que preservam as áreas não desmatadas que eles valorizam tanto. Seja comprando o sabão à base de azeite de oliva do Dr. Brooner para reduzir o impacto de lavar louça em acampamentos, ou reutilizar garrafas e sacolas para evitar sujar o caminho por onde passam, os Entusiastas da Natureza levam a sério a redução do impacto ambiental de suas atividades recreacionais. Entre seus novos critérios de compra estão equipamentos feitos com materiais reciclados, como as botas Earthkeepers, da Timberland, e as garrafas reutilizáveis da Klean Kanteen.

Estratégias de Compra e Motivação dos Consumidores Verdes

Apesar de expressarem suas preocupações ambientais de maneiras individuais, todos os consumidores verdes são motivados por necessidades universais (veja a Figura 2.6) que se traduzem em novas estratégias de compra que implicam na maneira como as marcas sustentáveis autênticas são desenvolvidas e comercializadas.

Figura 2.6 **Estratégias de compra e motivação dos consumidores verdes**

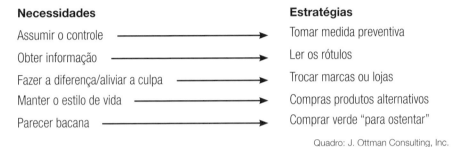

Quadro: J. Ottman Consulting, Inc.

Assumir o Controle

Pelo menos uma regra fundamental do consumismo verde não mudou e provavelmente não vai mudar: os consumidores têm procurado controlar um mundo que eles veem como fora de controle. Levados a proteger a própria saúde e a de suas famílias, os consumidores preocupados com a sustentabilidade assumem controle no mercado, analisando produtos e suas embalagens e ingredientes com muita atenção; como precaução, eles também analisam a reputação de fabricantes de produtos para ver se têm responsabilidade social e ecológica. Um motivo principal pelo qual os consumidores estão fazendo as coisas pessoalmente é porque costumam não confiar em fabricantes ou varejistas – os maiores poluidores – a respeito de informações reais sobre questões ambientais. (Veja a Figura 2.7).

Os consumidores de hoje estão fazendo mais do que apenas conferir preços e procurar por marcas familiares dentro dos mercados. Eles reviram as embalagens à procura de descrições mais detalhadas. Como será mostrado na Figura 2.8, os diversos termos que os consumidores usam atualmente para guiar suas decisões representam todas as fases do ciclo de vida do produto. Isso sugere que apesar de as questões de desempenho, preço e conveniência – que antigamente eram as únicas considerações por parte dos consumidores – continuarem sendo importantes, os consumidores de hoje querem saber a respeito das especificidades de um produto, como e onde a matéria-prima surgiu, como um produto foi fabricado, quanta energia é necessária durante o uso e se um produto e sua embalagem podem ser descartados com segurança. Além disso, como resultado da sustentabilidade e também de preocupações sociais (por exemplo, o trabalho infantil, o comércio justo), os critérios de compra de hoje envolvem fatores que os consumidores não conseguem sentir nem ver!

Figura 2.7 **Em quem os consumidores confiam quando precisam de informações a respeito do aquecimento global?**

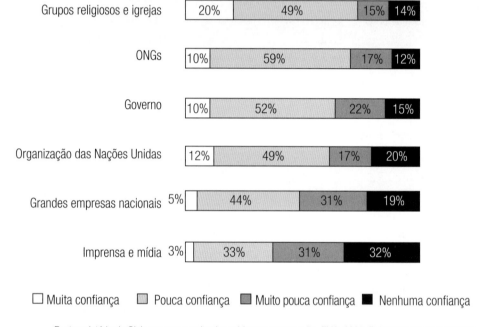

Fonte: relatório da Globescan a respeito de problemas e reputação, EUA, 2009. Reimpresso com permissão.

A Figura 2.8 também faz referência aos fabricantes – por um bom motivo. Refletindo a lealdade profunda do segmento LOHAS, de acordo com as novas regras do marketing verde, os consumidores conscientes a respeito da sustentabilidade agora analisam se os fabricantes de produtos podem ser confiáveis por práticas ecológicas e sociais conscientes. Os consumidores estão fazendo perguntas do tipo: Eles tratam bem os funcionários? Pagam salários justos? Poluem pouco? Se as respostas forem "sim", a maioria dos consumidores afirma que "recompensará" tais empresas. Em uma pesquisa de 2008, 57% dos entrevistados disseram que eles provavelmente confiam em uma empresa depois de descobrir que elas respeitam o meio ambiente, e 60% afirmaram que podem comprar seus produtos.[2]

Figura 2.8 **Expressões mais usadas nos produtos sustentáveis**

Matéria-prima	**Fabricação/ produção**	**Distribuição**
plantado de modo sustentável Biológicos Comércio justo	Sem cloro Sem pesticidas Sem emissão de carbono	Economiza combustível Produzido na região Embalagem reutilizável

Embalagem
Reciclado Não aerossol Mínimo

Marketing	**Em uso**	**Após o uso**	**Descarte**
Ético Relacionado à causa Transparente	Baixa emissão de gases Utiliza bem os recursos Durável	Reciclável Refil Reaproveitável	Seguro para descarte Reciclável Biodegradável

Fabricante
Responsável socialmente Baixa emissão de carbono

A fama dos fabricantes (e dos varejistas) em relação à responsabilidade social e ambiental também é essencial para as decisões de compra dos consumidores de outra maneira relevante. Na ausência de informações na embalagem ou na prateleira para identificar um determinado produto como responsável, de uma maneira ou outra, pela preservação do meio ambiente, os consumidores de hoje assumem como verdade as impressões que têm a respeito dos registros ecológicos e sociais de um fabricante ou varejista como rótulos reais. O fato de haver muitas propagandas com anúncios verdes sugere que os líderes de negócios reconhecem essa nova realidade e estão reagindo de acordo.

Como discutimos no Capítulo 1, depois da tradição dos Baby Boomers, que boicotaram as empresas que operavam na África do Sul (e, assim, possibilitavam as políticas sociais do Apartheid), os consumidores mais conscientes e que mais aprendem sobre a sociedade de hoje também boicotam poluidores suspeitos, então uma reputação questionável para práticas ambientais e sociais também pode levar os consumidores a se afastarem dos produtos.

Obtendo Informações

Os consumidores de ontem se importavam mais com o desempenho e o preço de um produto. Para ajudá-los a ganhar controle de um mundo que, a cada dia mais, eles veem como arriscado, os consumidores de hoje estão fazendo perguntas mais profundas. Estão encontrando as respostas em uma ampla série de fontes. Por exemplo, os compradores ecológicos agora podem consultar diversos grupos ambientalistas de confiança, incluindo o Green America and Center for the New American Dream. Podem entrar em seus sites favoritos da Internet e conseguir as respostas para perguntas frequentemente feitas, como "Quais são as vantagens de usar bambu?" e "De que maneira posso economizar energia em casa?"[3]. Os consumidores também podem usar muitas outras fontes eletrônicas, incluindo o detalhado GoodGuide.com e um aplicativo para iPhone para ver os impactos na saúde, no meio ambiente e na sociedade de mais de 70 mil alimentos, brinquedos, artigos de cuidados pessoais e produtos domésticos; são dados de quase 200 fontes, incluindo bancos de dados do governo instituições acadêmicas e sem fins lucrativos e cientistas dos quadros de funcionários do Good Guide.

No entanto, nem toda essa informação é coerente, e os consumidores tem tido problemas em discernir a informação boa da ruim na busca dos produtos menos agressivos ao meio ambiente e também para saber quais produtos e embalagens podem ser reciclados em sua comunidade. A confusão e a desconfiança estão se estabelecendo e os motivos são compreensíveis e muitos: as alternativas verdes nem sempre têm nomes que parecem verdes. Como os consumidores podem, só pelo nome, saber que a linha de produtos de limpeza da Method pode ser mais verde do que a da Palmolive ou Mr. Clean? Os produtos alternativos, como o fermento e o vinagre podem ser ainda mais naturais do que os da Method, mas não têm rótulos que afirmem isso.

Como veremos com mais detalhes no Capítulo 7, os consumidores de hoje procuram marcas confiáveis, como a ENERGY STAR e a USDA Organic. Na verdade, na última vez que soubemos, havia 400 rótulos "ecológicos" e certificados existentes. No entanto, apenas uma pequena porcentagem de produtos verdes tem rótulos ecológicos, e quando tem, não há garantias de que os consumidores reconhecerão ou compreenderão. Como mostra a Figura 2.9, conceitos como "aquecimento global" e "biodegradável" são bem conhecidos, mas não acontece a mesma coisa com conceitos mais novos, como "emissão de carbono" e "investimento socialmente responsável".

Para piorar as coisas, às vezes os rótulos podem nos enganar – ou até nos fazer errar. Os produtos e embalagens nas quais está escrito "biodegradável" ou "compostável" podem ser compostáveis em programas municipais de compostagem, mas podem não ser em compostadores de quintal; aqueles considerados "recicláveis" podem não ser, realmente, recicláveis na comunidade se não houver locais adequados para fazê-la. (Algumas dessas informações são o resultado de *greenwashing* intencional ou não intencional realizado por empresas que pretendem tomar a melhor atitude verde possível. Veja o Capítulo 7 para obter mais detalhes a respeito do *greenwashing*).

Apesar de a preocupação com o meio ambiente ser grande e os consumidores dizerem que estão tentando se educar, ainda há muitos assuntos que eles não compreendem totalmente. Por exemplo, a maioria dos consumidores – e mesmo muitos profissionais de marketing verde bem intencionados – ainda acreditam que qualquer coisa "biodegradável" simplesmente "desaparece" – e acontecerá a mesma coisa em um aterro – em vez de se decompor até virar terra ou outros nutrientes sob condições controladas em locais de compostagem municipal, o lixo dos aterros simplesmente é enterrado.

Figura 2.9 Consciência do consumidor acerca de conceitos ambientais

	2009 %	2007-2009 % de mudança
Aquecimento global	91	-1
Biodegradável	86	-1
Recursos renováveis	76	+ 5
Restos de carbono	69	+ 34
Sustentabilidade	58	+ 10
Responsabilidade social empresarial	48	- 3
Emissão de carbono	34	+ 22
Investimentos socialmente responsáveis	32	-6

Fonte: © Natural Marketing Institute (NMI), 2009 LOHAS Consumer Trends Database® Todos os direitos reservados.

Faça a Diferença, Diminua a Culpa

Considerando o mundo fora de controle, os consumidores verdes querem sentir que fazem a diferença como compradores únicos ou em conjunto com todos os outros usuários dos produtos que compram. Muito cientes de como os seres humanos estão comprometendo a própria saúde e a do planeta, um número cada vez maior de consumidores está, agora, avaliando seus próprios hábitos de consumo e se perguntando: "Preciso mesmo de mais este equipamento?". Para aqueles que querem participar, a questão é: "O que realizar para fazer a diferença?". Isso se chama *empowerment*, tema de *best-sellers*, como o *50 Simple Things You Cancer Do to Save the Earth*, o livro inovador que foi editado em 2006. Agora, ele conta com a companhia dos livros *It's Easy Being Green: A Handbook for Earth-Friendly Living; Gorgeously Green: 8 Simple Steps to an Earth-Friendly Life*; e *The Lazy Environmentalist: Your Guide to Easy, Stylish, Green Living*. Os consumidores conscientes assistem a novos programas na TV a cabo, como aqueles produzidos pelo Animal Planet, The Science Channel e o National Geographic Channel.

Os consumidores conscientes que gostam de eletrônicos também se relacionam a outros por meio das redes sociais, como a MakeMeSustainable.com, Car2.com, Zerofootprint.net, Carbonrally.com, Change.org, Celsias.com, e Worldcoolers.org. O Care2.com, por exemplo, tem uma seção Care2

Green Living e o Care2 News Network, nas quais os membros podem postar as histórias mais recentes sobre como protegem o meio ambiente.

Como será mostrado na Figura 2.10, quase metade (46%) dos consumidores acredita que está fazendo a sua parte para proteger o meio ambiente e realmente considera-se líder de outros grupos da sociedade nesse aspecto, especialmente o governo e os negócios. Ainda assim, uma quantidade parecida (55%) acredita que eles deveriam fazer ainda mais – um sentimento que tem aumentado. Os consumidores precisam fazer a diferença tanto no desejo por controle quanto na necessidade de diminuir a culpa, de modo que suas compras possam fazer com que se sintam bem consigo mesmos.

Figura 2.10 **Quem deveria estar fazendo mais?**
Porcentagem da população adulta norte-americana que diz que as seguintes organizações estão agindo atualmente como líderes na proteção do meio ambiente ou deveriam estar fazendo mais

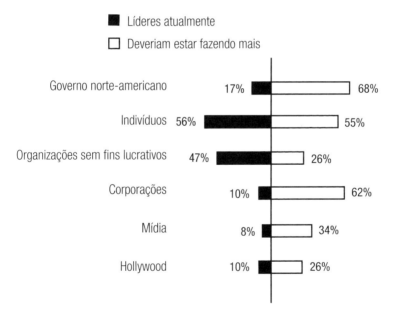

Fonte: © Natural Marketing Institute (NMI), 2009 LOHAS Consumer Trends Database®
Todos os direitos reservados.

Ser Fiel ao Estilo de Vida

O meio ambiente pode estar na lista de compras de todos os consumidores, mas raramente está no topo – e por um motivo muito compreensível. Os produtos sustentáveis ainda precisam ser eficientes, saborosos, seguros, higiênicos, atraentes e fáceis de encontrar. Apesar de estarem preocupados com o planeta, no final das contas, os consumidores, verdes ou não, sempre preferirão – e devem preferir, mesmo – o sabão que limpa suas roupas àqueles que simplesmente prometem "salvar a Terra". Então é essencial que, para ter sucesso, as marcas sustentáveis ofereçam bom desempenho e é também por isso que produtos de marcas renomadas (por exemplo, Clorox GreenWorks), mesmo que pouco conhecidos pelos consumidores, sempre serão escolhidos em vez da marca "Planeta Feliz" de uma empresa desconhecida. Apesar das recessões que os fazem lembrar de uma realidade horrível, os consumidores norte-americanos sempre detestaram economizar para o futuro, preferindo gastar hoje em vantagens e prazeres de curto prazo. A mesma coisa pode ser dita a respeito do meio ambiente. Os consumidores, de modo geral, estão mais envolvidos na compra de produtos que economizem dinheiro ou protejam sua saúde hoje, do que em procurar produtos que possam melhorar grandes problemas, como o aquecimento global.

De modo parecido, não surpreende que os preços estejam no topo da lista de barreiras da compra sustentável (veja a Figura 2.11). Com os muitos tipos de produtos (a maioria dos consumidores não pode pagar a mais, independentemente de serem verdes ou não), a resistência em pagar um preço mais alto pelo verde é exacerbada pelo fato de que muitos produtos sustentáveis dependem de materiais, ingredientes ou tecnologias não testados, têm nomes de marcas não familiares e, em geral, carregam o estigma dos anos 1970, quando muitos produtos verdes não eram eficazes. Assim, garantir que os produtos verdes sejam tão eficazes quanto os convencionais, competindo com alternativas ou justificando um preço maior com uma proposta interessante de valor, é o que acontece quando se tenta satisfazer as necessidades do novo consumidor preocupado com o meio ambiente.

Somos Todos Consumidores Verdes **73**

Figura 2.11 **Barreiras para as compras verdes**
Porcentagem de adultos norte-americanos que indicam que os seguintes fatores os impedem de
usar produtos e serviços ambientalmente responsáveis.

	2009 %
Os produtos são muito caros.	63
Não tenho certeza de que eles realmente são melhores para o meio ambiente.	36
Não os conheço muito bem.	30
Eles não estão disponíveis nas lojas e outros lugares onde faço compras.	28
Eles não funcionam tão bem quanto os outros produtos que costumo comprar.	23
São menos convenientes.	14
Nada/Nenhuma razão	12

Fonte: © Natural Marketing Institute (NMI), 2009 LOHAS Consumer Trends Database®
Todos os direitos reservados.

Apesar do que foi mencionado, em determinados momentos os consumidores pagam mais pelos produtos verdes? A resposta para essa pergunta de marketing verde é um sonoro "sim!". Os consumidores pagarão mais se souberem que um produto vai ajudá-los a economizar dinheiro. É por isso que as lâmpadas econômicas estão sumindo das prateleiras das lojas Wal-Mart apesar do preço mais caro, de mais de 75 centavos de dólar em relação às lâmpadas comuns e é por isso que os norte-americanos afirmam que eles têm três vezes mais propensão de pagar mais por equipamentos eletrônicos que economizem energia do que de pagar menos por um modelo que consome mais energia.[4] Os consumidores também gastam mais com sua saúde, orgânicos, naturais, sem PVC e sem BPA. Essas são as razões pelas quais as vendas de alimentos e roupas orgânicas, produtos naturais de cuidados pessoais, e os produtos de limpeza orgânicos estão aumentando tão drasticamente.

Por fim, os consumidores precisam acreditar que as marcas estão realmente tentando ser mais sustentáveis, um desafio para os profissionais de marketing com implicações para a educação e esforços com o objetivo de estabelecer credibilidade pelas mensagens deles, discutidas ao longo deste livro.

Parecer Bacana

Estamos no início do século XXI. O verde é tendência, e assim faz parte da projeção de identidade de muitos consumidores. Há um toque de classe em ser verde. O verde é bacana. As celebridades estão envolvidas na sustentabilidade, e os fashionistas gostam de fazer novas roupas estilosas com algodão orgânico, garrafas de refrigerante recicladas e outros materiais verdes. A garrafa da Method, em forma de lágrima e a conhecida bolsa reutilizável de Anya Hindmarch possibilitam aos Verdes de plantão projetar seus valores. Mesmo com grande preocupação a respeito da mudança climática, um estudo com proprietários do Prius realizado em 2007 descobriu que o principal motivo para a compra do veículo era "pela impressão que ele causa"[5] em vez de ser pela economia de combustível ou pela redução da emissão de carbono.

As questões ambientais entraram nas decisões de compra dos consumidores e, por sua vez, estão afetando todas as áreas de marketing. Os fabricantes e profissionais de marketing que procuram atender consumidores conscientes e ativos devem adotar um novo paradigma para o marketing verde, detalhado no próximo capítulo.

Lista das Novas Regras

Faça as seguintes perguntas para avaliar as questões relacionadas ao meio ambiente e à sociedade que afetam seus produtos, marca, marketing e reputação da empresa.

○ Em qual(is) segmento(s) seus consumidores se encaixam? Qual(is) segmento(s) representa o melhor público-alvo para uma nova marca sustentável?

○ Quais são os principais interesses relacionados ao meio ambiente de nossos consumidores? Eles são motivados por questões como a saúde? Recursos econômicos? Proteção aos animais? Aproveitar a natureza ao ar livre?

○ Como nossos consumidores se comportam com relação ao meio ambiente?

○ Até que ponto nossos consumidores costumam ler os rótulos das embalagens? Tomam medidas preventivas? Trocam de marcas ou lojas? Compram produtos alternativos que combinam com seu estilo de vida? Compram produtos verdes "mais chamativos"?

○ Até que ponto nossos consumidores estão usando a Internet para encontrar produtos que protegem meio ambiente e informação sobre a empresa?

- Quais questões de ciclo de vida relacionadas aos produtos preocupam mais os nossos consumidores? Matéria-prima? Produção? Embalagem? Consumo e uso? Descarte?

- Até que ponto nossos consumidores estão dispostos a boicotar ou apoiar as marcas de nossa empresa?

- Até que ponto os nossos consumidores acreditam que deveriam estar fazendo mais para ajudar o meio ambiente? De que maneira eles expressam sua preocupação com o meio ambiente?

- O que podemos aprender com as diversas atitudes dos consumidores conscientes com relação a suas preocupações?

O Novo Paradigma do Marketing Verde

O marketing convencional está fora de moda. O marketing verde, e o que está sendo cada vez mais chamado de "marcas sustentáveis", chegou. De acordo com as novas regras do marketing verde, abordar de modo eficiente as necessidades dos consumidores com uma consciência ambiental e social cada vez maior não é possível com as mesmas ideias e fórmulas que guiaram o marketing desde o pós-guerra. Os tempos mudaram. Um novo paradigma surgiu, exigindo novas estratégias com um ponto de vista holístico e produtos e ofertas de serviços inovadores.

Historicamente, os profissionais de marketing têm desenvolvido produtos que satisfazem as necessidades dos clientes a preços possíveis e divulgam os benefícios de suas marcas de modo memorável. As campanhas da mídia paga, caracterizada por anúncios com slogans que "colavam" eram a regra. O marketing e as marcas verdes, ou sustentáveis, são mais complexos. Para abordar as novas expectativas dos consumidores para os negócios funcionarem, são necessárias duas estratégias:

1. Desenvolver produtos que equilibrem as necessidades de qualidade, desempenho, finanças e conveniência dos consumidores com o menor impacto possível no meio ambiente, e com a devida preocupação pelas considerações sociais, por exemplo, trabalho e comunidade.
2. Criar demanda para as marcas por meio de comunicações sinceras e voltadas a valores que ofereçam benefícios práticos, dando poder e engajando os consumidores de modo significativo a respeito de questões importantes do meio ambiente e da sociedade. Tais comunicações

representam valor para os consumidores pela funcionalidade que eles oferecem e, geralmente, reforçam de modo positivo a preocupação do fabricante com a sustentabilidade também.

As novas regras que estão sendo estabelecidas pelos consumidores de hoje, com consciência ecológica, não podem ser abordadas com estratégias e táticas convencionais de marketing. Os construtores de marca no século XXI são responsáveis por novos padrões. A sustentabilidade representa mudanças psicológicas e sociológicas profundas – sem falar de assuntos muito importantes – como o feminismo que forçou os profissionais de marketing a desenvolver produtos mais convenientes que combinassem com o estilo de vida das mulheres que mostravam uma imagem nova. Vencer os desafios do nível de consumo verde hoje exige processos empresariais, práticas de *branding*, qualidade de produtos, preços e promoção.

Para perceber que as regras do jogo mudaram muito, é preciso apenas observar o que os ambientalistas, reguladores e a imprensa veem como mensagens e rótulos ecológicos inconsistentes e, muitas vezes, enganosos. O dilúvio resultante de dúvida, confusão e pesadelos regulatórios de certas afirmações verdes falsas – chamadas *greenwash* – espalhadas no mercado prova que o marketing ambiental envolve mais do que mostrar um ou outro atributo de produto e enfeitar as embalagens com afirmações sem sentido e, muitas vezes, enganosas. Muitos profissionais de marketing estão aprendendo, da maneira mais dolorosa, que dar impulso a oportunidades relacionadas ao meio ambiente e enfrentar desafios de sustentabilidade exige um total compromisso para tornar verdes os produtos e as abordagens de uma empresa.

O marketing verde feito de acordo com as novas regras também afeta como uma empresa lida com seus negócios e marcas e interage com todos os seus *stakeholders* que podem ser afetados por suas práticas ambientais e sociais (veja o Capítulo 7 para saber mais sobre esse assunto).

O Novo Paradigma do Marketing Verde

Um novo paradigma está sendo formado por líderes de sustentabilidade que estão abordando, de maneira autêntica, criativa e distinta as novas regras do marketing verde.

Ideias comuns a respeito de como atender melhor os clientes estão sendo derrubadas. Para vender para clientes conscientes ambiental e socialmente, de modo crível e com impacto, é preciso deixar de ver as pessoas como meros "clientes" com apetite insaciável por bens materiais, e sim como seres humanos dispostos a ter vidas saudáveis e plenas. Seguir as novas regras significa projetar os valores de uma pessoa e ser sensível a como os clientes e os *stakeholders* interagem com a natureza; ter consciência de como a produção e o consumo de bens materiais têm impacto positivo e negativo em nossas vidas, em curto e em longo prazo (veja a Figura 3.1).

Na era da sustentabilidade, os produtos são designados para ficar em *loops* eternos; quando a vida útil deles termina, os materiais não são jogados em um aterro, mas reunidos para reciclagem, reuso ou remanufatura. A conscientização sobre os benefícios de se usar os materiais de um determinado local está crescendo assim como saber que produtos se encaixam melhor nas considerações ambientais ou nas necessidades ambientais específicas de diferentes segmentos de consumidores. Com as novas regras do marketing verde, os produtos dispendiosos de ontem estão sendo trocados por outros eco-inovadores com novos designs e tecnologias radicais. Alguns produtos estão até sendo deixados de lado por serviços que representam novos modelos de negócios, permitindo aos empreendimentos que visam ao futuro serem lucrativos e ecologicamente responsáveis, aumentando o valor e a conveniência para os consumidores.

As marcas de produtos e serviços mais sustentáveis de hoje são comercializados por causa das fortes mensagens educacionais que passam, dos valores que projetam e das comunidades – cada vez mais *on-line* – de usuários que formam. Muitas marcas sustentáveis são tão apreciadas pelos consumidores na vanguarda da consciência ambiental e social, que não precisam ser anunciadas; elas chegam ao topo das listas de compras de consumidores influentes apenas com o poder do boca a boca. A boa vontade impulsiona muitas marcas sustentáveis; os consumidores de hoje se sentem poderosos quando recompensam as empresas que têm influenciado as pessoas e o planeta de modo positivo; e consumidores ambiental e socialmente conscientes que percebem infrações graves desse novo paradigma logo aplicarão o boicote também.

As novas regras do marketing verde pedem para os negócios atingirem a excelência sendo proativos. Desejando ultrapassar padrões mínimos, estabelecem os padrões pelos quais eles e seus competidores serão avaliados;

eles não têm medo de revelar seus ingredientes e abrem as portas de suas fábricas para construir uma relação duradoura com os consumidores verdes prontos para recompensá-los com sua lealdade.

Empresas ecológica e socialmente responsáveis conhecem os processos da natureza – interdependentes. Elas se ligam a muitas empresas e *stakeholders* em alianças cooperativas e positivas e trabalham lado a lado com fornecedores, varejistas e governos regionais para gerenciar questões ambientais e sociais por meio da cadeia de valor de seus produtos. Equipes mistas empresariais se envolvem com uma rede de *stakeholders* externos para encontrar a melhor solução holística para desafios de sustentabilidade.

Figura 3.1 **O novo paradigma do marketing verde**

	Marketing convencional	**Marketing verde**
Consumidores	Consumidores com estilos de vida	Pessoas com vidas
Produtos	Produtos "para a vida toda" Mundialmente comercializados Tamanho único	Serviços "para a vida toda" Comercializados regionalmente Feitos regionalmente
Marketing e comunicações	Produtos de benefícios Venda Comunicação de mão única Propaganda paga	Valores Educação e conferir poder Comunicação ampla Boca a boca
Empresa	Discreta Reativa Independente e autônoma Competitiva Departamentalizada Voltada ao curto prazo/maximiza os lucros	Transparente Proativa Interdependente aliada com os *stakeholders* Cooperativa Holística Voltada para o longo prazo Resultado triplo

Fonte: J. Ottman Consulting, Inc.

Esses *stakeholders* são parceiros dispostos na busca por inovar, comunicar e desafiar a empresa para conseguir níveis mais altos de sustentabilidade. Essas empresas administram para o longo prazo visando a um resultado triplo: lucros, sociedade e o planeta.

As Sete Estratégias para o Sucesso do Marketing Verde

Com as novas regras, a realidade do *branding* sustentável é inovação, flexibilidade e coração. Formulei sete estratégias que acredito poder ajudar as empresas a abordar essas mudanças profundas e duradouras na mente do consumidor. Refletindo o nosso aprendizado após mais de 20 anos de trabalho com líderes de sustentabilidade, as estratégias podem ser resumidas da seguinte maneira:

As Sete Estratégias Vencedoras de Ottman para o Marketing Verde:

1. Compreender as profundas crenças ambientais e sociais e os valores de seus consumidores e outros *stakeholders* e desenvolver um plano de longo prazo para se alinhar com eles.
2. Criar novos produtos e serviços que equilibrem o desejo dos consumidores por qualidade, conveniência e capacidade de reduzir os impactos ambientais e sociais adversos à vida do produto.
3. Desenvolver marcas que ofereçam benefícios práticos enquanto fortalece e incentiva os consumidores a respeito dos assuntos importantes que afetam a sua vida.
4. Estabelecer credibilidade por seus esforços expressando seu compromisso empresarial e lutando por completa transparência.
5. Ser proativo. Vá além do que é esperado dos *stakeholders*. Comprometa-se, de modo proativo, a fazer a sua parte para resolver problemas ambientais e sociais que surjam – e descubra vantagem competitiva no caminho.
6. Pensar de modo holístico. Aumente a comunidade com usuários e com a variedade de *stakeholders* ambientais e sociais.
7. Não desistir. Promova o uso de produtos e práticas de descarte responsáveis. Não deixe de lutar por "impacto zero".

Fonte: J. Ottman Consulting, Inc.

Muitas empresas inteligentes, e são realmente muitas para relacionar agora, já acordaram para esse novo paradigma do marketing verde. Elas estão colocando essas sete estratégias vencedoras em prática a sua maneira, fazendo que suas marcas se adéquem à sensatez do novo consumidor. Muitas de suas histórias ilustram as estratégias descritas neste livro. Uma dessas histórias concentra-se nos empreendedores Eric Ryan e Adam Lowry, fundadores e co-CEOs da Method, que criaram uma marca sustentável muito famosa e determinaram o ritmo que os outros devem seguir.

Abordando as Novas Regras

A Method Faz a Diferença ao Ser Diferente

A Diferença da Method

Em 1999, no que consideraram ser o apartamento mais sujo de San Francisco, os amigos de longa data Adam Lowry e Eric Ryan, os dois com menos de 30 anos, decidiram mudar o próprio comportamento – e o dos outros. Percebendo a oportunidade para transformar a limpeza doméstica em algo divertido, mais do que apenas uma tarefa, Lowry e Ryan combinaram seus conhecimentos – Lowry em engenharia química e Ryan em marketing – e fundaram a Method. O objetivo deles era: criar uma "linha de produtos de limpeza e de cuidados pessoais que não agrida o meio ambiente e que seja segura para todos os lares e todas as pessoas". Hoje, com uma linha de repercussão crescente entre jovens adultos, e uma abordagem à sustentabilidade, estão provando ser agentes de mudança em uma categoria sonolenta, com marcas como Tide, Wisk e Palmolive.

Com uma linha crescente de produtos de limpeza e de cuidados pessoais que vai desde cremes para o corpo e sabonetes para as mãos a purificadores de ar, e distribuição em mais de 25 mil pontos de venda, como Lowe's, Target e Whole Foods Market, eles reuniram mais de 100 milhões de dólares em lucros apesar dos preços, que podem ser até 30% mais alto que os de seus bem conhecidos concorrentes. Em 2008, a participação de mercado aumentou em todas as categorias de produtos, com um crescimento de quase 18% em vendas no ano anterior para produtos multiuso, um dos mais populares produtos, representando 5 milhões de dólares em vendas sozinho.

Em forte contraste aos grandes fabricantes de sabonetes, como P&G, Unilever e Colgate-Palmolive, que seguem as velhas regras e

O Novo Paradigma do Marketing Verde **83**

apenas vendem produtos, a Method tem uma experiência de limpeza caracterizada pela consciência social e pela diversão. O design atraente e de qualidade – anteriormente desconhecido na indústria – atrai seus jovens clientes; uma valorização do compromisso da Method com a sustentabilidade, e suas características de eficiência, segurança, meio ambiente e fragrância tornam os clientes fiéis.

Muito mais que Limpeza

Lowry e Ryan sabem que seus clientes não se contentarão simplesmente com um trabalho bem feito (Eles não serão flagrados admirando seu reflexo em pratos brilhantes depois de lavados pelo detergente Joy). Os usuários da Method são bacanas, jovens, conscientes e desejam resolver os problemas do mundo. Diferentemente dos frascos de detergentes convencionais que costumam ficar escondidos embaixo da pia, os frascos da Method ficam em cima dos armários, deixando a cozinha mais bonita e ajudando a projetar os valores de seus consumidores a outras pessoas.

De acordo com a Method, seus usuários são mulheres jovens e profissionais que eles apelidaram de "progressivos". Enquanto a respeitável marca Seventh Generation atrai um grupo leal de consumidores "verde-escuro" (LOHAS), a Method atrai, do grupo maior de "verde-claro", os Drifters, que veem a consciência ecológica como popular e bacana; para eles, a Method representa algo fácil de fazer a respeito de assuntos sobre os quais se importam. A marca Method faz eles se sentirem bem em relação a suas compras e em relação a eles mesmos. Na Method, eles encontram tudo o que querem em produtos de cuidados pessoais ou de limpeza – eficácia, fragrância e design elegante, além de uma marca ambiental mais leve e de baixa toxicidade. Até mesmo o nome "Method" não parece muito verde como "Seventh Generation" (refletindo um *slogan* Iroquois[1] a respeito de preservar a

---

[1] Povo nativo norte-americano que vivia em torno da região dos Grandes Lagos, no sul de Ontário, no Canadá, e nordeste dos Estados Unidos. Originalmente era um povo nômade, hoje é uma nação indígena composta por vários povos, formando uma confederação distribuída entre o Canadá e os Estados Unidos. (N. T.)

Terra para as próximas sete gerações), mas não é específico, porém provocativo, até mesmo científico, garantindo um grande apelo.

Uma Empresa Consciente

Os profundos valores ambientais e sociais da empresa se traduziram em operações verdes muito boas com prêmios para provar. Para começar, eles têm escritórios sustentáveis (incluindo um certificado pelos padrões LEED do U.S. Green Building Council) e uma fábrica que não desperdiça uma gota de água. Eles alcançam um objetivo elevado de neutralizar a emissão de carbono em todas as operações de manufatura e em seu escritório, usam biodiesel em caminhões e energia renovável, como eólica e solar; a neutralização de carbono é compensada por Certificados de Compra de Energia Renovável (RECs)[1] (da *Native*Energy, uma organização sem fins lucrativos que apoia projetos para captar metano e energia de três fazendas latifundiárias da Pensilvânia).

A consciência ambiental da Method é ajudada pela social, marcada por apoio a diversos projetos que ajudam a criar boas relações na comunidade. Os funcionários ganham três dias remunerados por ano para atuarem como voluntários, permitindo que escolham projetos como o Park(ing) Day, um evento anual que transforma estacionamentos pelo mundo a fora em parques por um dia. Removendo lixo, analisando os níveis de fosfato da água e plantando sementes nativas; limpando e pintando as instalações de abrigos familiares mantidos pela organização sem fins lucrativos Compass Community Services, de San Francisco.

Para ajudar a monitorar o progresso, em junho de 2007, a Method foi certificada como uma Empresa B pela Lab B, uma organização sem fins lucrativos da Filadélfia que oferece avaliações, realizadas por terceiros, sobre o compromisso de uma empresa com questões sociais e ambientais.

Figura 3.2 Relatório de impacto da Method

Resumo	Certificado: junho de 2007	
	Pontos ganhos	% de pontos disponíveis
Meio ambiente	36,9	80%
Funcionários	33,6	80%
Comunidade	14,4	33%
Consumidores	29,2	60%
Liderança	14,4	75%
Composto e pontuação	128,5	66%

80 em cada 200 podem ser certificados
60% de pontos disponíveis = área de excelência

Fonte: BCorporation.net. Reimpresso com a permissão da Method.

Figura 3.3 **A garrafa "lágrima" da Method**
Reimpresso com permissão da Method.

As empresas com muitos pontos na avaliação podem receber o certificado de empresa B (que também inclui uma expansão legal de responsabilidades incluindo os interesses dos *stakeholders*). Os relatórios B Impact para todas as empresas B estão disponíveis no site do B Lab. Mil outras empresas progressivas em 54 setores, incluindo Seventh Generation, Numi Tea e Dansko, também são avaliadas.[2] Publicar esses resultados mostra aos clientes que a Method valoriza a transparência e está disposta a receber crítica construtiva a respeito do funcionamento da empresa. A posição B da Method (Fig. 3.2) reflete um total de 128,5, colocando-a entre os 10% de todas as empresas B (É necessário ter no mínimo 80 pontos, e as empresas B têm uma pontuação média de cerca de 100 pontos). A pontuação alta da Method reflete os compromissos sociais e ambientais abrangentes da empresa; a pontuação relativamente mais baixa para "Liderança" e "Comunidade" não indica que a empresa não está fazendo coisas boas, mas, sim, que a Method não escolheu os temas como foco de seus negócios.

Cinco Produtos de Destaque

Em sintonia com o desejo de tornar a limpeza divertida, os produtos da Method saem da categoria produtos de limpeza, e afirmam ter uma forte sensibilidade estética. Para satisfazer as demandas dos jovens clientes, eles procuram obter equilíbrio entre eficiência, meio ambiente, segurança, design, fragrância – e diversão. Um exemplo são as características da linha baby + kind, da Method, de produtos hipoalergênicos testados por pediatras e o sabonete líquido que tem frasco em forma de pinguim.

A embalagem é chamativa, moderna e fácil de ver na prateleira do mercado. Como todo produto tem um passado, um presente e um futuro, a embalagem é mínima e usa materiais reciclados ou recicláveis. Por exemplo, todas as embalagens de 2008 para produtos de limpeza de superfícies, pisos, *sprays* e outros produtos são 100% feitas com polietileno tereftalato plástico (PET) reciclado e reciclável – com o objetivo de estender essa embalagem a todos os produtos Method.

Fragrâncias naturalmente atraentes e cores, como o rosa e o verde-lima, distinguem a experiência da Method reforçando a aura natural dos produtos e tornando-os divertidos de usar. A linha de produtos ganha tempero em épocas festivas, com aromas especiais como cereja do inverno e pinheiro nevado.

Ao escolher os ingredientes, a Method segue este princípio de precaução: "Se há chance de ser ruim, não use". As fórmulas dos produtos começam com ingredientes não tóxicos e biodegradáveis da "lista limpa" da Method, a "lista suja" deles inclui itens que eles nunca usarão, como fosfatos e cloro.

Os frascos da Method são elaborados por famosos designers para destacar a marca e ajudar a atingir um grupo maior de consumidores do que simplesmente os verdes-escuros. Um deles, um frasco famoso em forma de lágrima, é mostrado na Figura 3.3.

Na Method, o bom design é um aliado ao foco da sustentabilidade – aquele elemento que ajuda a distinguir as marcas deles das dos concorrentes. (Como discutiremos no Capítulo 6, essa estratégia é conhecida como "agrupar" benefícios extras para aumentar o valor de produtos sustentáveis. Como cofundador, Adam Lowry explica:

> Um dos grandes objetivos com a Method e o motivo pelo qual o design e a sustentabilidade estão intrinsecamente ligados a nossa marca é que sem o elemento do design, você só atrai pessoas que já são verdes, por isso não criará uma mudança ambiental real... Para nós, "sustentabilidade" e "verde" são apenas aspectos da qualidade de nosso produto – não são uma jogada de marketing... Acredito que tudo deveria ser assim. Simplesmente devemos nos preocupar com a qualidade do produto e permitir que o produto seja o verdadeiro herói.[3]

Marketing Verde Confiável e de Impacto

Em contraste com as velhas regras para a comercialização de produtos domésticos, a plataforma de marketing da Method é construída sobre três grandes alicerces: propaganda barata ou gratuita, transparência e comunidade. Os três atuam em sinergia para obter seguidores fiéis.

Diferentemente do foco principal na propaganda paga usada por seus concorrentes todos os anos, Lowry e Ryan têm buscado consumidores por meio da educação direta e do compromisso que reforça a experiência divertida de usar a marca, enfatizando a credibilidade da Method. Para demonstrar a segurança inerente de seus produtos e destacar a diversão, os panfletos de vendas mostram modelos limpando uma casa com esforço. Embalagens com design marcante são notadas nas prateleiras e reforçam a marca dentro do lar. De fato, a qualidade da experiência de usar, de possuir – até de descobrir – o produto, gera muito boca a boca entre consumidores animados que logo relacionam a marca à diversão e à autenticidade.

A primeira campanha paga da Method, lançada em 2010 em apoio ao detergente líquido concentrado 8X, produto revolucionário, se volta diretamente para produtos de limpeza que, de acordo com eles, sustentam o hediondo "hábito do balde"[4] das casas. Propagandas divertidas impressas e *on-line* provocam a mudança e começam a falar de algo novo implorando que os consumidores tidos como "viciados" passem a "dizer não ao balde", colocando a marca numa posição de Davi contra o Gigante Golias e incentivando os consumidores a repensarem hábitos enraizados.

Pegue um frasco de qualquer detergente da Method e verá uma frase indicando que o produto não contém fosfato ou que a embalagem é de plástico reciclado. A Method, em sintonia com seu compromisso e transparência, mostra os ingredientes no próprio site. Como as fotos dos produtos em seus folhetos de vendas provam, a empresa nada tem a esconder.

Além disso, Lowry e Ryan abriram as portas para auditores. Seus produtos são certificados pelo selo Design for the Environment (DfE), do EPA, e pela certificação Cradle to Cradle (C2C). A DfE avaliou mais de 50 fórmulas de produtos da Method até agora para ter certeza de que a empresa utiliza apenas ingredientes ambientalmente responsáveis. A Method já ganhou o certificado C2C em 20 de seus produtos e, enquanto escrevo este livro, está em processo para ter outros 20 certificados.

Já viu alguém usando uma camiseta com o nome de um produto de limpeza de uma marca famosa? Provavelmente não. Mas alguns consumidores felizes com a Method ostentam camisetas que eles compram no site da empresa com a marca Method na frente, acompanhada de slogans divertidos, como "Limpa como a mamãe".

Um aspecto importante da abordagem da Method ao marketing verde é envolver seus consumidores, o que a empresa faz *off-line* e, cada vez mais, *on-line*. Os fãs da página do Facebook fazem sugestões a respeito de produtos e práticas, e participam de concursos para ganhar produtos da Method. Na última vez que fizemos a contagem, mais de seis mil usuários estavam seguindo a "methodtweet" no Twitter, enquanto os visitantes do Flickr se mantêm atualizados sobre o que acontece dentro da empresa – no dia de mudança, os funcionários foram mostrados descendo a rua com artigos de escritório nas mãos, seguidos por um grupo de mariachi.

Uma das atividades mais abrangentes e populares da Method é a campanha People Against Dirty, com mais de 5.300 defensores unidos na paixão comum pela Method e por sua missão de limpeza. Um blogue informa os leitores a respeito de assuntos relacionados ao design, à sustentabilidade e à consciência ambiental. Depois de entrar no site da Method e de enviar uma foto, os membros recebem atualizações, prévias dos novos produtos e até um "kit de defesa", incluindo três kits individuais para distribuição que eles dão a amigos e familiares. A Method está agora cuidando da maneira como os usuários podem interagir uns com os outros pelo site.

Para dar aos consumidores a informação que procuram para tomarem decisões responsáveis sobre produtos, Lowry e Ryan escreveram *Squeaky Green: The Method Guide to Detoxing Your Home* [Verdíssimo: O Guia da Method para Desintoxicar a sua Casa], dando dicas de limpeza doméstica e expondo os "segredinhos sujos" de produtos de limpeza tradicionais. A Method também controla os Cleaning Tours em Chicago, Boston, Nova York e outras cidades, montando quiosques de venda, nos quais os consumidores podem trocar um produto de limpeza tóxico por um da Method, gratuitamente. Os funcionários saem para fazer "mutirões de desintoxicação" nas casas dos consumidores. Os donos das casas recebem sacolas plásticas de "reabilitação" cheias de produtos Method.

Limpando na Hora da Conta

A abordagem de quebrar regras da Method para a limpeza cria uma forte lealdade à marca e gera propaganda boca a boca gratuita, e também ajuda a "limpá-la" na caixa registradora – e estimula seus concorrentes.

Além das vendas que crescem rapidamente e da vasta distribuição varejista, a estante de troféus da Method está recheada de prêmios, como de "Campeã", em novembro de 2008, da Safer Detergents Stewardship Initiative (Iniciativa de produzir sabões mais seguros) do programa do DfE, premiando a Method por seu compromisso voluntário com o uso mais seguro de surfactantes (ingredientes que ajudam a remover a sujeira de superfícies sem causar danos à vida aquática). Em 2006, a Method obteve a sétima posição na lista anual da revista *Inc.* das 500 empresas de crescimento mais acelerado nos Estados Unidos; naquele ano, também, os recursos anuais cresceram 80% em um setor que geralmente tem sorte se o crescimento for de 4%, e o PETA nomeou Lowry e Ryan como personalidades do ano, por terem criado uma linha revolucionária de produtos de limpeza doméstica sem ingredientes derivados de animais e que não são testados em animais.

Talvez o maior mérito de Lowry e Ryan tenha sido atingir o objetivo estabelecido por eles na época da fundação da empresa: Revolucionar e provocar a mudança na indústria de produtos de limpeza. Não mais satisfeitos em seguir regras antigas, concorrentes importantes agora oferecem seus produtos de limpeza sustentáveis: a linha "pure + clear" da Palmolive não contém "produtos químicos desnecessários nem fragrâncias pesadas", enquanto o detergente Pure Essentials Dawn, da P&G, não tem corantes nem ingredientes supérfluos e vem em um frasco feito com 25% de plástico reciclado pós-consumo. A Madge finalmente "limpou a barra" com seus produtos. Um bom reflexo para a Method.[5]

As regras mudaram. Um novo paradigma do marketing verde chegou, caracterizado por sete novas estratégias que serão fundamentais ao marketing de produtos das próximas décadas. Adaptar-se de modo bem-sucedido às novas regras, executando as estratégias delineadas como parte desse novo paradigma do marketing verde, começa com uma abordagem de ciclo de vida à oferta de produto, assunto do próximo capítulo.

Lista das *Novas Regras*

Use a lista a seguir para avaliar a maneira como sua organização compreende e aborda o novo paradigma do marketing verde:

❍ Estamos nos esforçando para oferecer um produto que equilibre as necessidades tradicionais dos consumidores com o impacto mínimo ao meio ambiente e que aborde considerações sociais?

❍ Nossas mensagens oferecem benefícios práticos enquanto fortalecem e envolvem os consumidores de maneira significativa em questões importantes que afetam suas vidas?

❍ Temos um plano de melhorias ambientais e sociais de curto e longo prazo para os nossos produtos?

❍ Vemos os nossos consumidores com respeito, como seres humanos preocupados com a saúde e o mundo que os cerca?

❍ De quais maneiras podemos expressar nossa sensibilidade para saber como os clientes, funcionários e *stakeholders* interagem com a natureza?

❍ Sabemos como a produção e o consumo de nossos produtos causam impacto negativo e também positivo na vida das pessoas? Em curto e em longo prazo?

❍ Estamos nos esforçando para que nossos produtos sejam recicláveis? Os materiais são produzidos na região? Em nossos produtos levamos em consideração questões regionais?

❍ Estamos tirando vantagem das oportunidades de usar designs eco-inovadores e tecnologias? Estamos analisando novos modelos de negócios?

❍ Como os nossos clientes se sentem em relação à nossa marca? Eles nos recompensam com sua lealdade? Até que ponto eles estão dispostos a nos boicotar?

❍ Estamos aproveitando a oportunidade de envolver os funcionários para que eles nos ajudem a gerenciar e aumentar os aspectos de sustentabilidade de nossa marca?

Projetando Produtos Mais Verdes

Abordagem ao Ciclo de Vida

Antigamente, os consumidores simplesmente esperavam que os produtos que eles compravam funcionassem bem, tivessem um nome de marca conhecido, fossem encontrados numa loja próxima e que tivessem preço acessível. As regras mudaram. Hoje, a lista de antes pareceria curta e inclui minimizar os impactos ambientais desses produtos em todas as fases de seu ciclo de vida, começando pelos impactos associados ao cultivo e processamento de matérias--prima até os impactos relacionados ao eventual descarte do produto. E agora, para garantir, muitas considerações sociais são feitas, como as condições justas de trabalho e o fato de os trabalhadores receberem ou não um salário que permita uma vida digna (mesmo que talvez em alguma proporção aos salários dos gerentes mais bem pagos), o uso de trabalho infantil, se os preços pagos aos produtores são justos (será que os agricultores de café conseguem pagar a escola dos filhos?) e se o produtor é um bom membro da comunidade. Isso traz, a negócios que procuram desenvolver marcas altamente comerciáveis e verdadeiramente sustentáveis, a necessidade de equilibrar as considerações tradicionais de produtos com uma lista muito complexa e variada de questões envolvendo toda a cadeia de fornecimento.

Essas questões também incluem o domínio e o consumo de recursos naturais, como água e energia, além da proteção de *habitat* naturais e espécies em extinção. Geralmente, não é tarefa do gerente da marca ser responsável pelos impactos ambientais e sociais de um produto. No entanto, uma vez que eles participam de equipes interfuncionais, e por seus consumidores estarem, cada vez mais, escolhendo marcas com base em seus históricos para lidar com essas questões, este capítulo abordará o projeto de um produto verde. A importância que o produto verde tem para os profissionais de marketing é ilustrado com diversos exemplos de como seus benefícios podem ser associados ao sucesso dos negócios; nos próximos capítulos, falaremos sobre as estratégias para comunicar os diversos benefícios com credibilidade e impacto.

Levando em Consideração o Ciclo de Vida Todo

Criar produtos e embalá-los para que tenham um impacto ambiental mínimo pode ser algo difícil. O que parece ser um benefício ecológico pode, na verdade, resultar em pouco ou nenhum valor ambiental. Alguns pratos descartáveis feitos com amido de milho, por exemplo, podem se decompor em um local de compostagem municipal, mas não em decompositores domésticos, nos quais as condições climáticas podem não ser favoráveis como seria o ideal. Os carros híbridos economizam energia, mas suas baterias representam uma fonte potencialmente significativa de lixo prejudicial.

Às vezes, o presumido verde de um produto pode aumentar o impacto ambiental geral. A CPC, o fabricante do macarrão Muller, descobriu que usar o papelão reciclado aumentaria, em cerca de 20%, a abrangência de sua embalagem e isso, em parte, traria economias ao meio ambiente, levando em conta a energia extra necessária para enviar as novas caixas. Em razão da energia necessária para transportar os recicláveis para um local de processamento, pode ser que um produto com um grau muito alto de conteúdo reciclado represente maior impacto do que um com menos conteúdo reciclado.

É possível dizer que não existe um produto verdadeiramente "verde", porque todos os produtos, por mais que sejam bem elaborados, usam recursos e geram lixo. Assim, o "verde" é um termo relativo, e alguns produtos são mais verdes por determinados motivos ou em certas circunstâncias (e, assim, fica explicada a minha preferência pela expressão "produtos mais verdes" ao longo deste livro).

Então, para abordar as diversas preocupações dos consumidores relacionadas à sustentabilidade, que foram discutidas no Capítulo 2, e para evitar retrocesso dos consumidores, de grupos ambientais e de outros *stakeholders*, que podem ser rápidos em apontar os problemas de produtos e embalagens divulgadas como verdes, é preciso abordar de modo detalhado a melhoria do perfil ambiental dos produtos e processos de uma empresa. Uma ferramenta chamada avaliação de ciclo de vida (LCA) pode ajudar examinando todas as questões ambientais envolvidas na produção de um produto mais verde:

Problemas de Projeto de um Produto Verde

Aquisição e Processamento de Matérias-prima

- Conservação de recursos naturais
- Uso de recursos renováveis; uso sustentável de recursos
- Uso de materiais reciclados e recicláveis
- Proteção de *habitat* naturais e espécies em extinção
- Conservação da água
- Conservação de energia
- Redução do lixo e prevenção da poluição, especialmente o uso de elementos tóxicos e a liberação de toxinas no ar, na água e na terra
- Transporte

Fabricação e Distribuição

- Uso mínimo de materiais
- Redução de lixo e prevenção da poluição, especialmente o uso de elementos tóxicos e a liberação de toxinas no ar, na água e na terra
- Administração de resultados
- Conservação de energia
- Conservação da água

Uso e Embalagem de Produtos

- Conservação de recursos naturais
- Eficiência energética
- Eficiência da água
- Saúde do consumidor e a segurança do meio ambiente
- Eficiência da embalagem
- Conteúdo de embalagem reciclada
- Índice de reciclagem de embalagens

Pós-uso/Descarte

- Reciclabilidade; facilidade de reuso, remanufatura e reparo
- Redução de lixo
- Durabilidade
- Biodegradabilidade/compostabilidade
- Segurança quando incinerado ou aterrado

Fonte: Martin Wolf, Seventh Generation Inc. Impresso com permissão.

O primeiro passo para realizar uma análise completa de ciclo de vida de um produto é definir a unidade funcional e o sistema do produto. Por exemplo, ao realizar uma LCA (*life cycle assessment*) de uma escova de dente, é preciso decidir se deve ser analisada apenas a escova de dente ou incluir a embalagem também. E a água e a pasta de dente usadas ao longo da vida da escova de dente? Realizar uma LCA também exige que se estabeleça limites sobre os dados reunidos para análise; por exemplo, deve-se levar em conta os impactos associados com o transporte das escovas de dente às lojas? Provavelmente não. Mas calcular a energia usada no transporte seria totalmente adequado.

Seu estudo pode englobar o ciclo de vida todo do produto, desde a extração da matéria-prima ao descarte ("análise do início ao fim"), ou pode ficar limitado aos processos de extração de matéria-prima à produção de produtos ("análise do início ao meio"). O ideal seria analisar os impactos associados com um ponto de vista de "início a início"[1], e levar em consideração diversas opções para reciclagem ou para a responsabilidade de transformar seu produto em novo material ou energia úteis.

Seu estudo pode levar em consideração os materiais, a energia e as emissões para produzir um quilo de produto, ou para produzir produto suficiente para mil usos.

Quando os limites forem determinados, quantifique o uso de energia, recursos e emissões associados com a obtenção de matéria-prima, manufatura e produção, embalagem, distribuição e uso (por exemplo, uso de energia, água ou outros consumíveis) direto para o pós-uso (por exemplo, reciclagem e recuperação) ou descarte final. Depois, analise os dados, identifique problemas e oportunidades e reserve os recursos para abordá-los como prioridade.

Uma LCA de uma máquina lavar, por exemplo, levaria em conta os impactos ambientais associados à fabricação de metal, além de poluentes e energia do processo de mineração (que podem ser significativos). Levaria em conta a energia necessária para fabricar as máquinas e transportá-las para as lojas. Depois, é preciso fazer a conta da água, da energia e do sabão necessários para fazer funcionar a máquina por um determinado tempo de vida (provavelmente medido em anos), realizando suposições, considerando fatores como número de lavagens por semana, temperatura da água e tamanho das cargas. Por fim, levaria em consideração os impactos associados com a coleta e reciclagem das máquinas, ou eventual descarte em um aterro ou incinerador.

As LCAs podem ajudar a avaliar determinados impactos, por exemplo, a energia, que costuma ser um componente-chave em todos os produtos.

A Procter & Gamble tem realizado avaliações de ciclo de vida de muitos de seus produtos. Alguns dos resultados de 2006 são resumidos na Figura 4.1. Como pode ser visto, áreas de maior uso de energia variam muito de acordo com estágio de ciclo de vida e categoria do produto. Uma LCA de um sabão em pó, por exemplo, mostra que os maiores impactos de energia ocorrem durante o estágio de uso, considerando toda a energia necessária para aquecer a água. Foi esse tipo de avaliação que levou a P&G a introduzir o Tide Coldwater (discutido no Capítulo 6), um produto que a empresa estima que possa economizar o equivalente a 3% do consumo total de energia dos Estados Unidos, e mais de 8% da meta de redução da emissão de CO_2 norte-americana, estabelecida no Protocolo de Kyoto.[2]

Figura 4.1 **Perspectivas do uso de energia no ciclo de vida do produto**

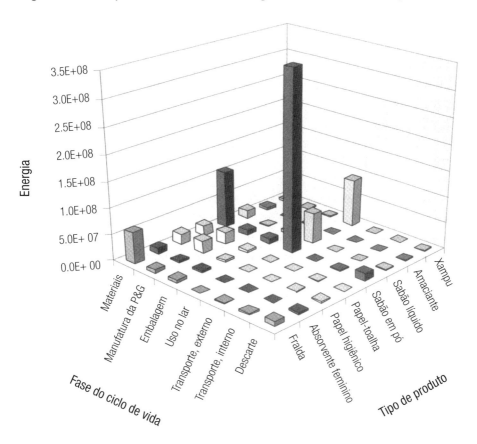

Reimpresso com permissão da Procter & Gamble Company

O gasto de energia de tantos produtos durante o uso representa um motivo-chave pelo qual o governo norte-americano tem dado tanta atenção ao selo ENERGY STAR (discutido com mais detalhes no Capítulo 7). Também foi uma LCA que motivou a atitude de fabricantes de refrigerantes, nos anos 1970, a economizar energia trocando as garrafas retornáveis de vidro, que exigiam um transporte de ida e volta, pelas garrafas PET descartáveis.

A LCA é uma ferramenta valiosa para abordar as novas regras do marketing verde, pois pode ser útil para:

- Comparar os custos associados ao uso de energia e de recurso e emissões ambientais associadas a design de produtos existentes, métodos de fabricação e de embalagem e suas alternativas.
- Identificar áreas importantes para reduzir o uso de energia, de água e a produção de lixo.
- Comparar o uso de energia e recursos com as emissões ambientais associadas a produtos competitivos, ou seja, como a base para pedidos de fabricação.

Muitas indústrias no mundo têm realizado LCAs em setores que vão desde empresas de papel, papelão, vidro, aço, luz, energia, alumínio, embalagens plásticas de bebidas e sistemas de entrega para verificar os gastos com transporte. Muitas tecnologias diferentes se desenvolveram, em quantidade e em qualidade – algumas permitem que os negócios realizem suas próprias LCAs com a ajuda de ferramentas sofisticadas de *software*, como SimaPro, GaBi, e Umberto, programados com estimativas dos impactos ambientais de diversos materiais e processos.

Tenha cuidado ao usar a avaliação de ciclo de vida como ferramenta de marketing. A transparência da LCA é altamente desejável, mas há muitos desafios. Por exemplo, uma coisa é mostrar aos consumidores os resultados da LCA realizada em um produto próprio, como a Timberland faz com o seu Green Index (veja o Capítulo 9), mas as comparações com os produtos dos concorrentes podem ser difíceis.

As comparações que favorecem um patrocinador do estudo podem ser facilmente criticadas – e desacreditadas. Além disso, não é fácil conseguir dados corretos a respeito dos produtos de um concorrente.

Ainda, procure comparar os impactos ambientais de dois diferentes conceitos que satisfazem a mesma necessidade do consumidor. Vejamos as faldas como exemplo. O que é mais importante para a sociedade: espaço nos aterros ou água e energia associada com roupas? Também difícil – as LCAs de dois produtos com base na mesma tecnologia podem obter resultados diferentes, tornando as comparações para o propósito do marketing injustas. Por exemplo, dois produtos concorrentes podem ter sido fabricados em países diferentes (ou mesmo em estados ou províncias diferentes) com diferentes tipos de energia, cada um deles com seus respectivos poluentes. Por exemplo uma LCA de uma máquina de lavar fabricada nos Estados Unidos pode se basear no carvão, o tipo predominante de energia usada no país, enquanto na França pode ser a nuclear. Os consumidores, pelo menos por enquanto, não conhecem o suficiente a respeito da LCA para fazer as perguntas certas quando veem resultados comparativos.

Os especialistas da indústria, do governo e das universidades estão trabalhando para tornar legal o uso da LCA e de outras abordagens como ferramentas de marketing. O EPA criou um recurso *on-line* chamado LCA-access, feito para "promover o uso da LCA para que decisões mais sensatas sejam tomadas por meio de uma melhor compreensão da saúde humana e dos impactos ambientais de produtos, processos e atividades.[3] Os negócios que procuram usar os dados da LCA para comparar os concorrentes e as alternativas com facilidade podem levar em consideração um sistema padronizado de análise, como o *software* de LCA econômico desenvolvido pela Green Design Initiative da Carnegie Mellon University e disponível na web (www.eiolca.net).

Entre as suas falhas, a LCA não aborda de modo adequado certas preocupações ambientais e sociais. De acordo com Martin Wolf, diretor de tecnologia de produtos e meio ambiente, da Seventh Generation, um especialista em relações de ciclo de vida e desenvolvimento de produtos verdes, uma LCA deve ser aumentada com uma avaliação holística dos impactos ambientais e sociais totais de um produto. O uso de recurso renovável ou sustentável, a destruição de *habitat*, o desgaste da biodiversidade, os odores, a poluição visual, a poluição sonora, a toxicidade, a biodegradabilidade e as questões sociais, como o comércio e as práticas de trabalho justos não podem ser avaliados pela abordagem quantitativa de LCA e devem ser analisadas separadamente.

Representando um novo desenvolvimento na LCA de produtos, dados sobre as emissões de carbono surgiram como alternativa à LCA. Como as LCAs podem ser muito complexas, e a energia pode representar um bom substituto para uma LCA já que muito do impacto do ciclo de vida de qualquer produto tem relação com a energia, calcular os níveis de carbono de um produto, em vez de realizar uma LCA completa, está se tornando popular. Como para calcular uma LCA, é possível determinar os níveis de carbono de um produto calculando a quantidade de energia consumida em cada estágio de seu ciclo de vida, e transformando-a na quantidade de emissões associadas a cada estágio, antes de se chegar a um nível total de carbono.

Um produto que avalia seus níveis de carbono atualmente é o Walkers Crisps, da PepsiCo, uma marca de batata frita vendida no Reino Unido. Desde 2007, a embalagem do Walker mostra um selo de Redução de Carbono desenvolvido pela Carbon Trust (veja o Capítulo 7 para obter mais detalhes). A Pepsi atuou com a UKbased, empresa sem fins lucrativos, para desenvolver o cálculo do nível de carbono da Walkers Crisps – e aprendeu muito no processo. De 2007 a 2009, a PepsiCo tem conseguido reduzir o nível de carbono da Walkers Crisps em 7%, evitando emitir cerca de 4.800 toneladas de carbono. Isso compensou no ponto de venda, cerca de 52% dos entrevistados no Reino Unido disseram que teriam mais chances de comprar um produto com um selo de Redução de Carbono. A Pepsi, desde então, colocou o selo em embalagens da Aveia Quaker no Reino Unido, e também dos produtos Oatso Simple Original e Oatso Simple Golden Syrup.[4]

Estratégias para o Design de Produto Sustentável

Muitos profissionais de marketing, atualmente, desenvolvem seus negócios e tentam minimizar os riscos ambientais e relacionados à saúde abordando questões ecológicas e sociais específicas mais relevantes aos consumidores e outros *stakeholders*. Os profissionais de marketing verde proativos ficam de olho no futuro, planejando administrar possíveis riscos com antecedência de 5 a 15 anos. No processo, eles costumam economizar dinheiro e melhoram a imagem da marca ao mesmo tempo em que garantem vendas futuras para produtos novos e existentes. Muitas estratégias, consideradas como parte de um esforço holístico para gerenciar uma marca, existem para inspirar produtos rentáveis, novos e melhores e embalagens que abordam as novas regras para equilibrar as necessidades dos consumidores que se preocupam com a sustentabilidade. Elas são analisadas a seguir:

15 Estratégias para o design de produtos sustentáveis

1. Colheita e práticas de mineração sustentáveis
2. Conteúdo reciclado
3. Redução de fonte
4. Cultivo orgânico
5. Comércio justo
6. Redução da toxicidade
7. Pensar no global, cultivar na região
8. Usar práticas responsáveis de manufatura
9. Eficiência energética e de combustível
10. Eficiência da água
11. Estender a vida do produto
12. Reuso e refil
13. Reciclagem
14. Compostagem
15. Seguro para descarte

1. Colheita e práticas de mineração sustentáveis

A sustentabilidade se estabeleceu como um jargão no mundo dos negócios, mas se tornou especialmente importante para os fabricantes cujo fornecimento de matéria-prima está ameaçado. O que é abundante hoje pode se tornar escasso amanhã, causando prejuízo para fabricantes cujo produto depende de tipos específicos de matéria-prima. A cadeira e o sofá Eames, de Herman Miller, o ícone do design apresentado em 1956, no começo usava pau-rosa do Brasil, que agora está em extinção; no entanto, tomando cuidado para preservar o design autêntico e a natureza, desde 1991, a cadeira de Herman Miller é produzida com cerejeira e imbuia de florestas sustentavelmente administradas.

C.F. Martin & Company

Com a escassez do fornecimento de pau-rosa e mogno recentemente em virtude de práticas de desmatamento não sustentáveis, Christian F. Martin

IV foi a primeira geração da C.F. Martin & Company, a empresa de fabricação de violões de Nazareth, Pensilvânia, a se preocupar com o fato de que o estoque de madeira da empresa logo acabaria. Com um olho no futuro, em 2007, Martin se reuniu com três outros fabricantes de violões dos Estados Unidos e com o Greenpeace formando o Music Wood Coalition, para promover melhores práticas de desmatamento nas áreas nas quais as madeiras raras são cultivadas.

Uma coisa que a coalização aprendeu foi que o abeto Sitka, de uma floresta temperada do Alasca, que tinha sido uma fonte importante para a indústria dos violões, estaria extinto em dez anos. Assim, a C.F. Martin levou a indústria a utilizar madeiras mais abundantes e alternativas, como a bétula e a cerejeira.[5]

Tiffany & Company

A mineração de ouro pode causar prejuízos ao fornecimento de água, além de violar os direitos humanos e dizimar um ambiente natural. A produção de apenas um anel de ouro pode gerar 20 toneladas de lixo.[6]

A Tiffany & Co., os lendários joalheiros, reconheceu a questão do ouro cedo e colocou um anúncio de página inteira no *Washington Post* pedindo ao governo federal que impedisse a construção de uma mina de prata controversa que ameaçava o Cabinet Mountains Wilderness de Montana, e pedia reformas importantes na mineração.[7] A primeira joalheria a responder ao pedido da ONG Earthworks, por mineração responsável, a Tiffany apoiou o grupo ambiental com a campanha "No Dirty Gold", pedindo aos joalheiros que trabalhassem apenas com as empresas de mineração que aderissem aos altos padrões da Earthworks de responsabilidade social e ambiental.[8]

Assumindo cedo uma posição definitiva contra a mineração destrutiva, a Tiffany tem defendido sua reputação e garantido sua participação no mercado entre seus clientes mais exigentes. Michael J. Kowalski, presidente e CEO da Tiffany, se expressa bem no relatório de sustentabilidade da empresa: "A Tiffany & Co. é comprometida com a obtenção de metais preciosos e pedras preciosas, criando joias de modo responsável social e ambientalmente. É simplesmente o mais certo a se fazer. Nossos clientes esperam e merecem isso".[9]

2. Conteúdo reciclado

A reciclagem é a estratégia mais popular do eco-design, e por bons motivos. Ela pode economizar energia necessária para extrair, enviar e produzir novos materiais, prevenindo a poluição do ar associada à geração de nova energia. Por exemplo, criar latas de alumínio de material reciclado usa 95% menos energia do que fabricar novas com material virgem. Alguns materiais, como vidro e alumínio, podem ser reciclados em um ciclo infinito, teoricamente, enquanto a maioria dos artigos de plástico e papel são simplesmente "reduzidos" em usos menos valiosos. A reciclagem também evita que valiosos materiais terminem em um aterro e impede que as toxinas atinjam nas águas subterrâneas. Juntamente com esses benefícios ambientais, a reciclagem pode economizar dinheiro de negócios, então é ótima para o resultado final também. E, claro, é relativamente fácil para os consumidores economizarem.

Cartuchos de Impressora HP

Os materiais como jornais, embalagens, revistas, livros, roupas e brinquedos – o que todos nós descartamos todos os dias – são considerados "lixo pós-consumo". Isso inclui os 700 milhões de cartuchos de tinta e toner que são usados todos os anos em todo o território norte-americano.[10] Desconfortável com esses números (que representam risco futuro), a Hewlett-Packard ganha mais de 200 milhões, atualmente, com seus cartuchos de tinta feitos com plásticos pós-consumo. O processo deles combina diversos tipos de plásticos reciclados, desde cartuchos de tinta usados a garrafas comuns de água, com uma variedade de aditivos químicos. A HP empregou 12 milhões de libras em plástico reciclado em 2008, mais do que o dobro empregado no ano anterior.[11] Ajudando os clientes a fecharem esse ciclo, a HP inclui um envelope de devolução já pré-pago em seus equipamentos e também conseguiu fazer que os consumidores levem seus cartuchos a centros de reciclagem e a muitas lojas de artigos de escritório, como a Staples, Office Depot e OfficeMax.

Recycline

A Recycline Inc., de Waltham, Massachusetts, fundada em 1956, fabrica a marca Preserve de escovas de dente, lâminas de barbear, limpadores de língua e talheres feitos exclusivamente com materiais reciclados. A escova de dente da

Preserve, o principal produto da Recycline, é feita com plástico polipropileno 100% reciclado, e a maior parte dele vem de frascos de iogurte da Stonyfield Farm, e também de carrinhos e de brinquedos velhos ou quebrados.

Até 2007, os produtos da Recycline eram vendidos principalmente em lojas de artigos verdes, mas com os consumidores da categoria geral prontos para dar um passo adiante na reciclagem, as escovas de dente Preserve, da Recycline, são vendidas agora no Wal-Mart e na Amazon.com, além do principal varejista, a Whole Foods Market. Em 2007, a Recycline venceu o concurso Boost Your Business [Turbine os seus negócios] da *Forbes.com* entre mais de mil outros pequenos negócios em todo o país.[12]

3. Redução de fonte

A reciclagem tem muito com o que contribuir ecologicamente, mas há seus contratempos. Ainda demanda energia para transportar os recicláveis para um local de processamento, somada à energia usada para reciclar esses materiais. Às vezes, esses fatores pesam contra a reciclagem. Apesar de a reciclagem ser melhor do que o aterramento, a redução de fonte e o reuso de produtos costuma ter menos impacto ambiental do que reciclar – daí vem o mantra "Reduzir, reusar e reciclar". Avaliando a viabilidade de reciclar materiais de polistireno, por exemplo, o McDonald's descobriu que a quantidade de energia necessária para transportar materiais superleves, mas grandes (o que exige muitos caminhões), tornava a operação inviável. Decidiram não reciclar e passaram a usar embalagens muito finas – uma forma de redução de fonte – que eram aterradas depois de usadas.

A redução de fonte, uma estratégia que costuma ser associada à embalagem, foi abordada no ato de Prevenção da Poluição dos Estados Unidos, de 1990, com a prerrogativa de que "a poluição deve ser evitada ou reduzida em sua fonte sempre que possível". Como as economias nos custos originados da redução de fonte costumam ser similares à quantidade de materiais eliminados, os princípios dessa lei são bons para o ambiente e também para os negócios.

Cápsulas Solúveis Dropps

Muitas empresas grandes estão aproveitando as oportunidades para reduzir fontes, incentivadas por uma promessa do Wal-Mart de reduzir 5% de todas as embalagens de sua rede até 2013, juntamente com quase 700 mil toneladas de emissões de carbono e $3,4 bilhões. Realmente, o Wal-Mart está dando mais espaço a essas inovações, como o "All small & mighty" da Sun Products, um sabão três vezes mais concentrado do que os outros All. Os benefícios para o meio ambiente? As garrafas menores envolvem o uso de menos plástico em sua fabricação, menos caixas em seu transporte, menos água – e menos peso para o mesmo número de cargas – além de menos caminhões para transportar tais cargas. Esses benefícios são desejados, mas a Dropps, uma *start-up* com sede na Filadélfia, teve uma ideia melhor.

Em vez de uma embalagem grossa de plástico, o pessoal da Dropps decidiu vender seu sabão em pó dentro de cápsulas quadradas dissolvíveis de 2,5 centímetros chamadas "Dropps", com 20 em uma embalagem. De acordo com a empresa, as bolsas dobráveis de plástico são tão finas que seriam necessárias 292 delas para se igualar ao plástico representado por um frasco vazio de All. Equivalendo a porções pré-medidas de sabão seis vezes mais concentrado na máquina de lavar, o resultado são roupas mais limpas. Além disso, a fórmula superconcentrada significa que pouca água está sendo enviada com o sabão, reduzindo os custos de transporte e maximizando a eficiência de espaço na prateleira dos mercados. Além de sua própria fórmula para superredução de fonte, a fórmula do Dropps não leva cloro, etoxilato de nonilfenol – um aditivo para remoção de manchas (que é um disruptor endócrino[13]) – e fosfato. Uma estrela em ascensão no mercado de sabões concentrados, o Dropps pode agora ser encontrado nas prateleiras das lojas Publix, Safeway e Target.

4. Cultivo orgânico

Desde que os efeitos letais do DDT foram publicados pela primeira vez no livro *Silent Spring*, de Rachel Carson, de 1962, a sociedade tem se preocupado com as possíveis ameaças à saúde provocadas pelo uso de pesticidas e fertilizantes nas plantações. Assim começou o movimento em favor dos alimentos orgânicos há mais de 49 anos. Hoje, os orgânicos estão por todas as partes. A Hershey produz chocolate orgânico. A Gap produz roupas orgânicas. Até a Target, o Wal-Mart e o 7-Eleven estocam uma variedade de alimentos orgânicos, produtos de limpeza e maquiagem. Sem conservantes artificiais, corantes, irradiação, pesticidas, fungicidas e hormônios, os produtos orgânicos somaram $24,6 bilhões em compras nos Estados Unidos em 2008, um aumento de 17,1% a mais do que em 2007.[14] O movimento orgânico tem até seu próprio selo do governo. (Para saber mais sobre o selo USDA Organic, veja o Capítulo 7).

Linha de Orgânicos Safeway

A linha "O" certificada pelo USDA, da Safeway, com 300 produtos orgânicos em mais de 30 categorias, e atraindo uma grande variedade de consumidores, tem gozado de tanto sucesso que os produtos agora são vendidos por outras redes de alimentos.

Além do leite, do pão e de outros produtos, a linha é formada por refeições congeladas, petiscos, como pipoca e salgadinhos, e até sorvetes. A linha é especialmente voltada às mães com bebês pequenos, que querem oferecer a eles uma refeição mais saudável sem gastar muito mais. Com preços comparáveis a alternativas convencionais, James White, presidente da divisão Lucerne Foods, da Safeway, diz que a marca está "tornando os orgânicos disponíveis para todos", e com a entrada da linha em outros mercados, isso logo pode se tornar a realidade. Em seu primeiro ano, 2005, a linha obteve $150 milhões, as vendas dobraram para $300 milhões em 2007,[15] e foram projetadas para $400 milhões em 2008.[16]

Comida Orgânica de Bebê Earth's Best

As mães com bebês pequenos se preocupam muito com os efeitos causados pelos pesticidas sintéticos no desenvolvimento de seus filhos. Uma empresa que oferece uma alternativa aos alimentos convencionais para bebês é a Earth's Best, um alimento orgânico para bebês, lançado em 1985 e que agora está nas mãos do Hain Celestial Group, o maior fabricante de produtos feitos com alimentos naturais, com marcas que estão sendo cada vez mais compradas por consumidores "comuns", como o Celestial Seasonings Tea, Arrowhead Mills, Health Valley, e Terra Chips. A Earth's Best é certificada pelo USDA como orgânica e oferece sabor sem qualquer conservante, sal, açúcar refinado ou farinhas processadas.

Com uma linha de produtos incluindo alimentos enlatados, biscoitos, refeições congeladas, cereais e produtos para cuidados com o corpo, as vendas em 2006 subiram quase 50% em comparação ao ano anterior.[17] De acordo com Philip Tasho, gerente da Aston/TAMO Small Cap Fund que tem as ações da Hain, "A indústria de produtos naturais e orgânicos está se expandindo e se tornando mais popular. O consumo geral pode diminuir, mas os consumidores não vão economizar em produtos para a saúde".[18]

Nike Organics

Ainda que 100% algodão possa sugerir 100% natural ou 100% orgânico, isso está longe da verdade. Para começar, produzir 1,5 quilo de algodão, são necessários entre 8 mil e 44 mil litros de água.[19] O algodão também exige o uso de herbicidas e pesticidas – mais do que qualquer plantação. E como se não bastasse, as plantações de algodão recebem um esfoliante químico para impedir manchas, e a fibra resultante é saturada com alvejante ou tingida com muitos produtos químicos tóxicos.

Todo esse impacto é conhecido pela Nike, uma das maiores fabricantes de roupas de algodão do mundo. Para resolver esse problema, a Nike se tornou a maior compradora de algodão orgânico do mundo e, em 2005, lançou a Nike Organics, uma linha completa de roupas feitas com algodão 100% orgânico no espírito de que "ninguém precisa decidir entre estilo e meio ambiente". O USDA certifica o algodão da Nike como orgânico, documentando o processo desde a fazenda até a roupa finalizada. O compromisso da Nike vai além dessa linha: 9% de todo o algodão usado em 2007 era orgânico – o que não é pouco para 11 milhões de libras[20] – e a empresa pretende misturar 5% de algodão orgânico em todas as suas roupas de algodão até 2011.[21] A Nike não está sozinha em suas regras diferentes. De acordo com a Organic Exchange, uma organização de comércio, as vendas mundiais do algodão orgânico aumentaram de $245 milhões em 2001 para $4,3 bilhões em 2009. Com um crescimento anual médio de 40% desde 2001, as projeções para 2010 estão perto de $5,1 bilhões.[22]

5. Comércio justo

As regras do jogo estão mudando depressa quando se fala das práticas de trabalho e dos resultados favoráveis nos salários dos funcionários e em seu padrão de vida, e já era hora. De acordo com a UNICEF, um sexto das crianças do mundo com idade entre 5 e 14 anos, 150 milhões, no total, estão envolvidas no trabalho infantil, vulneráveis à exploração e à pobreza que acompanham a falta de educação.[23] Tais condições podem persistir ao

108 As Novas Regras do Marketing Verde

longo da vida, especialmente para as mulheres, que respondem por 70% do mais de um bilhão de pessoas que vivem em situação de extrema pobreza no mundo todo.[24]

Diversos programas de certificação realizados em níveis nacional e regional, por grupos como o Transfair USA, de Oakland, Califórnia, e a Fairtrade Foundation, do Reino Unido, surgiram para abordar o assunto. O progresso está ocorrendo. De acordo com a Organização Mundial do Comércio, mais de 7,5 milhões de produtores e suas famílias devem se beneficiar do comércio justo e de seus projetos de desenvolvimento de infraestrutura.[25] Em 2008, as vendas mundiais de produtos do comércio justo, como café, cacau, chá, ervas, pimentas, frutas e açúcar subiram para mais de $4 bilhões, um aumento de 22% sobre 2007.[26] Um dos maiores vendedores de café certificado pelo comércio justo é a Starbucks, cuja marca Café Estima ajuda a criar um impacto positivo na vida de agricultores na América Latina e na África.

Divine Chocolate Limited

"Chocolate divino com amor" é o slogan da Divine Chocolate Limited, um fabricante de chocolate que aderiu ao comércio justo, pertencendo (45%) aos membros da cooperativa Kuapa Kokoo em Gana, que não apenas recebe os valores do comércio justo para seu cacau, mas também faz parte do quadro dos diretores e divide os lucros.[27]

Lançada no Reino Unido em 1998, a Divine Chocolate atualmente está presente em muitos mercados norte-americanos, incluindo Wegmans, Fairway, e Whole Foods, além de ter lojas especializadas em chocolate em todo o país. As vendas norte-americanas somaram $2 milhões em 2008, a Divine Chocolate tem ganhado condecorações por suas práticas socialmente conscientes, como o prêmio Social Enterprise Coalition (o órgão nacional do Reino Unido para empreendimentos sociais) de Melhor Empreendimento Social em 2007 e o prêmio de Melhor Empreendimento Ético do jornal *Observer*, do Reino Unido em 2008, além do prêmio Melhor Produto do Comércio Justo da revista *Good Housekeeping*, em 2008.[28]

Seguindo o exemplo de empresas envolvidas, como a Divine, os líderes da indústria de chocolates estão começando a seguir novas regras. A Cadbury, com sede no Reino Unido, uma das maiores confecções do mundo (atualmente, de propriedade da rede norte-americana Kraft), comprou a empresa de chocolate orgânico Green & Black's em 2005 e lançou seu produto de comércio justo em julho de 2008, como o novo chocolate Cadbury Dairy Milk – um compromisso que se traduz em triplicar a quantidade de cacau comprado em Gana por meio do comércio justo. Para não ficar para trás, um mês depois do anúncio da Cadbury, a concorrente Mars Inc. divulgou seu objetivo de produzir doce apenas com fontes sustentáveis até 2020.[29]

O doce certificado de comércio justo da Ben & Jerry's

Desde 1978, a Ben & Jerry's, a subsidiária da Unilever, localizada em Vermont, conhecida por seu ótimo sorvete, tem operado seu negócio por meio de uma missão de três partes que enfatiza a qualidade do produto, a recompensa econômica e a responsabilidade com a comunidade. Em 2010, os ingredientes da Fair Trade Certified se tornaram parte da missão, quando a empresa anunciou sua decisão de praticar o comércio justo em todo o seu portfólio até o final de 2013.

O compromisso de comércio justo da Ben & Jerry's, o primeiro de seu setor, significa que todos os ingredientes de seu sorvete e confecções podem ser certificados, agora ou no futuro. No mundo, isso envolve trabalhar com ingredientes diversos, como cacau, banana, baunilha e outros sabores, frutas e castanhas. Também significa coordenar cooperativas de comércio justo representando uma parceria combinada de mais de 27 mil agricultores.

Rob Cameron, diretor executivo da Fairtrade Labelling Organizations International, acredita que o Fair Trade Certified é coerente com a marca da Ben & Jerry's. Segundo ele, a "Ben & Jerry's, como todos nós no movimento do Comércio Justo, acredita que as pessoas podem se divertir defendendo a justiça e lutando contra a pobreza enquanto tomam alguns dos sorvetes favoritos da marca, como o Phish Food and Chocolate Fudge Brownie. Isso não é bom?".[30]

Produtos de Beleza Clarins

Fazendo uma abordagem alternativa à certificação do comércio justo, a Clarins, a fabricante francesa de produtos de beleza, maquiagem e perfumes, opta por avaliar rigorosamente o fornecimento dos ingredientes botânicos preciosos ela mesma, e se envolve com acordos de comércio justo e projetos de desenvolvimento em comunidades indígenas.[31]

110 As Novas Regras do Marketing Verde

Em Madagascar, a Clarins ajuda mais de 2.500 famílias oferecendo empregos no campo para agricultores. Além disso, a Clarins reinveste 5% de todo o seu lucro da colheita em projetos regionais.[32] Por exemplo, a empresa ajudou a instalar um sistema de infraestrutura para fornecer, a um vilarejo em Marovay, água potável e reformou uma escola. A Clarins também prometeu replantar 10 mil árvores nativas Katafray e a ensinar os agricultores da região a remover a casca de seus produtos, de modo sustentável.[33]

No Vietnã, a Clarins estabeleceu acordos de comércio justo para comprar a Vu Sua, uma fruta usada nas loções firmadoras da Clarins, que é a maior fonte de lucros do vilarejo de Vin Kim.[34] A Clarins também ajudou a financiar e reformar uma das escolas da região. Para ajudar a promover projetos ainda mais responsáveis socialmente e a proteger as fontes de seus ingredientes botânicos, a Clarins reconhece pessoas com prêmios por serviços oferecidos pela empresa, como o Dynamic Woman Award[35], iniciado em 1997, e o ClarinsMen Environment Award, oferecido pela primeira vez a Jean-Pierre Nicolas, um etnofarmacologista, em 2004, por sua organização Jardins du Monde, que traz remédios alternativos a comunidades nas quais os remédios convencionais não estão disponíveis ou são caros demais.[36]

6. Redução da toxicidade

A toxicidade afeta os produtos em todos os estágios de seu ciclo de vida. Por exemplo, os derramamentos químicos em estradas, incêndios e o vazamento de toxinas letais em locais como Bhopal, na Índia, em 1984, e questões como os riscos enfrentados pelos trabalhadores em ambientes repletos de arsênico. Acredita-se que o ftalato, um composto usado como amaciante de plásticos em brinquedos cause efeitos adversos no sistema endócrino e está relacionado a defeitos de nascença em meninos do sexo masculino.[37] O mercúrio e outros metais tóxicos vazam de pilhas e telefones celulares quando são jogados em aterros muito tempo depois do prazo de validade. Alguns agentes químicos comuns em produtos de limpeza, como o butil, também são considerados nocivos a crianças e animais de estimação. Percebendo a demanda por produtos mais saudáveis, os governos e as empresas estão tomando uma atitude. O congresso dos Estados Unidos aprovou o Consumer Product Safety Improvement Act em agosto de 2008, proibindo o ftalato em brinquedos. Wal-Mart, Target, e Toys R Us começaram a exigir que os fabricantes sigam padrões parecidos para todos os produtos infantis até janeiro de 2009.[38] Reduzir a toxicidade é bom para os negócios. Reduz os riscos associados aos funcionários, e as alternativas mais seguras podem melhorar a produtividade para diminuir as indenizações pagas aos trabalhadores. Menos materiais tóxicos (ou nenhum material tóxico) economiza dinheiro nos custos, uma vez que pode haver questões legais a serem resolvidas. E, é claro, existe a oportunidade de vender para números cada vez maiores de consumidores procurando alternativas mais seguras.

A Linha de Tênis Considered da Nike

Trabalhando para eliminar adesivos tóxicos necessários para colar as partes de cima e de baixo de seus tênis, em 2005, a Nike lançou a linha Considered. Um processo único de costura agora mantém as partes unidas, dando ao tênis a aparência de um mocassim – ajudando-o a ganhar um prêmio IDEA de ouro da Industrial Designers Society of America. Voltada para os consumidores "verde-escuro", a linha Considered ajudou a ilustrar o compromisso da Nike com a sustentabilidade – como foi mostrado por meio de grandes reduções de 61% nos resíduos de manufatura, 35% em consumo de energia e 89% no uso de solventes.[39]

Desde então, a Nike tem procurado tornar o conceito mais universalmente atraente. O Novo Air Jordan XX3 é produzido usando materiais de tênis reciclados, retalhos de manufatura e componentes parecidos com peças de quebra-cabeça resultando em uma construção interna que utiliza menos cola. Esse tênis até inspirou a invenção de uma máquina de costura feita para produzir tênis usando mais costura e menos colas com componentes químicos. Prova da atração que o verde exerce no mundo, o novo Air Jordan é voltado para o mesmo público que o restante da linha Air Jordan, com a ênfase na performance. O fator verde é incluído como um bônus extra para os interessados. Os consumidores estão comprando. O diretor de marca da Nike, Charles Denson, disse que durante o primeiro trimestre de 2009, a divisão de tênis de basquete da empresa dobrou os lucros, impulsionada pelas vendas do Air Jordan.[40]

Cobertura para Piso Marmoleum da Forbo

Durante mais de meio século, o vinil tem sido a forma mais barata e fácil de instalar pisos. No entanto, ele fica fosco e riscado facilmente e precisa ser trocado, acabando em aterros. Quando incinerado, o vinil (termo reduzido para cloreto de vinila) libera dióxinos no ar. O processo de manufatura do vinil também gera dióxino, uma das toxinas mais mortais do planeta, por isso, trocar o vinil constantemente piora a situação.

Impulsionado pela crescente consciência a respeito dos problemas ambientais causados pelo vinil, o antigo linóleo natural está voltando. Produzido a partir do óleo de linhaça, resina de pinheiro, pó de madeira e pigmentos naturais com base de juta, o linóleo é uma alternativa ecológica ao vinil. Liderando a ação está a Forbo Flooring, o líder da indústria, estabelecido perto de Zurique, na Suíça. Seu principal produto, o Marmoleum, está ajudando a reinventar a imagem do linóleo. A empresa afirma que o Marmoleum é produzido em diversas cores e estilos e pode ser instalado com a mesma facilidade do vinil, mas usando-se um adesivo seguro à base de água.

Para ajudar a combater o fato de que os pisos de linóleo são mais caros do que o vinil, geralmente cerca de $6 a $8 por metro quadrado, ao contrário dos preços baixos de $0,99 por metro quadrado, a empresa enfatiza o fato de o linóleo ser mais saudável e evitar a proliferação de bactérias, mofo ou bolor. Também notável é a vida mais longa do Marmoleum, que a empresa afirma não causar prejuízos, rasgos ou fissuras, mas, sim, que envelhece bonito, com a cor mais viva, mais confortável e mais silencioso do que o vinil.[41] Alguém está ouvindo enquanto a Forbo se mantém na onda das construções verdes e da casa sustentável, aproveitando vendas líquidas de mais de US$1,8 bilhão no mundo todo em 2009.[42]

Produtos de Limpeza Doméstica Seventh Generation

Os produtos de limpeza doméstica comuns contêm diversos tipos de elementos químicos sintéticos, incluindo amônia, cloro e parabenos.[43] No entanto, com a Burlington, a linha da Seventh Generation localizada em Vermont, há menos preocupação em proteger o armário de produtos de limpeza do alcance das crianças: apesar de alguns dos produtos da empresa terem conservantes, os da Seventh Generation costumam ter ingredientes à base de plantas que são biodegradáveis, além de não terem cloro nem fosfato, e os produtos resultantes são tão eficientes quanto os convencionais. Os produtos de limpeza da Seventh Generation também são menos agressivos, como define a Consumer Products Safety Commission, quando há exposição oral, dérmica e em caso de inalação.[44]

Para reforçar sua segura, os selos e o site da Seventh Generation incluem listas de ingredientes de todos os produtos, além dos Formulários de Dados de Segurança de Material. O site também inclui um Relatório de Responsabilidade Corporativa e um blogue mantido pelo CEO Jeffrey Hollender a respeito de sustentabilidade. Graças a essa combinação de segurança, eficiência e transparência, desde 1989, a Seventh Generation passou de um catálogo aberto para atender o nicho verde diretamente, a um dos nomes mais confiáveis de produtos de limpeza encontrados nas prateleiras da Whole Foods, Target e muitos supermercados.[45]

7. Pensar no global, cultivar na região

Em média, as refeições produzidas comercialmente percorrem cerca de 8 a 82 vezes mais a distância do campo de cultivo ao prato do que as refeições feitas com produtos cultivados na região[46], e grande parte desses alimentos é carregada em aviões – o meio que mais emprega carbono no transporte.[47]

Hoje, em um mundo que está testemunhando a preocupação com o consumo de carbono, comprar e produzir na região ajuda a minimizar os custos e os impactos de transporte, apoiando agricultores da região e fortalecendo as comunidades. Os consumidores estão começando a entender isso. De acordo com o NMI, em 2009, 49% dos consumidores norte-americanos perceberam que "comprar produtos que são produzidos regionalmente" é uma vantagem, representando 31% a mais do que três anos antes.[48]

Em todo o território dos Estados Unidos, o número de feiras livres está crescendo em resposta ao desejo dos consumidores de comprar produtos regionais, e *chefs* estão estabelecendo novas regras para os seus cardápios, promovendo produtos locais de alta qualidade. De acordo com o USDA, o número de feiras livres nos Estados Unidos era de 6.132 em 2010 *versus* 1.755 em 1994, e 16% a mais a partir de 2009.[49] Abastecedores da região, como o New Seasons Market, de Oregon, uma rede de mercado com sete estabelecimentos espalhados pelo Estado, e a rede Whole Foods, com 280 unidades, agora tornam a produção regional uma prioridade. A Whole Foods até realiza eventos especiais, como o Agricultores e Produtores Nativos, no qual os produtores de itens, como petiscos, alimentos veganos e pequenas barras de sabão podem aprender sobre as novas regras para embalagem e etiquetagem, operações e apoio de logística, além de um programa de empréstimo local. Isso não se restringe apenas aos Estados Unidos; os super-

114 As Novas Regras do Marketing Verde

mercados do Reino Unido estão cada vez mais trazendo alimentos regionais, e um dos mais novos adeptos é o Waitrose, que, durante o processo de impressão deste livro, deu início a um teste de fornecedores regionais em sua filial Suffolk, em Saxmundham.

Wal-Mart

Até mesmo o Wal-Mart está demonstrando um compromisso com o fornecimento regional, obtendo vendas anuais de $400 milhões em produtos cultivados regionalmente por agricultores do todo o país em 2008, tornando-se o maior comprador de produtos regionais nos Estados Unidos. Em 2008, a empresa aumentou as parcerias regionais em 50% a mais do que em 2006, e comprou mais de 70% de seus produtos de fornecedores nos Estados Unidos.

A vice-presidente sênior, Pam Kohn, diz que esse compromisso reduz custos de combustíveis e permite que o Wal-Mart ofereça produtos frescos com preços baixos.[50] Demonstrando o potencial para eliminar milhares de milhas que contribuem com a emissão de gases do efeito estufa e com a poluição do ar, em 2008, expandindo seu fornecimento de pêssegos a partir da Carolina do Sul e da Geórgia para 18 estados diferentes e vendendo regionalmente, o Wal-Mart reduziu 672 mil milhas – traduzidas em economias de $22 mil galões de diesel e mais de $1,4 milhão.[51]

8. Usar práticas responsáveis de manufatura

Às vezes, o que os consumidores não veem é que pode ter o maior impacto: o uso de energia e as emissões das fábricas ilustram bem isso. Reconhecendo esse fato, diversos fabricantes estão tomando medidas para reduzir as emissões de suas fábricas, tornar seus recursos de energia mais verdes e reduzir o uso de água, entre outras medidas.

Kettie Foods

Mantendo o compromisso de usar apenas ingredientes totalmente naturais, a Kettie Foods faz a sua linha toda de petiscos, incluindo batata chips, tortilha chips, castanhas e mistura de grãos, procurando minimizar o impacto no meio ambiente. "Fazendo o que prega", como fabricante de petiscos saudáveis, a Kettie Foods cozinha seus petiscos em óleo de girassol e cártamo; depois, ela converte 100% do óleo vegetal em biodiesel, o que, por sua vez, mantém uma frota de veículos da empresa e impede que 8 toneladas de CO_2 sejam emitidas todos os anos.

Em 2003, a Kettie Foods Inc. entrou em parceria com a General Electric de Portland e a Energy Trust do Oregon, uma organização sem fins lucrativos, para instalar 600 painéis solares sobre sua fábrica, representando um dos maiores arranjos desse tipo no nordeste do Pacífico. Os 120 mil quilowatts de eletricidade por ano que são gerados representam força suficiente para produzir 250 mil sacos de Kettie Chips todos os anos e elimina 65 toneladas de emissões de CO_2 por ano, quando comparado aos métodos de combustíveis fósseis. A Kettie Foods também desloca 100% do uso de eletricidade da usina por meio de energia eólica, o que equivale a tirar mil carros da rua e plantar 1.600 acres de árvores.

Em 2000, quando a Kettle Foods Inc. mudou a sua sede e produção para uma propriedade de cinco acres em Will Creek, no estado do Oregon, resolveu restaurar os pântanos no local. Introduziu plantas nativas e aquáticas e construiu uma trilha de dois acres para que as pessoas da comunidade usufruíssem. Agora, testemunham a presença de garças, que todos os anos retornam de maneira fiel. Em 2007, a Kettie abriu uma segunda fábrica em Beloit, Wisconsin. Foi a primeira fábrica dos Estados Unidos a ganhar certificação ouro LEED. A fábrica tem 18 turbinas eólicas em seu forro e é cercada por pradarias que a empresa está restaurando para que volte ao estado nativo.[52]

Todos os produtos naturais da Kettie Foods Inc. são produzidos de modo natural e têm ajudado a empresa a obter consumidores fiéis pelo mundo, que estão preparados para pagar um preço mais alto por batatas fritas orgânicas.[53]

9. Eficiência energética e de combustível

A eletricidade é necessária para aquecer e iluminar casas e ruas, além de oferecer energia para acionar todos os tipos de produtos, desde aqueles que ligamos à tomada àqueles que são acionados por pilhas. No entanto, a geração de eletricidade representa a maior fonte de poluição do ar e de emissões de gases de efeito estufa nos Estados Unidos. No país, as emissões das fábricas são responsáveis por gerar grandes quantidades de dióxido de carbono (CO_2), dióxido de enxofre (SO_2), óxidos de nitrogênio (NO_x) e mercúrio (Hg) no ar, sem falar de emissões de partículas que podem ser especialmente prejudiciais a asmáticos e a outras pessoas com sensibilidade. Esses quatro poluentes são os maiores causadores de grandes problemas ambientais, como chuva ácida, neblina com fumaça, contaminação por mercúrio e mudança climática no mundo.

Felizmente, grande parte dessa poluição pode ser evitada por meio de atitudes simples e de projetos inteligentes. Por exemplo, o modo de espera (*standby*), que permite que as televisões sejam ligadas instantaneamente, responde por aproximadamente 5% do consumo total de eletricidade residencial nos Estados Unidos, somando mais de $3 bilhões em custos de energia anuais.[54] Reduzir a energia do modo de espera é um benefício do selo ENERGY STAR (veja o Capítulo 7), que agora pode ser encontrado em mais de 50 tipos de produtos, incluindo casas e prédios comerciais.

Eletrodomésticos Bosch

A Bosch, localizada na Alemanha, é a única fabricante que vende eletrodomésticos nos Estados Unidos a ter o selo ENERGY STAR em todos os seus modelos. A Bosch recebeu esse reconhecimento em 2008 e em 2009 e foi nomeada Parceira do Ano da ENERGY STAR em 2010. Os eletrodomésticos Bosch, incluindo a lavadora de roupas Nexxt e a lavadora de louças Evolution também têm preços competitivos, garantindo o interesse do mercado.

A lavadora de roupas Nexxt, da Bosch, tem diversas tecnologias novas: um sensor que otimiza o nível da água para cada lavagem, um aquecedor de água interno que monitora a temperatura para aumentar a eficiência e um tambor inclinado que limpa as roupas com menos água e um motor para lavagem final que gira a 1.200 rpm, apressando o processo de secagem. Usando essas máquinas, que ultrapassam as orientações da ENERGY STAR em 102%[55] em vez de as máquinas comuns, é possível economizar $150 por ano nas contas de água e luz.[56]

O sistema EcoSense Wash Management System da empresa, para máquinas de lavar, oferece sensores parecidos que reduzem o uso de energia em 20%; as máquinas de lavar também oferecem sistemas de aquecimento de água eficientes, técnicas de secagem por condensação e a opção para o usuário escolher o nível de água e de energia. A 190 kWh por ano, o modelo SH_98M é o mais eficiente disponível nos Estados Unidos.[57]

Eletrodomésticos com Smart-Grid

Muitos fabricantes de produtos elétricos, governo, fabricantes de *software* e outras organizações, incluindo o Google e a Microsoft, estão agora trabalhando em conjunto para transformar a rede elétrica em uma rede digitalmente controlada de "Smart-Grid" que pode fornecer eletricidade aos consumidores de modo mais eficiente, reduzindo a poluição e as contas de eletricidade no caminho.

A General Electric e a Whirlpool estão até preparando "eletrodomésticos inteligentes" que usam o "Smart-Grid", ou seja, eles podem ser controlados de longe pela empresa de energia, que pode diminuir a temperatura, mudar para o modo de economia de energia ou fechá-los totalmente durante períodos de pico de demanda. A Whirlpool prevê que vai colocar um milhão de secadoras de roupa inteligentes no mercado ao longo de 2011. Oferecendo o potencial para economias significativas de energia e custos, uma secadora de roupas mais inteligente pode ajudar a Whirlpool a sair da depressão de vendas induzida pela recessão, ao mesmo tempo em que beneficia o meio ambiente: um secador elétrico que seca sem calor usa apenas cerca de 200 watts de eletricidade, em comparação aos 500 watts usados por um que esteja na temperatura máxima. Multiplicado por um milhão, isso resulta no equivalente a seis usinas de energia acionadas por carvão.[58]

Telefones Celulares Nokia

Aproximadamente dois terços da energia usada para acionar celulares é gasta quando o carregador permanece ligado ou quando o telefone terminou de ser carregado, mas a energia continua fluindo – o modo *no-load*. Para combater isso, a Nokia tem reduzido a demanda *no-load* de seus carregadores em 70% esta década, e pretende reduzir ainda mais a demanda em mais 50% até 2010. O carregador mais eficiente dele usa apenas 0,03W, vencendo a exigência da ENERGY STAR em 54%.

Em 2007, a Nokia foi a primeira fabricante de celulares a realizar alertas para incentivar os usuários a tirarem da tomada seus telefones totalmente carregados. A economia de energia? Se os usuários de um bilhão de telefones Nokia em uso no mundo desligassem seus carregadores quando ouvissem o alerta, a economia seria suficiente para abastecer 100 mil casas.[59] Para economizar ainda mais energia, os usuários podem desligar o sons extras, como os tons das teclas, diminuir a luminosidade da tela e reduzir a luz *backlight* para o tempo mínimo.

Toyota Prius

Representando um novo produto mais verde, o Toyota Prius, que agora é vendido no mundo todo, é um sedan híbrido que combina design inteligente e uma nova marca de marketing (discutida com mais detalhes no Capítulo 6) com um índice excepcional de eficiência de combustível de 30 milhas por galão (51 na cidade, 48 na estrada). Tudo isso resulta em menos idas ao posto de combustível, menos dinheiro gasto com gasolina e menos poluição do que os sedans concorrentes.[60] De fato, muitos estados norte-americanos permitem que os carros híbridos utilizem as faixas de veículos com alta ocupação (HOV), mesmo se houver apenas uma pessoa dentro do carro, oferecendo uma vantagem competitiva em relação a sedans populares, como o Nissan Altima e o Accord, da Honda. Para crédito da Toyota, o painel do Prius inclui até um display de *feedback* que promove uma direção mais eficiente. Relatórios incidentais indicam que os motoristas do Prius se divertem desafiando a si mesmos para irem além dos estimados 50 mpg na eficiência de combustível sempre que dirigem. (O equipamento tem sido tão bem-sucedido que a Ford, recentemente, apresentou seu próprio equipamento de painel, o Smart Gauge, com lançamento previsto para os carros híbridos a gás em 2010.)[61]

10. Eficiência no uso da água

O Programa de Meio Ambiente das Nações Unidas prevê que 1,8 bilhão de pessoas estarão vivendo em locais com grande falta de água até 2025, e dois terços da população mundial pode estar sujeita a algum tipo de escassez de água.[62] Devido ao uso três vezes maior desse recurso por pessoa nas últimas décadas, o General Accounting Office prevê falta de água em 36 estados norte-americanos até 2013[63], provavelmente o que levará a alta de preço e causará problemas para plantações, rebanhos e outros setores que fazem grande uso da água.

Em um esforço de levar o mercado a utilizar chuveiros, torneiras, mictórios e práticas de irrigação de jardins visando à economia de água, o EPA oferece o selo WaterSense, semelhante à economia de H_2O de seu selo ENERGY STAR. Com a disponibilidade do *xeriscaping*, o uso muito eficiente de água, que tem demonstrado utilizar 75% menos água, a quantidade de grama esportiva permitida em casas recém-construídas pode ser o novo alvo do governo.[64] Enquanto isso, se o Carbon Disclosure Project de San Francisco, um grupo sem fins lucrativos que tem convencido grandes empresas a revelar as emissões de gás de efeito estufa, fizer as coisas de sua maneira, as indústrias que utilizam muita água, como as de produção de carros, eletrodomésticos, alimentos e bebidas, além das empresas de mineração e farmacêuticas, vão se tornar eficientes no uso da água. O grupo está, agora, estudando grandes empresas para saber como elas usam a água, além de procurarem conhecer os riscos, as oportunidades e as estratégias relacionados à água.

Vasos Sanitários de Descarga Dupla Caroma

Em média, uma casa utiliza 1.324 litros de água por dia, mais de 40% dos quais são usados no banheiro.[65] O mais novo lançamento da Caroma, localizada em Brisbane, na Austrália, uma das principais empresas de produtos para encanamento do mundo, é um vaso sanitário de descarga dupla, pioneiro na tecnologia de economia de água.

O vaso sanitário tem dois botões diferentes – um para os resíduos líquidos e um para os sólidos, usando de 3,4 a 6,8 litros de água por descarga, respectivamente. Esse único produto com sua tecnologia de meia descarga e de descarga completa reduz o uso de água em até 67% em comparação com os vasos sanitários tradicionais, que usam quase 11,3 litros por descarga.[66]

Os vasos sanitários Caroma são distribuídos em todas as partes do mundo e com o selo WaterSense, da EPA, são usados em universidades, hotéis, empresas e casas em toda a América do Norte.[67]

Uma nova regra está sendo criada: "pegadas" de água em produtos. Como é mostrado ao longo deste livro, a eficiência da água costuma ser citada a respeito dos produtos em uso. Mas muita água é usada na fabricação de vários produtos de consumo. Por exemplo, por causa da água consumida no plantio do algodão, são necessários 41 mil litros de água para fazer uma calça *jeans*, e 58,6 mil para produzir um quilo de carne.[68] Com a pressão esperada no fornecimento de água num futuro não muito distante, aguarde que os consumidores comecem a exigir informações a respeito da "pegada" de água de seu produto, similar à preocupação com o nível de carbono.

11. Prolongar a vida útil dos produtos

Há muito tempo os consumidores têm valorizado marcas como Maytag, Volvo e Zippo por sua alta qualidade e longa vida. Com a popularidade do verde, os produtos têm sido valorizados pelo baixo impacto ambiental que representam, eliminando o estigma que costuma estar associado aos produtos usados. Como exemplo, a Lexus dá uma segunda vida a seus carros com os "certificados de pré-usados", atraindo clientes em busca de novos carros.

Cadeira Stokke Tripp Trapp

Designers inteligentes têm criado berços que se transformam em camas comuns quando a criança cresce. A Stokke, uma fabricante de móveis da Noruega, especializada em produtos versáteis para bebês, criou um cadeirão que cresce com a criança. Com um assento e descanso para os pés ajustáveis, a cadeira Tripp Trapp se transforma, com o tempo, e deixa de ser um assento de carro para uma criança pequena para se tornar uma cadeira confortável para um adulto. Fabricada principalmente com faia cultivada de modo sustentável, com verniz sem formaldeído, a cadeira é durável e pode ser facilmente limpa com um pano úmido. Enfatizando o compromisso da empresa com a durabilidade, a cadeira vem com garantia de sete anos para todos os componentes de madeira.[69]

12. Reuso e refil

Os materiais reutilizáveis e com refil reduzem o lixo e economizam dinheiro. Os consumidores estão se interessando pelo reuso, graças aos esforços de varejistas ecologicamente conscientes que vendem sacolas reutilizáveis em suas lojas, recompensando os clientes que levam as próprias sacolas e penalizando os que não levam. A IKEA e a Whole Foods Market incentivam os seus clientes a levarem as próprias sacolas, dando a eles desconto em suas compras.

Garrafas de água reutilizáveis

As propagandas de água em garrafa costumam mostrar fontes cristalinas surgindo de dentro da Terra, mas por trás disso se escondem os impactos ambientais associados ao transporte e à embalagem, que juntos consomem, cerca de 17 milhões de barris de petróleo por ano.[70] Em 2006, mais de 30 bilhões de garrafas de água foram consumidas nos Estados Unidos[71] – 86% das garrafas acabaram se tornando lixo ou foram mandadas para aterros; quando são incineradas, criam gás de cloro e subprodutos prejudiciais.[72] Um retrocesso já está acontecendo entre os governos locais, criando oportunidades para a Nalgene e Klean Kanteen, entre outros fabricantes, para encontrar uma solução para a reutilização. A Nalgene firmou parceria com a empresa de filtros de água Brita, algo inovador, para promover os benefícios do uso de filtro de água em casa. Enquanto isso, as vendas das garrafas de aço da Klean Kanteen subiram de $2,5 milhões em 2007 para $18 milhões em 2008.

ecoEnvelopes

O pagamento de contas *on-line* está se tornando a regra, mas, todos os anos, mais de 81 bilhões de envelopes de correspondências ainda são enviados com contas de consumo, faturas de cartão de crédito e outros assuntos.[73] Ann DeLaVergne, uma ex-agricultora orgânica de Minnesota, está tentando reescrever as regras para ajudar no envio de contas: ela inventou o ecoEnvelope, uma solução reutilizável, que em fevereiro de 2008 foi aprovado pelo serviço de correios dos Estados Unidos. Os usuários abrem o ecoEnvelope levantando uma aba e puxando uma faixa com furos. Em seguida, inserem a resposta e fecham a aba.

Os ecoEnvelopes são produzidos apenas com papel de florestas sustentáveis, um papel reciclado de florestas mantidas de modo sustentável, e usam tintas à base de soja e de água. Os ecoEnvelopes reduzem o lixo e também podem ajudar as empresas a projetarem uma imagem ecologicamente consciente a seus clientes e economizar de 15 a 40% nos custos com correspondências.[74] Empresas como a Land Stewardship Foundation, a Fresh Energy e a Renewable Choice Energy já estão usando os ecoEnvelopes, economizando dinheiro enquanto, literalmente, enviam uma mensagem aos clientes a respeito de seu compromisso com a sustentabilidade.

13. Reciclagem

É ótimo quando os produtos são feitos de materiais reciclados, mas os mesmos produtos precisam ser fáceis de descartar para manter os custos de trabalho reduzidos, para que a reciclagem possa ser economicamente viável. Se feito corretamente, a reciclagem pode levar a sucesso nos negócios.

Cadeira de escritório Herman Miller Mirra

Apresentada em 2003, a cadeira de escritório Mirra, da Herman Miller, tem tudo. É feita com alta porcentagem de alumínio pós-consumo e pós--industrial. Com um número mínimo de peças – e em apenas 15 minutos com ferramentas comuns que temos em casa – é possível desmontá-la para reciclagem. As partes têm código para reciclagem de acordo com os padrões da American Society for Testing and Materials. Por ser fácil de desmontar, a cadeira também é simples de ser consertada.

É produzida em uma fábrica que tem a certificação LEED e 100% mantida com energia renovável, e vem com garantia de 12 anos. O design recebeu boas críticas, além de elogios por seu desempenho ambiental e ergonômico, sem falar que ela está no caminho para se tornar um ícone do design.

Programa de reciclagem Patagonia Common Threads

Um produto simples de desmontar e feito com materiais recicláveis também deve ser de fácil retorno para a reciclagem, seja mandando os produtos usados de volta à loja ou para outro local, ou entregando a um varejista ou outra empresa que o recicle.

Os tecidos da Patagonia são feitos com fibras recicláveis que são facilmente sintetizadas, um processo que resulta em novas fibras da mesma qualidade que a original. Aproveitando uma oportunidade de fazer novas peças com peças antigas e satisfazer as exigências dos clientes em relação à reciclagem, em 2005, a Patagonia lançou o Common Threads Recycling Program, um programa que recolhe roupas feitas de poliéster. Reutilizar peças velhas para fabricar roupas novas de Capilene (poliéster) economiza 75% da energia necessária para fazer a peça desde o começo.[75] Representando um fim de ciclo, desde a primavera de 2007, a Capilene tem incluído velhas peças de Capilene que foram recicladas para se tornarem poliéster puro reunido por meio do Common Threads Recycling Progam.[76] Com a ajuda de um novo processo químico de reciclagem no verão de 2008, a Patagonia agora pode reunir e reciclar produtos de náilon também.[77]

14. Compostagem

Na natureza, tudo pode ser reciclado – o resíduo para um organismo se torna o alimento de outro. De acordo com a EPA, aproximadamente 30% do lixo sólido, geralmente de alimentos, é material biodegradável que pode ser compostado e se tornar húmus, uma matéria orgânica que enriquece jardins e terras de cultivo, mas apenas poucos consumidores têm acesso a estações de compostagem municipais ou caseiras. Então, a maioria dos resíduos vai parar em aterros, onde serão enterrados para sempre, ou, pior ainda, degradarão aos poucos, criando gás metano, que é altamente inflamável e 21 vezes mais poderoso do que o CO_2 como gás de aquecimento global. A compostagem, que geralmente envolve o uso de materiais novos, terá de desempenhar um papel importante na situação de descarte de lixo no futuro. Felizmente, vários novos produtos e embalagens estão aparecendo no mercado incentivando mais atividades de compostagem. Os designers criativos agora estão desenvolvendo produtos compostáveis e embalagens com essa ideia em mente.

Aparelho de jantar VerTerra

Às vezes, a inspiração para um novo material pode vir de um material já existente talvez velho demais ou não mais utilizado. Michael Dwork, fundador e CEO da VerTerra, Ltd., uma empresa localizada na cidade de Nova York, viu, durante uma viagem à Ásia que as folhas caídas de palmeira das plantações estavam sendo queimadas. Ele percebeu que uma mulher havia pegado algumas das folhas caídas, molhado todas em água e pressionado--as para que assumissem um formato de prato. Depois disso, ela as colocou dentro de um tostador de waffle e as utilizou como pratos.[78] Isso ofereceu a ele a inspiração para reutilizar os pratos em uma escala maior como base de uma linha de pratos, tigelas e bandejas atraentes, funcionais e compostáveis.

As folhas, que teriam sido queimadas, são lavadas, aquecidas e pressionadas em uma fábrica da região. Sem componentes químicos, cola ou agentes de colagem. Em 2008, a VerTerra reunia 1,5 tonelada de folhas por mês. Em 2009, essa média mensal pulou para quase 12 toneladas; a produção anual e as vendas percorreram o mesmo caminho, subindo quase oito vezes. O resíduo do processo é fragmentado e comercializado de novo com os agricultores como bagaço em troca de mais folhas. Compostável e biodegradável, o serviço de alimentos do VerTerra recebeu o logo BPI, e atualmente é usado por grandes universidades, como a Columbia University na cidade de Nova York , por grandes ginásios, como o Dalas Cowboy e pela Evelyn Hill Inc., concessionária da Estátua da Liberdade e da Mansão da Playboy. No começo de 2009, a VerTerra lançou uma linha que atualmente está disponível em lojas especializadas de produtos naturais em todos os Estados Unidos, como o Whole Foods Markets e diversas lojas de produtos alimentícios e sites da Internet; um conjunto de oito prato tem preço inicial de $3,99.[79]

Embalagem da Frito-Lay Sun Chips

Lançado em 1991, o SunChips, um biscoito de multigrãos feito com girassol e com 30% menos de gordura do que as batatas fritas tradicionais, tem atraído consumidores que procuram alternativas mais saudáveis. Mas depois que a equipe da marca percebeu que a clientela preocupada com a saúde também se preocupa muito com o meio ambiente, lançaram um programa impulsionado pelo marketing verde, e estratégias de embalagem – e as vendas que antes não eram boas dobraram, passando de $172 milhões, em 2007, para $308 milhões em 2009.[80]

Como parte de sua estratégia sinergética "saudável para mim e saudável para o planeta", a fábrica da SunChips em Modesto, Califórnia, que fabrica 145 mil sacos de petiscos por dia, é acionada pelo sol, e todas as emissões de carbono da Frito-Lay nos Estados Unidos são compensadas pela compra de créditos de energia verde.[81] Em 2010, a Frito-Lay lançou novas embalagens feitas, principalmente, de Ingeo da Natureworkds LLC. Feitas com ácido poliláctico (PLA) derivado da fermentação do milho, ele é compostado em áreas de compostagem industrial e, por ser muito fino, por períodos mais longo em compostadoras caseiras, representando o potencial para reduzir os resíduos dos aterros e os gases de efeito estufa associados com a produção de embalagens à base de petróleo.[82] As embalagens fazem mais barulho do que as comuns – uma questão que a marca está tentando resolver enquanto este livro é escrito – mas julgando pelos quase 50 mil acessos que o comercial de 30 segundos da SunChips está recebendo no YouTube, mostrando a compostagem, os clientes estão animados com a compostabilidade da embalagem, e a Frito-Lay está demonstrando um firme compromisso em aperfeiçoar esse novo material e método de descarte.

Harvest Collection, da GenPak

Conforme o uso de talheres e utensílios de mesa descartáveis tem se tornado mais comum em casa e também em piqueniques e outras situações, os produtos compostáveis estão aparecendo para substituir as toneladas de talheres plásticos que acabam nos aterros. Uma linha dessas é a Harvest Collection, da GenPak, que inclui pratos, copos e utensílios compostáveis. Esses produtos são feitos de recursos renováveis, como milho, arroz e trigo, que são cultivados ou recuperados como resíduo de plantações. Todos os artigos de cozinha da Harvest Collection são totalmente resistentes à água e ao calor e se sintetizam em meses de compostagem.[83]

Os produtos compostáveis estão começando a aparecer com mais frequência nas prateleiras de lojas, mas, como foi mencionado anteriormente, nem todos os produtos que afirmam ser compostáveis de fato o são. Para lidar com essa questão, o Biodegradable Products (BPI) criou uma etiqueta ecológica para ajudar os clientes e operadores de fábricas de compostagem a identificar, com facilidade, os produtos plásticos que se decompostam rápida e completamente nos locais adequados.[84] O selo da BPI serve para facilitar a compostagem, eliminando a necessidade de separar os restos de alimentos dos utensílios. Isso se mostra especialmente útil na hora de recolher os objetos depois de uma reunião com muitas pessoas. Todo o lixo – alimentos, utensílios e talheres – podem ser compostados, em vez de aterrados.[85] Além dos produtos, a BPI certifica fabricantes de resinas, as matérias-primas que podem ser transformadas em uma série de produtos, incluindo sacolas, utensílios de cozinha e embalagem.

Figura 4.2 **Logo da BPI**

Fonte: reimpresso com permissão da BPI.

15. Seguro para descarte

Com o potencial que as pilhas descartáveis, telefones celulares, iPods e outros aparelhos eletrônicos têm de conter substâncias tóxicas que podem contaminar os lençóis freáticos de aterros, a necessidade de reduzir a toxicidade está mudando depressa as regras do negócio. Em 2006, a União Europeia instituiu a diretiva Restriction of Hazardous Substances (ROHS) proibindo as vendas de equipamentos eletrônicos e elétricos novos contendo níveis superiores do que o acordado de aço, cádmio, mercúrio, cromo hexavalente, bifenil polibrominado (PBB), éter de bifenil polibrominado (PBDE) e retardadores de chamas. Como a Sony aprendeu pela dor, não respeitar essa legislação é um jogo muito arriscado. Em dezembro de 2001, o Playstation da Sony foi recusado para venda na União Europeia e $162 milhões em mercadoria foi vetada porque o fio de força excedia a quantidade permitida de cádmio, fazendo a Sony perder toda a temporada de vendas de Natal.[86]

Lâmpadas Fluorescentes Philips Alto II

Apesar de as CFLs representarem uma mudança no jogo em direção à eficiência energética, todas as fluorescentes compactas contêm uma quantidade pequena e altamente tóxica de mercúrio. Uma vez nos aterros, ele pode contaminar os lençóis freáticos.

De fato, muitos estados proíbem o descarte de CFLs (e toda a iluminação fluorescente) em lixo comum. Mesmo sem as leis, o valor desse mercúrio e também da energia incorporada nas CFLs, faz com que os fabricantes reúnam as lâmpadas para reciclagem.

As lâmpadas fluorescentes Alto, da Philips, estão elevando o nível do padrão para descarte desse produto. Facilmente identificadas em suas embalagens de tampa verde-clara, a Alto II tem o menor conteúdo de mercúrio do mercado, e usa solda sem aço.[87] Elas passaram no teste do EPA, chamado Toxicity Characteristic Leaching Procedure (TCLP) que classifica as lâmpadas como não prejudiciais e livra os clientes de transtornos regulatórios associados ao descarte de lâmpadas fluorescentes. A vida mais longa delas ajuda o consumidor a gastar menos dinheiro em compras de lâmpadas e em trocas. Atualmente, há mais de um bilhão de lâmpadas Alto em operação.[88]

Como foi demonstrado neste capítulo, as novas regras do marketing verde agora exigem que os negócios adotem uma abordagem de ciclo de vida para seus produtos e embalagens. Fazer isso minimiza os impactos ambientais e sociais e os riscos, e ajuda a satisfazer as necessidades dos clientes, mas também pode ser um caminho certo para a inovação. No entanto, o verde pode representar oportunidades ainda maiores para os negócios que querem mudar as regras do jogo e inovar ainda mais. Muitas das estratégias e das ferramentas que são usadas pelos líderes conscientes para a inovação sustentável de produto são discutidas no próximo capítulo.

Lista das *Novas Regras*

Use a lista a seguir para explicar as várias oportunidades para aprimorar seus produtos ou desenvolver novos imperativos ambientais a fim de satisfazer as exigências principais dos consumidores por qualidade, desempenho e acessibilidade.

- ◯ Conhecemos todas as questões ambientais e sociais que estão associadas a nosso produto ou serviço? Podemos levar em consideração uma avaliação de ciclo de vida "da concepção à venda" ou "do começo ao fim" ou até "do começo ao começo" para nossos produtos?

- ◯ Como os impactos ambientais e sociais de nossos produtos se comparam com os de nossos concorrentes?

- ◯ Temos um plano de curto prazo ou de longo prazo para melhoria de os nossos produtos no que se refere ao meio ambiente e à sociedade?

- ◯ Prevemos que nossos competidores apresentem quais melhorias ambientais? Estamos preparados para reagir?

- ◯ De quais maneiras as melhorias ambientais aprimoram o desempenho e a qualidade geral de nosso produto ou serviço?

- ◯ Há oportunidades para usar as melhorias ambientais para estendermos a nossa marca?

Matéria-prima e acordos

- ◯ Usamos a quantidade mínima de matéria-prima possível, ou seja, tiramos vantagem de oportunidades para a redução de fonte?

- ◯ Garantimos que os acordos para as nossas matérias-primas evitem o desmatamento tropical? Os derramamentos de óleo?

128 As Novas Regras do Marketing Verde

○ Podemos usar recursos renováveis ou recursos que são administrados e cultivados com sustentabilidade? Cultivados de modo orgânico?

○ Podemos usar matérias-primas regionalmente cultivadas para minimizar os custos de envio e ajudar os agricultores da região?

○ Nossos fornecedores são certificados por organizações como a TransFair, Rainforest Alliance ou Fairtrade Foundation por práticas de trabalho justo e de colheita sustentável?

○ Quais medidas estamos adotando para reduzir o uso de insumos tóxicos em nossos produtos?

Manufatura e distribuição

○ Quais medidas podemos tomar para impedir ou reduzir a produção de lixo sólido e prejudicial em nossos processos de manufatura? Como podemos reduzir o uso da água? Como podemos reduzir as emissões de poluentes e os vazamentos em rios, mares e oceanos?

○ Como podemos usar a energia solar, eólica e outras formas de energia renovável para acionar nossas fábricas?

○ Estamos produzindo perto de nossos mercados para criar empregos regionais e minimizar os custos e a energia de transporte?

Embalagem

○ Podemos refazer o design de nossas embalagens para reduzir os materiais? Fazê-las a partir de conteúdo reciclado? Torná-las recicláveis?

○ Podemos usar materiais alternativos, como bioplásticos para torná-las compostáveis?

Uso

○ Podemos refazer o design de nossos produtos para torná-los mais eficientes quanto aos recursos empregados e, assim, reduzir os custos operacionais e o nível de carbono?

○ Podemos oferecer informação em tempo real que mostre aos consumidores o impacto ambiental que o produto causa?

○ Podemos usar ingredientes alternativos para ajudar a minimizar os riscos à saúde e ao meio ambiente?

Pós-uso

○ Podemos criar produtos duráveis? Com refil? Reutilizáveis? Passíveis de conserto? De remanufatura? Recarregáveis?

○ Podemos criar produtos de modo que eles sejam desmontados com facilidade para reciclagem?

○ Estamos criando produtos de materiais facilmente recicláveis e temos locais de reciclagem na comunidade dos consumidores?

○ Podemos receber de volta nossos produtos para serem reciclados? Podemos criar logística e estratégias de distribuição reversa?

Descarte

○ Podemos usar materiais e ingredientes que sejam biodegradáveis ou compostáveis?

○ Podemos tornar nos nossos produtos e embalagens mais seguros para serem aterrados ou incinerados?

Inovação e Sustentabilidade

Quase todos os dias, novos dados científicos se tornam disponíveis, sugerindo que os seres humanos precisarão ter mais cuidado com o planeta para satisfazer as nossas necessidades futuras de modo mais sustentável. Todos os sinais indicam que os modos atuais de produção e consumo não são sustentáveis. Essa questão é especialmente essencial para os consumidores norte-americanos cujos estilos de vida são os menos sustentáveis do planeta e, para piorar, são imitados ou admirados por bilhões de outros consumidores em economias emergentes e países em desenvolvimento. De acordo com o EPA, em 1996, as casas norte-americanas descartaram mais de 251 milhões de toneladas de lixo. A maior parte desse lixo termina em aterros, consumindo grandes quantidades de energia para transporte e somando substâncias tóxicas aos lençóis de água, sem falar do uso de milhões de quilos de matéria-prima que utilizarão quantidades enormes de novos recursos e energia para serem transformados. Alguns especialistas estimam que, para fazer grandes reduções de recursos naturais e de energia nas próximas décadas, precisaremos alterar radicalmente nossos meios de produção e consumo. Uma maneira de abordar esse problema é por meio da inovação.

A inovação pela sustentabilidade traz consigo oportunidades interessantes para que as empresas aumentem as vendas e até desenvolvam e transformem seus modelos de negócio – na verdade, a empresa toda – para competir melhor dentro das regras de um futuro mais sustentável. É inquestionável que isso representa uma oportunidade para os profissionais de marketing liderarem as ações. Os gerentes de marca e os profissionais de marketing – aqueles responsáveis pelo desenvolvimento e divulgação de produtos e serviços – são os mais próximos de suas marcas e costumam liderar o caminho em direção a novos produtos criativos que podem satisfazer as necessidades dos consumidores. Este capítulo é voltado para os gerentes e profissionais de marketing que querem compreender como a busca pela sustentabilidade pode ajudá-los a descobrir grandes ideias que levem a novos produtos e a consumidores mais satisfeitos.

Design para a Eco-inovação

Podemos usar os princípios de design verde mais autênticos, como aqueles descritos no Capítulo 4, para criar produtos com um impacto menor, mas as regras estão mudando rapidamente. Para se manterem competitivas e satisfazerem os desafios do desenvolvimento sustentável, as empresas que pensam no futuro terão de combinar inovação e ecologia, por meio do poder do que é conhecido (principalmente na Europa) como "eco-inovação". Ela pode ser definida como inovadora no estágio de conceito ou no desenvolvimento de novos produtos e serviços (incluindo materiais e tecnologias) capazes de realizar a mesma função que os existentes, mas com impacto ambiental menor. Como será visto em muitos dos exemplos a seguir, a eco-inovação representa a oportunidade de resolver as questões ambientais mais importantes, ao mesmo tempo em que satisfaz as necessidades dos consumidores e até transforma a empresa em termos de lucros.

Figura 5.1 **Inovação sustentável de produto**

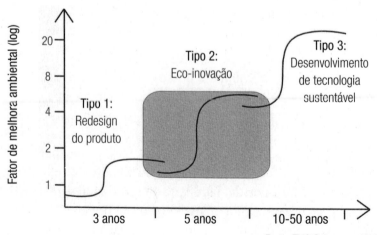

Fonte: TNO Science and Industry, Holanda.

Como pode ser visto na Figura 5.1, temos o progresso de três curvas "S" da inovação sustentável de produtos, os produtos existentes só podem ser ajustados (eco-designed) antes que seja preciso passar a um conceito de produto totalmente novo para satisfazer a necessidade do consumidor por um impacto ambiental reduzido. Ao final do processo executado de modo mais detalhado, tornar um produto verde fazendo ajustes nas matérias-primas, na embalagem e assim por diante, não altera seu conceito inicial. Uma escova de dente continua sendo uma escova de dente, mas agora usa materiais reciclados. Uma garrafa de água continua sendo uma garrafa de água, mas é feita de alumínio e não mais de plástico. Mesmo ao fim de uma série de iterações voltadas para tornar o produto mais verde, em algum momento se estará no fim da primeira curva "S" intitulada "Tipo 1: redesign de produto", incapaz de conseguir maior melhora ambiental, somos limitados pelo conceito do produto.

Para conseguir reduções importantes, e não apenas leves no eco-impacto, deve-se passar para um conceito de produto totalmente novo. Isso se chama inovação ecológica ou funcional, representada pela segunda curva "S" no "Tipo 2: eco-inovação". Para desenvolver novos conceitos de produtos que realizam a mesma função dos produtos existentes, mas com menor impacto, é necessário questionar ideias básicas. Por exemplo, para reduzir ainda mais o impacto ambiental de uma escova de dente, primeiro é necessário pensar em modificar a tarefa, e em vez de "tornar a escova de dente mais sustentável" podemos pensar em como "limpar os dentes sem uma escova de dente". Isso pode acionar um novo conceito de produto, como uma goma de mascar especialmente tratada que limpa os dentes sem a necessidade de se usar uma escova (além de pasta, água e embalagem!)

Para passar da segunda para a terceira curva "S" chamada "Tipo 3: desenvolvimento de tecnologia sustentável", é preciso redefinir a tarefa de modo mais radical – por exemplo, em vez de simplesmente "limpar os dentes" podemos pensar em como "impedir que a placa se forme". Isso pode levar ao desenvolvimento, por exemplo, de um aditivo alimentar benigno que cumpra essa tarefa. Subir pelas três curvas "S" nesse gráfico, começando com um conceito de produto de uma escova de dente feita de materiais reciclados, passando para a goma de mascar e finalmente para um aditivo de alimentos, mostra como a inovação ecológica pode inspirar novos produtos e novos modelos de negócios com impacto ambiental reduzido – além de elevar os benefícios econômicos.

Entre as muitas oportunidades atraentes de negócios e de marketing verde, a eco-inovação representa o potencial para benefícios bem melhores aos consumidores. No caso da goma de mascar, é possível imaginar adicionais significativos de custo, conveniência e até eficácia (sem falar de acabar com a difícil tarefa de fazer as crianças escovarem os dentes). Em vez de simplesmente se concentrar na eco-eficiência e em seu efeito desejável, mas com resultados menos interessantes, passar pelas curvas "S" de inovação sustentável representa o potencial para mudar as regras do jogo e, como a GE mostrou com sua iniciativa Ecomagination, a habilidade de projetar uma imagem de liderança, inovação e empresa socialmente responsável, de uma só vez. Por fim, muitas empresas inovadoras e sustentáveis ganham vantagem prevendo mudanças futuras no mercado. A inovação para a sustentabilidade antes de chegar aos radares de outros em seu setor permite que as empresas prevejam mudanças de mercado. Os produtos eco-inovadores, como os descritos neste capítulo, colocam seus desenvolvedores, designers e fabricantes adiante na curva, geralmente obtendo vantagem que praticamente se traduz em uma melhor imagem de marca para seus produtos e empresas.

Cinco Estratégias para a Eco-inovação

1. Inovar no nível de sistema
2. Desenvolver novos materiais
3. Desenvolver novas tecnologias
4. Desenvolver novos modelos de negócios
5. Restaurar o ambiente

1. Inovar no nível de sistema

Ninguém é uma ilha, e nenhum produto se mantém sozinho. Os produtos fazem parte de um sistema maior do qual retiram recursos e depositam subprodutos e resíduos. Os negócios mais bem-sucedidos compreendem, apreciam e equiparam o sistema no qual seus produtos operam. Mudar o sistema no qual os produtos são desenvolvidos permite que os inovadores expandam seus negócios e redefinam o setor. A seguir, veremos três de muitas maneiras de mudar o sistema de um produto para minimizar seu impacto ambiental:

mudar elementos em um sistema de produto existente, desmaterializar o produto e criar um novo sistema de produto.

Mudar Elementos Individuais de um Sistema de Produto Existente

Mudar o sistema de produto é uma tarefa difícil – mas começar pequeno e repensar os elementos individuais de um sistema de produto existente pode trazer grandes resultados. Por exemplo, um grande volume de água ainda é usado mesmo que os consumidores usem descargas de pouco fluxo e fechem a torneira enquanto escovam os dentes ou lavam as mãos. Mas pensar nas peças do banheiro como um conjunto atuando num sistema, e não como peças separadas, contribui para que novas oportunidades de negócios surjam.

Sistema de Reciclagem Greywater AQUS

Essa tecnologia inteligente faz uso de um conceito chamado "greywater". A água desperdiçada da pia do banheiro entra no vaso sanitário, e então é usada para a descarga. A água trabalha duas vezes sem custos adicionais! Uma vez que cerca de 40% de toda a água usada nas casas são usadas para a descarga, combinar a pia e o vaso sanitário em um sistema novo economiza, numa casa comum com dois moradores, entre 38 e 76 litros de água por dia, ou cerca de 15.400 litros por ano.

Escova de Dente Soladey

A empresa japonesa Soladey deu um passo atrás e decidiu que o sistema de escovação de dentes como é conhecido não precisava de tantos elementos. Então, implementaram uma haste de dióxido de titânio fotocatalítico dentro da escova de dente. Escovar os dentes com essa escova em uma sala clara faz com que reações químicas sintetizem a placa dos dentes, eliminando a necessidade do uso de pasta de dente.[1] Combinando dois elementos do sistema de produto da escova de dente, a Soladey criou um sistema com o potencial de reduzir de modo significativo o impacto ambiental.[2]

gDiapers

De acordo com o EPA, em 2005, aproximadamente 3,5 milhões de toneladas de fraldas descartáveis, representando cerca de 20 bilhões de fraldas, foram jogadas em aterros dos Estados Unidos, onde levarão cerca de 500 anos para serem decompostas.[3] Dois pais preocupados com esse assunto inventaram a gDiapers, reunindo novos materiais e uma visão de produto voltada para a inovação de sistemas, criaram uma alternativa radicalmente nova.

As fraldas descartáveis convencionais são compostas por uma fralda interna feita de polpa de lã e uma cobertura feita de plástico, e ambas são descartadas na troca de fraldas. A vantagem da gDiaper é que os componentes internos e externos são removíveis, de modo que a cobertura pode ser lavada e reutilizada enquanto a fralda de dentro pode ser descartada no vaso sanitário. Isso garante que o resíduo humano, com bactérias, termine em um sistema de tratamento de esgoto, para onde deve ir, e não em um aterro, onde pode vazar para os lençóis freáticos.[4] Representando uma alternativa possível e conveniente para as fraldas de pano e descartáveis com um impacto ambiental reduzido, a gDiaper deve conquistar bastante espaço no mercado.

Desmaterializar o Produto

Reconceber um produto de modo que ele exija menos materiais (e, consequentemente, menos lixo). Pergunta: um produto pode realizar a mesma função usando apenas uma parte de seus materiais originais? Em muitos casos, a resposta é sim.

Mostras de Carpete da Tricycle

Uma empresa que está tomando uma atitude no caso do meio milhão de quilos de carpete que terminam em aterros norte-americanos todos os anos[5] é a Tricycle, uma empresa de Chattanooga, Tennessee. A maioria dos carpetes usados por designers e showrooms são descartados depois de um único uso – e como a produção média de amostras de carpete usa mais de 28 litros de petróleo, os impactos ambientais e financeiros provocados por ele podem se acumular.[6]

Pensando de modo inovador, a Tricycle criou o SIM, que conta com uma tecnologia criativa que imprime imagens em pedaços de papel que simulam as cores e texturas de uma determinada parte do carpete, mas com 95% menos água e energia e sem o uso de petróleo como as amostras convencionais. Além disso, as amostras tradicionalmente produzidas podem demorar dias ou semanas para serem entregues pelas fábricas de carpete, mas o SIM reduz o tempo de espera para menos de 24 horas.[7]

Em 2005, os clientes da SIM receberam cerca de 34 mil amostras de papel[8] – economizando aos fabricantes 70% dos custo associados com amostras, ou cerca de $5 milhões por ano.[9] Pelos esforços, a Tricycle ganhou um Gold IDEA da Industrial Designers Society of America em 2006.

E-readers

De repente, eles se espalharam por todos os lados. O Kindle da Amazon, o Nook da Barnes & Noble, o Reader da Sony e o iPad da Apple. As pessoas estão abandonando o hábito de ler jornais e livros impressos e procurando novos e-readers – equipamentos de mão que mostram, por meio eletrônico, o conteúdo de livros impressos, mas com mais recursos. Com uma tela do tamanho de um livro comum e conectividade sem fio que permite que os leitores leiam seus jornais favoritos, revistas e blogues momentos depois da publicação, os usuários podem comprar novos lançamentos a preços mais atraentes do que o material impresso. Os e-books (livros eletrônicos) levam menos de um minuto para serem baixados, e mais de 1.500 títulos podem ser guardados por vez, tornando um e-reader uma opção atraente nas viagens, no trajeto até o trabalho ou mesmo em casa. E os benefícios ambientais de se usar os e-readers para ler e-books são grandes: o Cleantech Group projeta que, em 2012, 5,27 bilhões de quilos de emissões de dióxido de carbono sejam evitados graças aos e-books.[10]

Criar um Novo Sistema de Produto

Às vezes, a maneira mais eficiente de reduzir os impactos ecológicos é abandonar um conceito de produto e criar um sistema totalmente novo. Isso exige que um negócio aprenda com o ambiente mais amplo no qual seus produtos atuam. Para isso, é preciso envolver os esforços do desenvolvimento de produtos multifuncionais e equipes de marketing que possam interpretar informações de uma variedade completa de fases do ciclo de vida de um produto e sintetizar novas ideias.

Essencialmente holístico, a ideia dos sistemas é a de que todos os funcionários e cidadãos têm algo importante com que contribuir. Também pode envolver a cooperação com fabricantes de produtos complementares, indo além dos limites corporativos para os *stakeholders* na comunidade local e até trazendo perspectivas diversas, como o envolvimento das crianças no processo. As recompensas são as mais significativas, por causa do potencial inerente de mudar as regras do jogo.

Sabe-se que o desafio de criar um sistema novo pode ser assustador se os *stakeholders* sentirem que a eco-inovação pode ameaçar um negócio existente; por esse motivo, a atividade eco-inovadora precisa do apoio total do CEO e de outras pessoas responsáveis pela estratégia de longo prazo. Com negócios estabelecidos, possíveis inimigos precisam ser transformados em aliados demonstrando a eles como podem beneficiar o sistema.

Estações de Recarga Better Place

A demanda por veículos híbridos, como o Volt da Chevy e o LEAF da Nissan, é projetada para aumentar para 60 mil veículos até 2015. Os motoristas de todos esses carros novos se beneficiarão com uma inovação liderada pela nova Better Place, de Palo Alto, Califórnia. Eles inventaram um sistema totalmente novo que supera as limitações dos carros elétricos.

Em vez de fazer com que os motoristas dos carros tenham de esperar para recarregar suas baterias em casa, de um dia para outro, a Better Place muda o paradigma, oferecendo estações de "abastecimento" nas quais os motoristas podem trocar a bateria por uma nova e recarregada ou optar por recarregar a bateria dentro da rede de estações de recargas, estacionamentos e estações de troca de baterias que a Better Place tem construído em seu mercado de teste israelense. Até o fim de 2010, haverá uma estação a cada 40 quilômetros – e a Better Place também vende os carros elétricos que podem ser carregados nessas estações.[11] A empresa planeja ter dezenas de milhares de carros elétricos nas estradas israelenses até 2011. Com os custos projetados 50% menores do que em comparação ao carro movido a gasolina, a Better Places oferece uma alternativa que é conveniente e de baixo custo – além de ser ambientalmente responsável.

2. Desenvolver Novos Materiais

Atualmente, há milhares de materiais diferentes no mercado de consumo, comercial e industrial, desde fibras macias a plásticos e metais à prova de bala e tudo o mais. Cada um desses materiais é adequado para satisfazer necessidades ou funções específicas – e cada um deles tem um impacto ambiental. Novos materiais promissores estão em desenvolvimento, levando a avanços sustentáveis e a uma oportunidade cada vez maior de inovação. Um material especialmente interessante com potencial para muitas aplicações é o bioplástico. Agora crescendo em volume entre 20 e 30% a cada ano, os bioplásticos são derivados de recursos renováveis, como milho ou cana de açúcar, não contém toxinas (diferentemente dos plásticos com base em petróleo) e costumam ser compostáveis em postos municipais e geralmente em compostadores caseiros. Considerando que apenas cerca de 5% das 30 milhões de toneladas de plásticos usadas nos Estados Unidos anualmente são recicladas, os biopláticos biodegradáveis apareceram, nos últimos anos, como um método viável para reduzir o resíduo de plásticos derivados do petróleo.[12]

PlantBottle da Coca-cola

Um uso interessante para o bioplástico é a PlantBottle, da Coca-Cola, feita com uma combinação de plástico com base em petróleo e até 30% de materiais derivados de plantas, como cana de açúcar e melaço, um subproduto da produção de açúcar. Uma análise de ciclo de vida realizada pelo Imperial College London mostra que a PlantBottle representa até 25% a menos de emissões de carbono em comparação com os 100% das garrafas PET de petróleo. Além disso, diferentemente de alguns plásticos derivados de planta, ele pode ser reciclado sem contaminar como a PET tradicional.[13]

Bioplástico Mirel da Metabolix

Se duas grandes empresas fizerem as coisas como pretendem, veremos muito mais garrafas feitas a partir de plantas no futuro. A Metabolix, uma *joint venture* com a Archer Daniels Midland, chamada Telles, e a NatureWorks, uma subsidiária da Cargill, estão nas posições mais altas entre os bioplásticos. Enquanto este livro era escrito, a Telles estava prestes a começar o envio de seu de plástico Mirel de uma nova fábrica em Clinton, Iowa. Um dos primeiros produtos é a resina para uma caneta biodegradável, da Paper Mate, de $1,25, da Newell Rubbermaid. A Paper Mate diz que a demanda por inovação é grande. Mas a caneta custa mais para ser feita. A Metabolix cobra cerca de $2,50 por quilo de seu plástico verde, cerca de duas vezes mais do que o de seu material tradicional. A boa noticia é que as canetas Paper Mate

140 As Novas Regras do Marketing Verde

usam tão pouco plástico que o fabricante da caneta precisa reduzir suas margens em apenas alguns pontos percentuais com suas canetas normais.[14]

Bioplástico Ingeo da Natureworks

A marca Ingeo, da Natureworks, de bioplástico é 100% feita com ácido polilático (PLA) produzido pela fermentação do milho. A funcionalidade versátil da Ingeo – como o plástico derivado do petróleo, ele pode ser moldado de diversas maneiras: opaco, transparente, flexível ou rígido – já está sendo avaliada para diversas embalagens de alimentos. Ele mantém os *muffins* frescos na Target, está sendo usado no setor de alimentação e na embalagem do Ecotainer um copo de refrigerante feito de papel compostado, uma iniciativa entre a Coca-Cola e a International Paper.[15] Outras marcas sustentáveis que incluíram o Ingeo em seus produtos são Noble Juices, o primeiro selo de garrafa de suco feito pela Ingeo, os lenços de limpeza compostados da Method, e os filtros de café compostáveis da Green Mountain Coffee Roasters. O polímero da Ingeo também pode ser transformado em um poliéster parecido com fibra, que pode ser usado como enchimento para travesseiros e edredons. Mais recentemente, está sendo usado em fraldas de bebê, como a linha Huggies Natural.[16]

Assim como todos os produtos sustentáveis, no entanto, a Ingeo tem seus dilemas. É compostável, mas geralmente só se sintetiza em compostadores industriais – ficando muito mais tempo em montes de compostagem caseiros e só existem 100 compostadores industriais nos Estados Unidos. Além disso, os produtos PLA podem contaminar a reciclagem quando misturados com produtos feitos de PET, uma resina petroquímica parecida, exigindo separação especial, e também informação aos consumidores a respeito de técnicas de descarte.[17] Um sistema de coleta e compostagem está sendo desenvolvido pela Bioplastics Recycling Consortium para abordar essas questões.[18]

3. Desenvolver Novas Tecnologias

Muitas pessoas dizem que a maioria de nossos problemas ambientais de hoje é resultado direto da industrialização. Contudo, novas técnicas eco-inovadoras podem acabar com os problemas do passado e abrir espaço para um futuro mais sustentável. Tais tecnologias podem ser caras e complicadas, mas também podem representar soluções simples, de baixo preço e de comparável eficácia. Existem três oportunidades especialmente boas nas áreas de iluminação de alta eficiência, energia renovável portátil e automotivos alternativos.

Diodos Emissores de Luz (LEDs)

Agora que os consumidores estão se acostumando às CFLs como substitutas das lâmpadas incandescentes, uma alternativa ainda mais interessante está presente para tomar o lugar delas: diodos emissores de luz (LEDs). Projetados para representar 46% dos $4,4 bilhões do mercado norte-americano de lâmpadas para os setores comercial, industrial e externo, até 2020, os LEDs são mais eficientes e duram duas vezes mais – geralmente 50 mil horas – que as CFLs.[19] Além disso, em contraste com as CFLs, os LEDs não precisam de um lastro e não têm mercúrio tóxico, por isso são mais seguros de descartar.

Historicamente, os preços dessas lâmpadas representaram um problema na aceitação do mercado, mas graças a recentes inovações, LEDs por um preço acessível estão tomando espaço nas prateleiras dos varejistas. Um exemplo são as lâmpadas EcoSmart LED vendidas exclusivamente no Home Depot. Vendidas por $19,97, em comparação aos mais de $50 de outras incandescentes de 40 watts, as LEDs usam cerca de 80% menos energia e espera-se que elas durem mais de 22 anos. Além disso, são totalmente recicláveis e oferecem excelente qualidade de iluminação – e compensam o investimento inicial em menos de dois anos, possibilitando economia de energia e de troca.[20]

Energia Renovável

A demanda para a energia alternativa é enorme, e continuará a aumentar com a preocupação dos consumidores a respeito das mudanças climáticas e outras ameaças. Graças a avanços na tecnologia, o custo da energia eólica caiu 80% ao longo de mais de 30 anos entre 4 e 6% por kWh[21], tornando-a competitiva em comparação com o petróleo (5 centavos por kWh) e o gás natural (3 centavos por kWh).[22] Na verdade, a energia eólica agora oferece 1% de energia aos Estados Unidos, ou energia suficiente para manter 4,5 milhões de casas.[23]

142 As Novas Regras do Marketing Verde

Carregador Solio movido a energia solar

Há muito tempo restritas a paineis solares no telhado e aos moinhos, as fontes renováveis de energia estão prontas para cair na estrada. Agora, elas são acessíveis por meio de produtos portáteis, como o Solio, um carregador de mão acionado por energia solar para pequenos equipamentos eletrônicos, como celulares, iPods e câmeras digitais. Totalmente carregado depois de um banho de luz solar incidente diretamente de 8 a 10 horas, um Solio consegue acionar um MP3 por até 56 horas.[24] Atuando com o mesmo princípio, bolsas e mochilas produzidas pela Voltaic Systems[25] e pela Reware[26] fornecem energia para pequenos equipamentos eletrônicos, como telefones celulares e até laptops via painéis solares costurados em mochilas.

Turbina Eólica Swift

Quem precisa de eletricidade? Alguns consumidores estão produzindo energia limpa e renovável com a turbina eólica Swift, criada pela empresa inglesa Renewable Devices, e produzida nos Estados Unidos pela Cascade Engineering de Grand Rapids, Michigan. Instalada no telhado, essa pequena turbina de $10 mil envia 2.000 quilowatts de eletricidade livre que gera todos os anos diretamente ao sistema elétrico do consumidor. Levando em consideração que em média uma casa norte-americana consome entre 6.500 e 10.000 kWh de eletricidade por ano, a turbina eólica Swift pode reduzir a demanda elétrica de uma casa de um quinto a um terço. Um crédito de energia federal de $1.000 pode reduzir parte do custo já reduzido.[27]

Produtos Acionados pelo Homem

Uma fonte de energia ilimitada e limpa que está literalmente disponível ao alcance de nossas mãos é a energia cinética – e está mantendo um número cada vez maior de produtos. Chamados de produtos acionados pelo homem, esses itens podem ser convenientemente pequenos – por exemplo, o relógio digital Ventura que é acionado pelos movimentos de pulso de quem o usa[28] – e eles podem colocar o poder de carregar pequenos aparelhos elétricos literalmente em suas mãos. Há um gerador de mão, o Aladdin, que carrega telefones celulares, iPods e até um tocador de DVD portátil com apenas algumas pressões em uma barra.[29]

Pense na energia cinética produzida por bicicletas e esteiras! Essa ideia ocorreu ao dono de uma rede de academias em Hong Kong, que ligou esteiras e bicicletas para carregar as luzes de uma academia e estocar um pouco de energia extra nas baterias para ser usada depois.[30] O Human Power Trainer, feito pela Windstream Power LLC de North Ferrisburg, Vermont, atua com o mesmo conceito. Ela monta uma bicicleta em uma estrutura de modo que o pneu de trás possa girar uma turbina que gera energia, que é estocada em uma bateria de 12 volts que, por sua vez, aciona equipamentos domésticos. Uma pessoa comum pode produzir entre 100 e 150 watts ao longo de uma sessão média de exercícios[31] – o suficiente para acionar dois alto falantes, um mixer elétrico de mão e uma televisão pequena.

Automóveis Alternativos

Cuidado, Prius, da Toyota! Os híbridos elétricos movidos a gasolina estão chamando a atenção agora, mas os carros elétricos eco-inovadores com emissões diretas nulas estão circulando na cidade. A General Motors espera voltar a investir no Chevy Volt, um carro elétrico híbrido que será lançado nos Estados Unidos em 2011.[32] Com um alcance de 67,6 quilômetros com uma única carga, ele pode percorrer tranquilamente o trajeto médio de ida e volta ao trabalho, em geral de 56 quilômetros para a maioria dos norte-americanos, sem usar gasolina e sem emissões diretas. Diferentemente de um veículo híbrido convencional que tem um segundo motor movido a gasolina, o Volt tem um motor a gasolina que aciona um gerador elétrico que passa a ser usado quando a bateria está descarregada, assim o carro é acionado exclusivamente pelo motor elétrico[33]. Com um preço base de $41 mil, até $7,5 mil em créditos federais estão disponíveis para dar início ao mercado.

Os veículos movidos a células de combustíveis podem ultrapassar até mesmo os carros elétricos em longo prazo. Apesar de os carros elétricos serem de emissão nula, ainda são responsáveis pelas emissões atmosféricas indiretas garantidas por carvão e gás. No entanto, os carros que ficam sem células de combustível hidrogênio, como o FCX Clarity da Honda, têm potencial se o hidrogênio puder ser gerado sem emissões, uma vez que sua produção exige gás natural. (Experimentos em andamento na Islândia atualmente estão produzindo hidrogênio com o uso de energia térmica. As células de combustível hidrogênio aproveitam a energia criada por uma reação química entre o gás hidrogênio e o oxigênio encontrados no ar. O único subproduto dessa reação é a água pura.³⁴ A maior limitação na adoção abrangente de carros de células de combustíveis é a falta de estações de hidrogênio, por isso quando a Honda lançou o Clarity no final de 2007, só o fez no sul da Califórnia, onde também havia construído pontos de reabastecimento.³⁵ A Honda tem calculado o consumo de combustível do Clarity como sendo o equivalente de 114 quilômetros por galão em carros movidos a gasolina. Com uma capacidade de alcance de 456 quilômetros, 36 motoristas de teste dizem que o Clarity é delicioso de dirigir.³⁶

Abordando as Novas Regras

A atitude inovadora da Nissan em relação à sustentabilidade

A Nissan, o gigante japonês fabricante de carros, está adotando uma abordagem holística ao transporte sustentável que vai além de criar carros verdes. Desde 1992, eles estão em uma missão de criar uma "Simbiose de pessoas, veículos e natureza"³⁷ e têm integrado design inovador, administração de estilo de vida proativo e parcerias com o governo com o objetivo de minimizar o impacto ambiental causado pelas operações e seus veículos dentro do "potencial natural da Terra de absorver o impacto"³⁸. Ao tentar reduzir a emissão de carbono e outros, e promover os 3 Rs (reduzir, reutilizar e reciclar), a Nissan demonstra como a sustentabilidade pode guiar a motivação e o sucesso dos negócios.

O comprometimento da Nissan com a sustentabilidade começa a partir da produção de veículos que utilizem os combustíveis de modo mais eficiente por meio de motores limpos a diesel e mais catalisadores úteis. Além disso, as tentativas de levar veículos elétricos, de célula de combustível e híbridos para os motoristas do Japão, da América do Norte e da Europa estão compensando com o X-Trail FCV (veículo de célula de combustível), atualmente disponível no Japão para acordos limitados de venda, e mais veículos de células de combustíveis são esperados.[39]

No aspecto híbrido, em 2007 a Nissan apresentou o Altima Hybrid, seu primeiro carro híbrido, e o Infiniti Hybrid está em produção.[40] O LEAF, da Nissan, um carro médio apresentado em 2009, é tido como o primeiro carro elétrico e de emissão nula, a preço acessível. O LEAF, um acrônimo para Leading, Environmentally friendly, Affordable, Family Car [carro líder, que protege o meio ambiente, acessível e para a família] deve ser produzido no Japão, na Europa e nos Estados Unidos até 2012.[41] Diferentemente do Prius e do Volt, que unem baterias elétricas com motor a gasolina, mesmo que de maneira diferente, o Nissan LEAF só é acionado por sua bateria elétrica. Deixando claro que seu compromisso para produzir carros elétricos continuará ao longo do tempo, a empresa planeja construir uma fábrica no Tennessee que produzirá mais de 100 mil carros elétricos por ano até 2013.[42] Ajudando os motoristas a conservar o combustível, a Nissan oferece CARWINGS aos motoristas, um sistema de GPS que utiliza informação em tempo real do trânsito e dados de outros usuários do sistema para direcioná-los para caminhos mais rápidos.[43] A Nissan também permite que os membros do CARWINGS comparem o consumo de combustível com as práticas de direção de proteção ao meio ambiente. Para aumentar a eficiência do combustível em 10%, a Nissan criou o "Eco-Pedal System", que monitora a pressão no acelerador e alerta o motorista quando o carro está queimando mais combustível do que o necessário.[44]

Com o objetivo de alcançar um índice de recuperação de 100%, a Nissan está se concentrando nos três Rs – Reduzir, Reutilizar e Reciclar – ao longo do ciclo de vida do veículo. Isso inclui reduzir o uso de materiais prejudiciais, incorporando partes plásticas de carros usados, usando plásticos reciclados e biomateriais renováveis, e melhorando a reclaclacidabilidade e a eficiência do uso de peças. A Nissan certifica vendedores no Japão como Nissan Green Shops, que garantem veículos remanufaturados de maneira adequada.[45] De modo admirável, em 2006, todos os modelos Nissan no Japão e na Europa tiveram um índice de recuperação de 95% – quase dez anos à frente do índice de recuperação do Japão, o Automobile Recycling Law, como resultado das mudanças na produção e no desenvolvimento.[46]

O componente final da ação da Nissan com a sustentabilidade é formado por parcerias com grupos comunitários e agências do governo. Na China, a Nissan trabalha com a Beijing Transportation Information Center para aliviar o trânsito e melhorar os padrões do tráfego. Com a ajuda da fabricante francesa Renault, a Nissan estabeleceu parceria com os governos em Israel, Portugal, Yohoma (Japão), Tennessee e Oregon, procurando criar ambiente para a integração de veículos elétricos.[47]

4. Desenvolver Novos Modelos de Negócios

Os produtos e serviços eco-inovadores podem ser mais caros do que seus semelhantes convencionais, porque não têm economia de escala, ou porque usam novos materiais ou tecnologias. Mas esses novos modelos de negócios podem transformar os problemas para que possam ser aceitos, criando uma situação em que todos os envolvidos ganham: o negócio, o meio ambiente e os consumidores.

Os fabricantes e os varejistas vendem produtos aos consumidores, que costumam assumir a responsabilidade pela manutenção e pelo descarte. Um novo modelo alternativo de negócios interessante que atualmente está sendo procurado vende o serviço fornecido por um produto. Os consumidores satisfazem muitas de suas necessidades por meio de serviços: eles não se importam em lavar as roupas em uma lavanderia, alugar um carro ou emprestar DVDs da Netfix. Pare para analisar o seu produto com uma lente de serviço. Ele pode ser fornecido parcial ou totalmente por um produto? Se puder, pode ser que você tenha uma oportunidade de reduzir custos e impactos ambientais. Os consumidores podem aproveitar os benefícios que procuram sem a necessidade de manutenção e ter garantido acesso às mais novas e limpas tecnologias. Um modelo de negócio com base em serviços ajuda os negócios a assumir direitos pelos materiais e energia que são envolvidos nos produtos que eles criam e produzem. Isso ajuda a facilitar reparos, reutilização e reciclagem, sejam eles causados por economias de regulamentação ou de manufatura. Lembre-se de que há trocas envolvidas no fornecimento dos serviços, como a energia necessária para acionar um e-book, e, mais importante, para fornecer o conteúdo digital.

Os serviços podem ser fornecidos de muitas maneiras inovadoras: oferecer o produto como parte de um serviço; substituindo um produto, parcial ou completamente por um serviço eletrônico, ou substituindo conhecimento, total ou em parte, pelo produto físico.

Oferecer o Produto como Parte de um Serviço

Compartilhamento de Carros da Zipcar

Os consumidores não precisam ter um produto em si – só precisam acessar o serviço (a funcionalidade) que o produto representa. Muitos proprietários de carros não querem abrir mão da independência obtida por dirigirem seus próprios carros, mas gostariam de não ter o transtorno de estacionar e de fazer manutenção. Esses são os princípios que guiam a maior empresa de compartilhamento de veículos no mundo, a Zipcar, de Boston. Por apenas uma taxa anual de $50 e cerca de $8 por hora ou $77 por dia – com combustível e seguro incluídos – os membros podem pegar um carro, realizar suas tarefas e devolvê-lo a um estacionamento onde ele estará pronto para ser usado por outra pessoa (Já tentou encontrar um lugar para estacionar em Paris ou em Tóquio ao meio-dia?) sem ter de se preocupar com seguro, financiamento, manutenção ou combustível.[48]

Promovendo o compartilhamento de carros como uma maneira inteligente e moderna para evitar os transtornos de possuir um carro, a Zipcar, atendendo 13 cidades nos Estados Unidos, no Canadá e na Inglaterra, está se tornando o carro escolhido por moradores da cidade, alunos de faculdade e até frotas empresariais – e traz uma série de benefícios ambientais e sociais também. Projetando que eles tenham o potencial de reduzir o número de carros nas ruas em um milhão, a empresa diz que 65% dos usuários da Zipcar abrem mão de seus carros ou adiam a compra de um novo.[49] Além disso, a empresa estima que cada Zipcar substitua mais de 15 veículos privados.[50] Tirar os carros da rua pode significar menos poluição, menos dependência

148 As Novas Regras do Marketing Verde

por petróleo e mais espaços verdes em vez de estacionamentos. E os membros da Zipcar também economizam dinheiro. De acordo com a empresa, os usuários da Zipcar economizam mais de $500 por mês com o custo dos carros.[51] Em junho de 2009, a empresa tinha 300 mil usuários e 6.500 carros em áreas urbanas e *campi* de faculdades em 26 estados norte-americanos e províncias, e também em Londres, na Inglaterra.[52]

Compartilhamento de Bicicletas Vélib

Representando o equivalente ao compartilhamento de carros, em 2007, a cidade de Paris lançou o Vélib, um programa de aluguel de bicicletas. Com mais de 20 mil bicicletas em cerca de 1.500 quiosques de aluguel, as bicicletas são uma maneira conveniente, barata, moderna e livre de emissões para residentes locais e turistas se locomoverem pela cidade. As bicicletas podem ser alugadas por períodos pré-pagos, de 30 minutos a uma semana, e então devolvidas em qualquer quiosque. Apenas no primeiro ano, mais de 27,5 milhões de percursos – uma média de 120 mil trajetos por dia – reduziram de modo significativo o tráfego e rendeu à cidade mais de $31 milhões de lucro.[53] O conceito está sendo imitado no mundo todo, em Barcelona, na Cidade do México e em Londres.

Aluguel de Livros Acadêmicos

O compartilhamento de produtos não se limita ao transporte. A Cengage Learning, uma das maiores editoras de livros nos Estados Unidos o adotou, recentemente. Em agosto de 2009, a empresa anunciou que começaria a alugar livros para alunos de faculdade que, ao comprá-los, recebem acesso eletrônico imediato ao primeiro capítulo, e então recebem o livro físico por correio. Podem devolver ou vender o livro depois de um período de aluguel.[54] Por 40 a 70% do preço de venda, a opção de alugar livros promete acabar com a reclamação constante a respeito dos custos dos livros acadêmicos e é adequada para o meio ambiente. Pelo serviço iChapters, a Cengage faz parte de uma lista cada vez maior de empresas que vendem aos alunos capítulos de livros em PDF que podem ser baixados, para uma experiência de aprendizado digital completa.

Acordos de Compra de Energia

A energia solar é uma fonte de energia limpa atraente porque a luz do Sol é gratuita – mas o tempo que demora para repor o investimento inicial impede uma adoção mais ampla pelos proprietários de casas. É onde entra o acordo de compra de energia (PPA – Power Purchase Agreeement). Com um PPA, um provedor instala (as suas custas ou geralmente com a ajuda de um terceiro credor ou um banco) painéis solares em um telhado residencial ou comercial. O comprador, então, paga pela energia usada uma taxa fixa pelo período do contrato, geralmente num índice mais baixo do que a energia gerada pela empresa elétrica local.[55] Lançado pela SunEdison LLC, a SunPower e a REC Solas, da Califórnia,[56] o provedor PPA é responsável por manter o sistema de painel solar por um determinado período, geralmente 15 anos, quando o cliente pode comprar o sistema ou estender o PPA.

Substituir um Produto por um Serviço Eletrônico

A mídia digital representa uma oportunidade para a eco-inovação substituindo produtos materiais por serviços eletrônicos com desempenho superior. O correio terrestre rapidamente se transformou em e-mail, o conteúdo do jornal é fornecido em um BlackBerry ou iPhone, e um único CD-ROM pode arquivar 90 milhões de números de telefone.

O fornecimento do produto digital fica no centro do iPod da Apple, uma das mais bem-sucedidas apresentações de produtos, com sua base de dados do iTunes de seleções de músicas. Da mesma maneira, os membros da Netflix alugam filmes *on-line* e recebem DVDs pelo correio ou filmes diretamente via Internet. A Netflix, recentemente, completou o número de dez milhões de membros e entregou seu DVD de número dois bilhões.[57]

Serviço de Computador Zonbu

No futuro haverá um computador virtual? Se o computador Zonbu fizer como pretende, a compra de computadores tradicionais será substituída por um serviço de assinatura. Em 2007, a Zonbu, do Vale do Silício, começou a vender um PC simplificado por $99. Os usuários pagam uma assinatura mensal de cerca de $15 pelo acesso aos programas da Web, do sistema operacional, do espaço para arquivamento e da proteção antivírus da Zonbu.

150 As Novas Regras do Marketing Verde

Se você perder seu laptop ou se seu computador apresentar problemas, seus arquivos ficarão seguros nos servidores da Zonbu e acessíveis de outro computador Zonbu, eliminando os problemas de manutenção, como as atualizações de *software* e proteção de vírus e *spyware*.

O computador da Zonbu (a empresa lançou um laptop em 2008) foi o primeiro computador voltado ao consumidor para ganhar uma avaliação "Ouro" da Electronic Product Environment Assessment Tool (EPEAT), que avalia os produtos eletrônicos em relação a 51 critérios ambientais, no total.[58]

Substituir Conhecimento por um Produto Físico

Controle de Pestes

Por que fabricar um produto se seu cérebro pode fazer uma tarefa sem qualquer impacto ambiental? Veja o controle de pestes. A administração integrada de pestes (IPM) depende de informações a respeito de ciclos de vida de pestes e sua interação com o meio ambiente, minimizando o uso de pesticidas. As empresas de controle de pestes usam o IPM para controlar as populações de pestes e determinar se e quando a ação de controle de pestes deve ser tomada. Mais importante ainda, os programas de IPM ajudam a cuidar das plantações, dos gramados e das áreas cobertas para impedir que pestes se tornem uma ameaça. A IPM representa a oportunidade para um modelo de negócios de administração lucrativo, ao afastar as pestes em vez de simplesmente aplicar produtos químicos caros e tóxicos quando elas aparecerem.

5. Restaurar o Meio Ambiente

O eco-design e a eco-inovação compartilham um objetivo importante: minimizam o impacto ambiental. Mas e se pensarmos em novos produtos ou serviços com base em novos materiais e tecnologias revolucionárias que podem restaurar os sistemas sociais, ambientais e econômicos que nos mantêm?

Catalisador de Ozônio BASF PremAir

Pense em toda a poluição que um carro gera. A combustão da gasolina cria ozônio troposférico, o principal componente da fuligem que pode piorar problemas respiratórios, como a asma. E então temos o catalisador de ozônio BASF PremAir, que, quando preso ao radiador dos carros, converte em oxigênio até 80% do ozônio troposférico que entra em contato com o equipamento.[59] O catalisador PremAir purifica o ar enquanto você dirige e agora é padrão em diversos automóveis, incluindo todos os modelos Volvo e certos modelos da BMW, Mercedes, Mitsubishi e Hyundai.[60]

Purificador de Água PUR

O purificador de água da Procter & Gamble é uma pequena bolsa repleta de pó. Quando esse pó é despejado em água suja, que depois é filtrada, remove sujeira, cistos microbiais (como criptosporídio) e poluentes, e mata vírus e bactérias, tornando a água segura e limpa para consumo.[61] Distribuído por 70 organizações sem fins lucrativos em países em desenvolvimento, nos quais ajudou a purificar mais de 1,6 bilhões de galões de água, agora encontrou novo mercado nos Estados Unidos e no Canadá como ferramenta para acampamento ou emergência.

Nos capítulos 4 e 5, discutimos diversas estratégias para tornar mais sustentáveis os produtos já existentes (eco-design) e oferecemos diversas estratégias para a eco-inovação – desenvolvendo a próxima geração de produtos e serviços com a habilidade de reduzir o impacto ambiental. Com produtos mais sustentáveis e eco-inovadores por perto, os profissionais de marketing verde estão preparados para desenvolver marcas e anúncios de credibilidade, o assunto dos próximos dois capítulos.

Lista das *Novas Regras*

As seguintes perguntas podem ajudar você e sua equipe a descobrir oportunidades criativas de como inovar para a sustentabilidade.

❍ Para quais mudanças de política precisamos nos preparar? Podemos obter essas mudanças por meio da eco-inovação agora?

❍ Em que ponto da curva de inovação o nosso produto está? Quantas outras oportunidades temos para minimizar o impacto ambiental? Poderemos nos aprimorar, estrategicamente falando, para eco-inovar?

152 As Novas Regras do Marketing Verde

○ O que temos de fazer de diferente para oferece nosso produto com impactos significativamente reduzidos – ou mesmo zero –, tanto os ambientais quanto os materiais?

○ Quais oportunidades existem para que inovemos o sistema de nosso produto? Podemos mudar os elementos individuais dentro do sistema do produto?

○ De que maneira podemos nos envolver com outros fabricantes para reduzir os impactos ambientais do sistema no qual nosso produto existe? Quais oportunidades existem para colaborar com os fabricantes ou produtos complementares para desenvolvermos novos produtos ou mesmo sistemas?

○ De que maneira podemos desmaterializar nosso produto ou serviço? Usar tecnologia eletrônica? Criar um novo sistema?

○ Quais oportunidades existem para usarmos novos materiais, como bioplástico?

○ Quais maneiras existem para que tornemos a energia renovável mais acessível em preço e mais fácil de transportar?

○ Quais oportunidades existem para que usemos novos modelos para desenvolver o nosso negócio com menos impacto ambiental? Existe uma oportunidade para tornarmos nosso produto mais verde ou nosso serviço mais acessível em preço adotando um novo modelo de negócio?

○ Podemos oferecer serviços, como troca para nossos produtos? Ou podemos financiar nossos produtos para os clientes? Nossos produtos podem ser compartilhados?

○ Podemos substituir nossos produtos por alternativas melhores (conhecimento ou produtos mais direcionados)?

○ Qual modelo de negócio podemos adotar para tornar os serviços mais acessíveis para os clientes e mais lucrativos para o nosso negócio?

○ Há oportunidade de substituirmos nosso produto total ou em parte por um serviço eletrônico?

○ Podemos fornecer um serviço com base em conhecimento em vez de um produto físico?

○ Podemos oferecer produtos que podem restaurar o meio ambiente?

Comunicando a Sustentabilidade com Impacto

A Hertz prometeu menos espera nos aeroportos. A Tide garantiu tornar as roupas cada vez mais brancas. Os tênis Keds garantiram às crianças que elas correriam mais e pulariam mais alto. Mas com o ambientalismo sendo agora um valor societário essencial, os consumidores querem ver temas ecológicos em mensagens de marketing além das promessas tradicionais associadas com uma vida melhor. De fato, comunicar as iniciativas ambientais e sociais com autenticidade e impacto pode ajudar a estabelecer uma marca na vanguarda dessa importante tendência. De fato, essas mensagens podem até evitar ameaças legais e proteger a reputação corporativa de alguém quando as coisas vão mal. Além disso, com *stakeholders* de todos os tipos – funcionários, investidores e consumidores entre eles – querer saber a respeito da sustentabilidade de produtos em todas as fases de seus ciclos de vida, comunicar as vantagens ambientais e sociais de uma marca é essencial para direcionar bem um negócio.

Apesar de haver muitas oportunidades associadas com a comunicação das iniciativas de sustentabilidade, os desafios surgem – e não comunicar as iniciativas voltadas para os produtos e para as empresas, ambiental e socialmente, pode ser ainda mais arriscado. Os profissionais de marketing que não divulgam suas conquistas de sustentabilidade de suas marcas podem descobrir que os consumidores e outros *stakeholders* acreditam que seus produtos e processos não são ecologicamente seguros – e esta é uma maneira certa de ser substituído na prateleira por um concorrente com credenciais verdes reconhecidas! Se você não entrar no "radar" das pessoas preocupadas com a sustentabilidade, perderá as oportunidades de aumentar a participação de mercado entre um número cada vez maior de consumidores LOHAS influentes e afluentes. Aborde as novas regras do marketing verde e aproveite os benefícios, como maior equidade de marca e um elo emocional mais forte com os *stakeholders*.

Os Desafios de Comunicar a Sustentabilidade

Está convencido de que precisa comunicar as vantagens sustentáveis de sua marca? Não sabe por onde começar? Comece seu processo de planejamento levando os desafios em consideração. Para começar, os benefícios ambientais e sociais podem ser indiretos, intangíveis e até insignificantes para o consumidor. Os consumidores não conseguem ver as emissões sendo reduzidas na usina quando usam equipamentos que economizam energia. (Pode ser que eles não percebam imediatamente a economia na conta de energia). De modo parecido, não conseguem ver o aumento da capacidade no aterro quando reciclam e precisam saber que você paga um salário justo para seus empregados (e que seus fornecedores fazem a mesma coisa).

As trocas também são um ponto importante. Apesar de muitos produtos mais verdes serem mais baratos, eficientes ou mais convenientes, alguns são mais caros, mais ineficientes ou não tão atraentes. Papel higiênico feito com conteúdo 100% reciclado pode ser mais barato, mas não tão suave quanto seus semelhantes convencionais. Pegar o ônibus, o trem ou dar carona economiza dinheiro em vez de usar o carro sozinho e permite a uma pessoa ler, socializar-se, trabalhar ou cochilar, mas essas opções ecologicamente preferíveis não têm a flexibilidade exigida pelos pais que precisam pegar seus filhos, ou comprar comida ou passar pela lavanderia na volta do trabalho.

Realizar sua campanha voltada para a sustentabilidade diante das pessoas certas pode ser um desafio. Os mercados com base na demografia, como "proprietários vivendo no sudeste" ou "as mães de primeira viagem com dinheiro extra para gastar em alimentos orgânicos para o bebê" são fáceis de indicar na mídia convencional, mas alvos com base em estilo de vida, como os "amantes da vida selvagem" ou os "sensíveis aos produtos químicos", apesar de serem mais fáceis de alcançar hoje em dia graças à Internet, são difíceis de convencer.

O *branding* sustentável é complexo – e pode ser caro também. Além de enfatizar os benefícios ao consumidor, o foco histórico dos anúncios de marketing, os consumidores verdes de hoje devem aprender sobre os benefícios dos materiais novos, e geralmente sofisticados no aspecto tecnológico. Nomes de novas marcas devem ser estabelecidos. Títulos verdes corporativos devem ser mostrados. Tais tarefas podem estourar os orçamentos de empresas iniciantes com grandes ideias verdes. Compondo essas tarefas, os benefícios procurados mudam com o tempo. No passado, os alimentos orgânicos eram preferidos por causa de seus benefícios à saúde, mas hoje uma parcela maior escolhe esses alimentos por achar que o gosto é melhor. Alguns proprietários de casas instalam painéis solares no telhado para se manterem atualizados, assim como seus vizinhos loucos por tecnologia, enquanto outros simplesmente querem economizar dinheiro na conta de energia.

E também existe a questão da credibilidade. Como foi discutido no Capítulo 2, a indústria costuma ser menos confiável no que tange as questões ambientais do que outros grupos, como as ONGs e o governo. Como discutiremos ainda mais no Capítulo 7, existem diversos selos ecológicos, mas os produtos costumam ser caros e é difícil torná-los populares. Se fizer alguma coisa errada, um retrocesso pode ocorrer. Os anúncios verdes que não têm significado ou não são sinceros costumam receber críticas de ambientalistas, blogueiros e jornalistas, além disso os advogados dos Estados Unidos, da Federal Trade Commission (FTC) além de organizações semelhantes em diversos países, como Reino Unido (Advertising Standards Authority), Canadá (Advertising Standards Canada), e Austrália (Australian Competition and Consumer Commission) podem tomar atitudes contra os profissionais de marketing que fazem propagandas enganosas.

Por fim, os consumidores podem se cansar das mesmas mensagens e cenas verdes. Planetas, bebês e árvores costumam despertar desconfiança nos consumidores. A "fadiga verde" está aumentando graças à grande quantidade de campanhas verdes em vários meios. Quantas mensagens pedem a você que "faça isso pela mãe Terra" ou porque "seus filhos ficarão gratos"?

Fundamentos do Bom Marketing Verde, segundo Ottman

Os anúncios de marketing voltados para a sustentabilidade direcionados aos consumidores comuns funcionam melhor quando abordam as novas regras do marketing verde. Como foi citado no Capítulo 2, para comunicar os benefícios sustentáveis aos consumidores, é preciso ter em mente que as seguintes condições, essenciais a todos os esforços do marketing verde, devem ser satisfeitas:

- Os consumidores têm consciência e estão atendo às questões que seu produto ou serviço afirma abordar.

- O consumidor sente, como indivíduo ou em conjunto com outros, que ele pode fazer a diferença usando seu produto ou serviço. Isso é *"empowerment"* e é a essência do marketing verde. (Se os consumidores não acreditassem fazer diferença usar um produto verde, eles não o teriam comprado). Isso significa que os benefícios da sustentabilidade de um produto ou serviço podem ser claramente comunicados.

- O produto oferece benefícios tangíveis e diretos a um grande número de consumidores. Em outras palavras, o verde não pode ser o único (nem mesmo o principal) benefício que um produto sustentável oferece. Os consumidores ainda precisam ser atraídos por seu produto ou serviço pelos principais motivos que os levariam a comprar qualquer produto dessa categoria, por exemplo, para limpar as roupas ou utilizar o transporte de modo consciente.

- Seu produto tem um desempenho igualmente bom ou melhor do que a alternativa verde ou ainda comum de seus concorrentes. Os consumidores não abrirão mão da qualidade ou do desempenho para conseguir um produto mais verde. Dito de outra forma, os produtos verdes devem desempenhar a função pretendida primeiro; os benefícios ambientais são vistos como uma nova fonte de valor somado. Além disso, geralmente os benefícios ambientais melhoram a capacidade de um produto realizar sua função e, como foi descrito com mais detalhes no Capítulo 1, nesses casos, os profissionais de marketing podem esperar bons resultados. Por exemplo, os alimentos orgânicos têm um sabor melhor, e o novo celular movido a energia solar, da Samsung, oferece o importante benefício de estar sempre carregado.

- O preço mais alto precisa ser justificado com desempenho superior ou outro benefício. Lembre-se de que muitos consumidores não podem pagar a mais por muitos produtos, incluindo os verdes, principalmente em tempos de recessão.

- Os consumidores acreditam no que você diz. Isso quer dizer que suas afirmações a favor da sustentabilidade podem ser reforçadas por dados ou outra evidência. Os esforços relacionados aos produtos são reforçados pelo forte progresso corporativo.

- Seus produtos são acessíveis. Para ter sucesso com os consumidores comuns, os produtos verdes devem estar disponíveis em sites ou prateleiras em mercados populares e lojas conhecidas, ao lado dos produtos convencionais que eles pretendem substituir.

Fundamentos do bom marketing verde, segundo Ottman

Os consumidores devem:

- Estar cientes e atentos
- Sentir-se com o poder de agir
- Saber o que existe para eles
- Saber por que os produtos mais verdes são mais caros
- Acreditar em você
- Encontrar a sua marca com facilidade

Fonte: J. Ottman Consulting, Inc.

Quando tornar consciência desses fundamentos, tire vantagem das seguintes estratégias que estão sendo alimentadas pelos líderes de sustentabilidade do mundo para superar os desafios e aproveitar muitas oportunidades conseguidas com as comunicações verdes.

Seis Estratégias da Comunicação de Marketing Sustentável

Seis estratégias da comunicação de marketing sustentável

1. Conheça seu consumidor
2. Chame a atenção dos consumidores
3. Ensine e dê poder
4. Reforce o desempenho
5. Envolva a comunidade
6. Tenha credibilidade

Fonte: J. Ottman Consulting, Inc.

1. Conheça seu Consumidor

Ao escolher seu público-alvo, lembre-se da complexidade dos segmentos do consumidor verde. Como foi descrito com detalhes no Capítulo 2, os consumidores podem ser segmentados psicograficamente em 5 segmentos: LOHAS, Naturalities, Drifters, Conventionals e Unconcerneds. Eles podem ser segmentados ainda mais, de acordo com áreas especificas de interesse pessoais: conservação de recursos naturais, saúde, animais e vida ao ar livre.

Assim como existem muitos tipos diferentes de consumidores verdes, existem muitos tipos diferentes de questões ambientais e sociais. A Figura 1.1, no Capítulo 1, mostrou que a qualidade da água, o lixo tóxico e a poluição dos carros e caminhões lideram a lista, mas existem, literalmente, dezenas de outras questões que vão desde espécies em extinção à poluição sonora que preocupam até mesmo os consumidores mais comuns. Nem todos os consumidores têm consciência ou se preocupam com todos os assuntos relacionados à sustentabilidade, por isso é importante enfatizar quais consumidores serão mais receptivos a sua mensagem, e oferecer informação adicional necessária para inserir os consumidores no assunto.

Quem aprendeu pela dor a respeito da necessidade de medir a consciência dos consumidores a respeito de questões que afetaram seus negócios foi a Whirlpool. No início dos anos 1990, ela ganhou um prêmio "Golden Carrot" de $30 milhões que foi criado pelo U.S. Department of Energy e um consórcio de serviços elétricos por ser o primeiro a comercializar uma geladeira sem clorofluorcarbonos (CFC). Mas eles julgaram de modo errado a disposição dos consumidores de pagar 10% a mais por um produto com um benefício ambiental que muitos não apreciavam. É possível que muitos consumidores nem sequer soubessem o que era um CFC, sugerindo a necessidade de educar os consumidores como parte do plano de marketing da empresa; muitos exemplos assim serão dados ao longo deste capítulo.

2. Chame Atenção dos Consumidores

Muitos leitores começarão a ler este capítulo pensando que ele se concentra nas melhores maneiras de destacar os benefícios ecológicos dos produtos de uma marca. Tente imaginar os anúncios mostrando imagens de bebês, árvores e do planeta que estão associadas fortemente aos anúncios verdes. Apesar de o meio ambiente ser importante para os consumidores – de fato, essa pode ter sido a principal razão pela qual o produto foi criado – é possível que ele *não* seja o maior motivador para o consumidor comprar a sua marca e não a concorrente. Em outras palavras, não cometa o pecado mortal da miopia do marketing verde! Como os meus colegas Ed Stafford e Cathy do Huntsman Business School of Utah State e eu dizemos em nosso artigo "Avoiding Green Marketing Myopia"[1], lembre-se de que os consumidores compram produtos para satisfazer necessidades básicas – não por altruísmo. Quando entram em um mercado, eles satisfazem suas necessidades de consumo – procuram produtos que limpem suas roupas, alimentos com bom gosto ou artigos que os tornem mais atraentes aos outros; os benefícios ambientais e sociais podem ajudar a decidir compras, especialmente entre dois produtos comparáveis.

Lembre-se de que com as questões ambientais sendo uma ameaça à saúde acima de qualquer outra coisa, o principal motivo pelos quais os consumidores comprar produtos mais verdes não é para "salvar o planeta" (que não está em perigo de desaparecer de uma hora para outra), mas proteger a saúde deles. Então, é importante cuidar para que os benefícios sejam maiores em design e marketing. Concentre-se também nos benefícios ambientais à custa dos benefícios principais, como economizar dinheiro ou lavar as roupas – e espere a sua marca terminarem um cemitério verde, enterrada em boas intenções.

Enfatizar os principais motivos pelos quais os consumidores compram a sua marca pode aumentar o apelo de seus produtos e serviços sustentáveis além do nicho de consumidores preocupados com o meio ambiente e pode ajudar a superar o problema com o preço mais alto. Demonstre como os consumidores podem proteger a saúde, economizar ou manter a casa e a comunidade seguras e limpas. Mostre aos consumidores ocupados como alguns comportamentos voltados para o meio ambiente podem economizar tempo e esforço. Para ser claro, isso não quer dizer concentrar-se exclusivamente nesses benefícios – fazer isso seria voltar ao marketing convencional. Os consumidores de hoje querem conhecer toda a sua história, por isso concentre-se nos principais benefícios no contexto de uma história que incorpora o meio ambiente como um desejável benefício *extra*; melhor ainda, integre importantes benefícios ambientais e sociais dentro do posicionamento de mercado já estabelecido de sua marca, e terá conteúdo para uma venda significativa.

Seu produto verde promete proteger ou melhorar a saúde? Você tem sorte. As categorias mais alinhadas com a saúde estão crescendo depressa e tendem a comandar os maiores benefícios. Pense em uma propaganda impressa da AFM Safecoat com 16 latas de tinta; 15 das latas são pintadas de vermelho e têm etiquetas como "cores bonitas", "100% puras", "pouco cheiro" e "sustentável". No entanto, a última lata se destaca em verde e anuncia: "A única tinta recomendada pelos médicos". Enquanto o anúncio enfatiza os aspectos de saúde da nova tinta, o site se ocupa mais com o lado "eco" do Safecoat, dizendo ser "o maior fornecedor para tintas ambientalmente responsáveis, sustentáveis e não poluentes, além de oferecer produtos antimanchas, vernizes, seladores e outros produtos para construção verde"[2].

O seu produto chama a atenção dos preocupados com estilo? A American Apparel foi criada como uma marca orgulhosa por ser americana, ela oferece excelentes condições de trabalho a seus funcionários e utiliza algodão orgânico. Mas, em 2004, quando não conseguiu os números que o CEO Dov Charney estava esperando, ele passou a promover uma imagem sensual e jovem de sua empresa – com propagandas controversas mostrando moças com pouca roupa. Três anos depois, a empresa tem 180 lojas e lucros em torno de $360 milhões.[3] (Parece radical? Lembre-se de que a mesma roupa sustentavelmente responsável ainda está sendo vendida aos consumidores, juntamente com todos os mesmos benefícios para a sociedade e o meio ambiente; os consumidores normais simplesmente precisam escutar uma mensagem que enfatize o motivo principal pelo qual eles compram as roupas, para começo de conversa.)

Seu produto economiza o dinheiro dos consumidores? Os anúncios da lavadora a vapor HE5t da Kenmore afirmam que ela usa 77% menos água e 81% menos energia do que os modelos mais antigos. A frase principal atrai os leitores com uma promessa: "Você paga pela lavadora. Ela paga pela secadora".

Seu produto também é mais silencioso? Os comerciais de TV dos equipamentos da Bosch enfatizam a eficiência energética e o funcionamento sem barulho. Em um deles, um veado tranquilo passa pela floresta e por uma lavadora e secadora Nexxt da Bosch e não nota a presença da máquina. Um segundo anúncio mostra uma coruja passando por um horizonte laranja indo pousar na lavadora Evolution da Bosch. Os impactos ambientais positivos, que são indicados ao se colocar os produtos em uma floresta e usando animais, são terciários ao silêncio e à eficiência energética. Entre os prêmios recebidos, está o Excellence in ENERGY STAR Promotion Award entregue pelo EPA.

Quando o assunto é identificar os principais benefícios para o consumidor que suas alternativas mais verdes podem oferecer, muitas marcas, como aquelas descritas acima descobrem que os benefícios verdes de seus produtos se traduzem em algo direto e significativo para o cliente; a economia de energia traduzida em economia de dinheiro é um exemplo excelente. (Veja a Figura 1.5 no Capítulo 1 para ver mais exemplos). No entanto, quando os benefícios diretos ao consumidor não são aparentes, os profissionais de marketing verde podem usar o que meus colegas Stafford e Cathy Hartman chamaram de *bundling*, ou seja, aumentar os benefícios desejáveis.[4] Um excelente exemplo é a vencedora de prêmios Whirlpool Duet, uma máquina de lavar e secadora com abertura frontal que reúne um design atraente com economia de energia e de água. Podemos dizer que reunindo design com benefícios ambientais, a Whirlpool foi capaz de conseguir ir além.

Ao escolher a combinação de benefícios principais e sustentabilidade para comunicar, esforce-se para *integrar* os dois para garantir a relevância. Como exemplos, os benefícios mais verdes, como o conteúdo reciclado ou a economia de energia pode acrescentar mais vida à comunicação de marcas de valor, como ocorre com a Elmwood Park, a campanha Small Steps, da Marcal, de Nova Jersey, que mostra o uso de produtos domésticos de papel 100% reciclado como uma medida simples de proteger o meio ambiente e economizar dinheiro. Nosso cliente, o Lenzing, da Áustria, faz a fibra Modal de celulose reconstituída de árvores. Os tecidos resultantes são considerados "macios como um sonho" pela Eileen West que os usa em suas camisolas famosas pela qualidade e conforto. A Forbo promete que seu piso de linóleo Marmoleum "cria ambientes melhores". As sinergias podem aparecer de locais surpreendentes: a campanha de marketing mencionada mais adiante neste capítulo relaciona o detergente da Dawn com o papel da Dawn em atos para proteção de aves aquáticas é uma demonstração sutil da eficiência do produto.

Entender os interesses específicos de seus consumidores verdes também pode dar relevância às campanhas de marketing de outras maneiras. Por exemplo, segmentar os consumidores verdes pode melhorar o alvo e a relevância. Ao planejar a sua campanha de marketing verde, faça as seguintes perguntas a respeito de seus consumidores: de quais organizações ambientais nosso público-alvo participa? (o Appalachian Mountain Club ou o Greenpeace)? Que tipo de férias eles tiram (escolhem as montanhas ou a praia)? Quais revistas e sites sobre o meio ambiente eles leem ou visitam (*Sierra* ou *Animal Fair*)? Qual tipo de produtos eles compram? (produtos da moda ou lâmpadas para economia de energia)? Quais selos ecológicos eles procuram ("Energia renovável" ou "Não usamos animais para os testes")?

3. Ensine e Dê Poder aos Consumidores para que Eles Criem Soluções

Os consumidores querem unir as opções de compras com seus valores verdes, e eles aplaudem os esforços dos profissionais de marketing para oferecer a informação de que precisam para tomar decisões bem informadas e também para usar e descartar os produtos de modo responsável. Muito eficientes são as mensagens repletas de emoção que ajudam os consumidores a se sentirem no controle de suas vidas e do mundo. Para os anunciantes que se esforçam para ensinar, as mensagens educacionais representam oportunidades especiais para melhorar a intenção de compra, além de melhorar a imagem e a credibilidade. E demonstram como produtos e serviços ambientalmente superiores podem ajudar os consumidores a manter a saúde, preservar o meio ambiente para seus netos ou proteger a natureza para recreação e a vida selvagem. Torne os benefícios ambientais tangíveis por meio de ilustrações interessantes e estatísticas e faça os consumidores sentirem que suas escolhas fazem diferença.

Em 2008, a Pepsi lançou uma interessante campanha de reciclagem chamada "Have we met before?" [Já nos conhecemos?]. A campanha continha mensagens com fatos divertidos da National Recycling Coalition, que enfatizava a diferença que a reciclagem podia fazer, e incentivava os consumidores a tornarem a reciclagem parte de sua rotina diária. Dois fatos estavam diretamente relacionados com as latinhas: "A reciclagem poderia economizar 95% da energia usada para produzir esta lata" e "Uma pessoa comum tem a oportunidade de reciclar 25 mil latas de refrigerante ao longo de sua vida"[5].

Cada vez mais, os consumidores estão procurando informações na Internet. Há muitas oportunidade para oferecer mais informações no site de uma empresa ou de um terceiro, e também em locais convencionais, como em anúncios e embalagens. O site do Yahoo!, 18Seconds.org, que recebeu esse nome devido ao tempo que uma pessoa leva para trocar uma lâmpada, organiza os estados e as cidades de acordo com suas compras de CFL e descreve as CFLs e como faz diferença usá-las. Também inclui fatos a respeito de onde a energia vem e das oportunidades de espalhar as notícias mandando e-mails a amigos com o link para a página no site.[6]

Vislumbrando uma oportunidade de conseguir aumentar as vendas da indústria de água mineral, em 2007, a Brita e a Nalgene se uniram para promover seus filtros Brita e suas garrafas Nalgene como uma alternativa mais barata e sustentável à garrafa de água comum. Um site especial, o www.filterforgood.com, descreveu os custos de carbono para produzir e enviar água em garrafa e também o dano ambiental associado com o descarte de garrafas de plástico. Os visitantes foram convidados a "prometer" reduzir o uso de garrafas de água. Revelando o poder em números, um mapa de todas as promessas feitas pelo país mostrou quantas garrafas foram economizadas.[7] Atraindo a "geração *on-line*", o filterforgood.com também criou um aplicativo para o Facebook que permite que os usuários registrem quantas garrafas economizaram, dando chance de eles ganharem um prêmio de $100.[8]

Enfatize os Benefícios Ambientais

Torne suas conquistas ambientais tangíveis e atraentes a seu mercado-alvo citando as estatísticas e usando recursos numéricos que ajudem a enfatizar os possíveis benefícios. Para ajudá-los a alcançar a meta, em 2007, de vender 100 milhões de lâmpadas CFL, o Wal-Mart enfatizou o fato de que, trocando todas as lâmpadas de uma casa comum, os consumidores poderiam economizar até $350 por ano, e que as economias ambientais representavam o equivalente a tirar 700 carros da rua e conservar a energia necessária para manter 450 mil casas.

De modo parecido, a Netflix vende seu serviço de aluguel de DVD e vídeo pela conveniência que oferece; mas também, em seu site, afirma que se os membros da Netflix tivessem de dirigir até as lojas de aluguel de vídeos, consumiriam 800 mil galões de gasolina, emitindo mais de 2,2 milhões de tonelada de dióxido de carbono por ano.[9]

Abordando as Novas Regras

O HSBC causa grande mudança com sua campanha There's No Small Change

O HSBC, o gigante global com sede no Reino Unido tem muitos motivos para se preocupar com as mudanças climáticas, pois tem muitos prédios de escritórios e milhares de filiais no mundo todo que precisam ser iluminadas, aquecidas e ventiladas, além de cuidar de milhões de computadores, impressoras, copiadoras e outros equipamentos de escritório dentro de suas salas. Durante vinte anos, o banco fez investimentos constantes e importantes no que acabou se tornando um líder do setor, a Carbon Management Plan, que ajudou a empresa a obter a neutralidade do carbono em 2006. Em reconhecimento a seus esforços, o HSBC ganhou o prêmio Climate Protection Award, do EPA, em 2007; e por dois anos consecutivos, 2005 e 2006, o EPA e o U.S. Department of Energy nomearam a empresa de "Green Power Partner of the Year".

Com esse forte registro de conquista ambiental em um assunto relevante para muitos consumidores, pensávamos que o HSBC estivesse pronto para passar uma forte mensagem: com 120 milhões de consumidores no mundo todo, o banco poderia ultrapassar a força das pequenas mudanças. E assim nasceu a campanha de marketing There's No Small Change [Não há mudança pequena], na qual tivemos o prazer de trabalhar. Realizada durante a primavera de 2007, nos Estados Unidos, a campanha deu aos consumidores dicas para reduzir sua emissão de carbono por meio de várias medidas, incluindo os novos sistemas de emissão de boletos e cheques sem papel.

As propagandas de jornal, os pôsteres e outros produtos desenvolvidos por nosso parceiro, o escritório de Nova York da JWT, a agência mundial de propaganda com o apoio de minha empresa, a J. Ottman Consulting, sugeriu maneiras como os clientes poderiam fazer uma diferença em todos os aspectos de suas vidas, por exemplo, "obter força verde", "reduzir o desperdício de papel" e "economizar com inteligência". As calculadoras de carbono fornecidas por um grupo ambiental líder, usadas dentro das filiais e disponíveis em um website especial, ajudaram os clientes a medir os resultados de atitudes como desligar computadores e copiadoras à noite. Os novos consumidores receberam "Green Living Kits", um estojo com produtos bons para o meio ambiente, como lâmpadas CFLs, uma sacola de compras reutilizável, cupons para trocar por flores orgânicas e uma edição gratuita da revista *The Green Guide*. Para cada nova conta aberta, o HSBC doou dinheiro para instituições de caridade regionais, totalizando $1 milhão no fim da campanha. Para alcançar pequenos negócios e clientes "premier", o HSBC atuou com grupos regionais sem fins lucrativos para patrocinar seminários de negócios sustentáveis, além do evento do Dia da Terra no Central Park, em Nova York e um evento conhecido como Green Drinks.

Estabelecer parceria com organizações de boa reputação foi essencial para a estratégia de campanha. Nas palavras da JWT SVP, Linda Lewi, "Quando desenvolvemos a plataforma criativa para a campanha, sabíamos que a maneira com que a marca se comportasse na campanha seria tão importante quanto o que dissesse, e por isso desenvolvemos um plano de comunicação em parceria com organizações verdes para oferecer soluções sustentáveis diárias e estender os esforços ao nosso público-alvo".

Ao adotar uma estratégia com foco na educação de credibilidade e no *empowerment*, o HSBC deu energia a seus funcionários, ganhou credibilidade entre seu público de consumidores verdes e empresários e construiu seu negócio: o esforço conseguiu 46.420 novas contas (103% do objetivo e por apenas 65% do custo para conquistar um cliente comum) – com um aumento de 50% no pagamento de contas *on-line*, maior número de extratos nas contas pessoais e *premier*, com três vezes o índice padrão de compras cruzadas (as pessoas que abriram uma conta corrente e compraram outro produto).

Para finalizar, estou orgulhosa por dizer que a campanha ganhou um dos primeiros prêmios Green Effie da American Marketing Association, patrocinado pelo Discovery Communications' Planet Green network, honrando o marketing econômico eficiente.[10]

Seja Otimista

Em meio a uma crise de energia nacional, em 1978, o presidente dos Estados Unidos, Jimmy Carter, foi ao ar com um casaco de lã incentivando os norte-americanos a economizar energia descendo o termostato para 14°C. A campanha dele não deu certo por estar associada com a privação (e a indústria dos casacos de lã ainda está sofrendo seus efeitos). Como o movimento verde todo "de volta ao básico" do qual fez parte, a iniciativa bem intencionada do presidente Carter falhou porque simbolizava uma ameaça à mobilidade e à prosperidade que representam os Estados Unidos. Enquanto algumas pessoas podem questionar a ideia de que "maior é melhor" e de que "o crescimento é necessário para uma economia saudável", a maioria dos norte-americanos tem, historicamente, se mostrado disposta a reverter as lutas ganhas com esforço para um futuro caracterizado por "não ter".

Felizmente, essa mentalidade está mudando para melhor em alguns países ambientalmente desenvolvidos, como a Alemanha e a Escandinávia, e de modo ideal no resto do mundo. Mas, por enquanto, os negócios precisam atuar de acordo com uma das novas regras do marketing verde: os consumidores acreditam que a tecnologia, juntamente com os esforços cooperativos por parte de todos os elementos principais da sociedade, garantirá o futuro deles. Assim, solicite a participação dos consumidores por meio de ações simples e da esperança por um futuro melhor – não impondo medo, pessimismo ou culpa. Foi por isso que guiamos o nosso cliente, a Epson, para um posicionamento corporativo mais integrado, "Melhores produtos por um futuro melhor" e por que os comerciais de TV do cereal Kashi mostram pessoas saudáveis e terminam com a frase "Sete grãos numa missão".

A Londonderry, da Storyfield Farm de New Hampshire, fabricantes de iogurte orgânico e de outros produtos populares derivados do leite, consegue manter suas mensagens alegres e divertidas. Uma visita ao site deles, "Yogurt on a Mission", permite que os fãs conheçam Gary Hirshberg, o "CE-Yo", veja os vídeos divertidos a respeito de como eles fazem iogurte e aprenda sobre algumas das fazendas familiares específicas de onde eles retiram seus ingredientes.[11]

Por fim, oferecendo a oportunidade de "fazer um *test drive* de um carro e ter um estilo de vida menos caro", o serviço Zipcar de compartilhamento de veículos, em junho de 2009, anunciou a "Low-Car Diet", pedindo que os participantes de 13 cidades dos Estados Unidos, Canadá e Inglaterra, atendidas pela Zipcar trocassem seu carro por uma assinatura Zipcar, suplementada pelo uso de bicicletas, transporte público e caminhadas. Colocando o programa como um passo adiante no estilo de vida para os participantes, a empresa garantiu que o "programa de monitoramento dê aos residentes da cidade a oportunidade de sentir os benefícios econômicos, ambientais e de saúde de um estilo de vida com menos carros".[12]

Aborde os Motivos Secretos dos Consumidores

Tendo em vista as segmentações de consumidores verdes definidas no Capítulo 2, concentre-se em divulgar conceitos que sejam compreendidos pelos seus principais consumidores. Premie os consumidores que estão tentando fazer a diferença.

- Motive os consumidores LOHAS demonstrando como eles podem contribuir. Premie a iniciativa, a liderança e o compromisso com padrões elevados.

- Mostre aos Naturalites (e aos fanáticos por saúde) que os benefícios ambientais são coerentes com o estilo de vida saudável. Demonstre como os produtos naturais podem trazer benefícios a adultos, crianças e animais de estimação.
- Ofereça aos Drifters maneiras simples e até modernas que fazer uma contribuição que não custe muito. Peça a ajuda de celebridades e ajude-os a mostrar sua consciência ecológica em suas redes sociais.
- Incentive os Conventionals (e os Conservadores de Recursos) com motivos práticos e de custo adequado a escolherem produtos e comportamentos mais verdes. Enfatize as oportunidades de economizar dinheiro imediatamente ou ao longo da vida de um produto. Informe quanto tempo um produto pode durar ou que ele é reutilizável.
- Ajude os Unconcerneds a entender como todas as pessoas podem fazer a diferença. Enfatize que pequenas atitudes realizadas por muitas pessoas podem provocar grandes mudanças.

Abordando as Novas Regras

O Toyota Prius Atrai os Consumidores

Ao lançar seu Prius *sedan* em 2001, a Toyota não escolheu atingir primeiro os motoristas verdes que pensava, mas sim aqueles interessados em tecnologia, os consumidores ávidos. Com uma bela foto de um carro novo e brilhante estacionado em uma rua e ilustrado pela manchete "Já escutou o som de um farol?", uma imagem introdutória de uma propaganda enfatizou o silêncio do carro híbrido (e especificamente o fato de que o motor, em marcha elétrica, não parava nos semáforos como os motores a combustão). Colocando os principais benefícios na frente, o visual-chave foi uma foto grande e bonita do carro tendo ao fundo a Golden Gate Bridge, enquanto se explicava a revolucionária tecnologia. Os benefícios ambientais apareceram no lado superior direito do anúncio na forma de estatísticas interessantes a respeito da economia de combustível do carro e das emissões reduzidas. Para estabelecer os pontos positivos e fazer com que a propaganda caísse na boca dos consumidores, uma campanha suplementar, a "Genes", enfatizava o toque ambiental mais leve do carro e a aprovação de grupos ativistas.

Os preços altos da gasolina também deram início a uma nova campanha enfocando a eficiência de combustível do carro, sem dúvida atraindo os Conventionals, preocupados com preço. Hoje, seu estilo distinto torna o Prius um anúncio ambulante de seus valores ambientais e ideal avançado. Uma campanha bem-sucedida de relações públicas, incluindo aparições de celebridades no Oscar em um Prius, tornou o carro desejado – motivo pelo qual muitas pessoas o compram.

O potencial para motivar a grande massa de consumidores verdes passivos com a promessa de se encaixar não pode ser deixado de lado. É por isso que as questões ambientais são inerentemente sociais – seu carro a gasolina polui o meu mar; meu desperdício enche os aterros. Hoje, as pessoas "bacanas" se importam com o meio ambiente – os influentes consumidores LOHAS a quem muitas pessoas imitam e, claro, muitas celebridades de Hollywood. Intencionalmente, as pessoas bacanas sustentam a campanha mais famosa antilixo da história. Ela foi criada para o Texas Department of Transportation por nossos amigos na agência de propaganda GSD&M, de Austin, em 1985, e ainda está em funcionamento. Quando a pesquisa mostrou que os *slogans* como "Pitch interessante" não estava tendo efeito entre os desperdiçadores de sempre (homens entre 18 e 34 anos), a propaganda convocou celebridades populares do Texas, como Willie Nelson, Lance Armstrong e Jennifer Love Hewitt para demonstrar que não é "bacana" produzir muito lixo.[13] A campanha Don't Mess with Texas tem ajudado a reduzir a imensa quantidade de peças jogadas nas estradas do Texas.[14]

4. Garanta na Performance

As tecnologias ideais para o meio ambiente são novas aos consumidores e costumam parecer ou ter desempenho diferente das convencionais. Criadas na época em que as CFLs tilintavam e tinham um brilho verde e quando os sabões em pó naturais deixavam as roupas encardidas, como foi mostrado na Figura 2.11, os produtos mais verdes ainda são vistos, por algumas pessoas, como menos eficientes e sem os mesmos valores que as alternativas já conhecidas. E, apesar de essas percepções estarem caindo, ainda impedem alguns consumidores possíveis de comprar produtos mais verdes.[15] Retire essa possível barreira à compra abordando a questão de frente.

O detergente líquido da Seventh Generation (Veja o Capítulo 4), que compete com a Palmolive e com a Dawn – marcas com registros estabelecidos há muito tempo – enfatiza sua eficiência reforçando anúncios com um adorável bebê, enquanto a Reynolds Wrap aborda o mito de que o conteúdo reciclado é, de certa forma, inferior ao virgem, enfatizando que o papel alumínio 100% reciclado da marca é "100% reciclado, 100% Reynolds".[16]

5. Envolva a comunidade

Como foi dito anteriormente neste livro, os consumidores verdes costumam ser bem educados e fazem sua própria pesquisa. Como foi demonstrado na Figura 6.2 a seguir, eles costumam confiar cada vez mais nas recomendações de amigos e familiares ainda mais do que em formas tradicionais de mídia paga; por isso, houve o aumento astronômico em importância das mídias sociais nos últimos anos.

Isso sugere que em vez de simplesmente comunicar os benefícios verdes de maneira tradicional, aproveite a oportunidade para usar a sua marca para educar e envolver seus consumidores em assuntos com os quais eles se preocupam: os valores que guiam as nossas vidas e compras. Reconheça o novo papel do consumidor como cocriador de sua marca e estimule a conversa. Ofereça informações sérias e aprofundadas e conte histórias importantes que se estendam além dos anúncios pagos na televisão e na mídia impressa e em mensagens de embalagens, para incluir patrocínios e informações sobre sites e mídia social. Dada a propensão dos consumidores em confiar em outras pessoas como eles, informe-os a respeito dos detalhes dos produtos e da embalagem e ofereça suporte e conteúdo para tornar mais fácil para eles compartilhar informações a respeito de sua marca uns com os outros.

Figura 6.2 **Em quem os consumidores confiam quando buscam informações?**

Confiança dos consumidores na propaganda por canal (confiam um pouco/totalmente), 2009 em comparação a 2007

	2009 %	2007-09 % de mudança
Recomendações de pessoas que conheço	90	+15%
Sites de marcas	70	+17%
Opiniões dos consumidores postadas *on-line*	70	+15%
Patrocínios de marcas	63	+29%
Anúncios na TV	61	+9%
Anúncios no jornal	61	−3%
Anúncios em revistas	59	+5%
Anúncios no rádio	55	+2%
e-mails que recebo	55	+12%
Anúncios antes de filmes	52	+37%
Anúncios em resultados de pesquisa na Internet	41	+21%
Banners *on-line*	33	+27%
Anúncios em mensagens de celular	24	+33%

Fonte: The Nielsen Company, *Trust in Advertising*, outubro de 2009. Reimpresso com permissão.

Envolva-se no Marketing de Causa

Mais conhecidos como esforços promocionais nos quais os negócios doam uma parte dos lucros dos produtos a grupos populares sem fins lucrativos, o marketing de causa pode melhorar a imagem da marca e aumentar as vendas, e permite que os negócios tenham um impacto que vai além daquele associado apenas com assinar um cheque com impostos deduzidos (filantropia). Com o marketing de causa, todos ganham. Os consumidores podem contribuir com suas causas favoritas de sustentabilidade com pouco ou nenhum gasto extra; os parceiros sem fins lucrativos aproveitam a publicidade e o potencial para atrair novos membros e apoio financeiro; e os patrocina-

172 As Novas Regras do Marketing Verde

dores de negócios e seus varejistas e distribuidores podem se distinguir em um mercado saturado, melhorar a equidade de marca e aumentar as vendas.

Não mais visto como uma tática promocional de curto prazo, todos os sinais apontam para o marketing de causa como uma prática de negócios estratégica de longo prazo abordada com maior sofisticação por organizações pequenas ou grandes. O International Events Group (IEG) Sponsorship Report prevê que o marketing de causa aumentará em 6,1% de $1,51 bilhões em 2009 para $1,61 bilhões em 2010.[17]

Confirmando que o marketing de causa representa o poder de construir um negócio, o Cone Cause Evolution Study de 2008 revelou índices recordes de reação positiva dos consumidores a campanhas de causa, especificamente:

- 85% dos norte-americanos dizem ter uma imagem mais positiva de um produto ou empresa quando estes apoiam uma causa com as quais se importam (continua sem mudança desde 1993).

- 85% sentem que é aceitável para as empresas envolver uma causa em seu marketing (em comparação com 66% em 1993).

- 79% dizem que tendem a mudar de uma marca para outra, quando os preços e a qualidade são iguais, se a outra marca estiver associada a uma boa causa (comparada com 66%, em 1993).

- 38% compraram produtos de marcas associadas a uma causa nos últimos 12 meses (em comparação com 20% em 1993).[18]

As campanhas de marketing de causa realizadas por organizações do mundo todo têm uma série de assuntos ambientais e sociais. Um dos mais visíveis na história do marketing de causa é o Project (RED). Lançado em 2006 por Bono Vox, do grupo de rock U2, e Bobby Shriver da Debt, AIDS, Trade in Africa (DATA), parceiros múltiplos, incluindo American Express, Apple, Converse, Dell, Gap, Giorgio Armani, Hallmark, Motorola, e Starbucks levantam dinheiro para o Global Fund to Fight AIDS, Tuberculosis and Malaria (the Global Fund) doando 50% dos lucros de seus produtos com o selo (RED).

Os fundos gerados até hoje ofereceram terapia antirretroviral a mais de 835 mil pessoas com AIDS, cuidados básicos a 3,2 milhões de órfãos aidéticos e também apoiaram programas que impediram a morte de 3,5 milhões de pessoas.[19]

A KEA estabeleceu parceria com a UNICEF em uma promoção para beneficiar as crianças de Angola e de Uganda. A empresa concordou em doar $2,00 de cada unidade vendida de seu ursinho BRUM para o programa "Children's Right to Play" da UNICEF, que usa jogos de interação para educar e capacitar crianças necessitadas. A promoção se chamou "A Bear that Gives" e, entre 2003 e 2005, levantou $2,2 milhões, que foram destinados para a educação de 80 mil crianças de rua de Angola e 55 mil crianças em campos de desalojados em Uganda, colocou 38 mil crianças deste país em creches e contribuiu para 200 delas encontrarem suas famílias.[20]

Existem oportunidades para que até pequenas empresas se envolvam de modo significativo no marketing de causa. Vejamos o exemplo da 1% for the Planet, fundada pelo ambientalista Yvon Chouinard (fundador da Patagonia) e por Craig Mathews (dono da Blue Ribbon Flies) para conectar negócios e seus consumidores com filantropia. Atualmente, mais de 700 empresas ambientalmente conscientes contribuem 1% de suas vendas a uma lista cada vez maior de mais de 1.500 grupos ambientais pelo mundo.[21] Organizações participantes, desde a Galaxy Granola na Califórnia e nosso cliente, Modo, Fabricantes dos óculos E(arth) C(onscious) O(ptics) em Nova York, até a Natural Technology na França, se beneficiam do marketing que surge por estarem relacionadas no site da 1% for the Planet e a habilidade de diferenciar seus negócios de seus concorrentes usando o logo da 1% for the Planet em suas embalagens e promoções.

Por fim, e talvez com implicações mais importantes para o futuro, algumas marcas têm adotado as causas como algo essencial em seus negócios. Veja a marca enormemente bem-sucedida Newman's Own, que pela Newman's Own Foundation doa parte dos lucros para causas de caridade, e a campanha TOMS One for One que dá um par de sapatos a uma criança necessitada a cada par de alpargatas de solado de borracha que vende.

Antes de embarcar em seu esforço de marketing de causa, saiba que existem algumas regras pelo caminho. Os consumidores se sentem atraídos por causas que os colocam no controle e prestam atenção a uma campanha mal orientada. Há muitos exemplos. Alguns membros do Sierra Club causaram impacto – e alguns até chegaram a deixar a organização – em reação às notícias de que o Sierra Club estava recebendo uma quantia não revelada de dinheiro pelo que eles viam como um apoio aos produtos de limpeza da Green Works da Clorox. As objeções dos membros do Sierra Club a essa parceria incluíam o fato de que a Clorox fabricava cloro e que 98% dos

174 As Novas Regras do Marketing Verde

produtos da Clorox ainda eram feitos com produtos químicos sintéticos. (A Green Works apenas respondia por 2% das vendas totais da Clorox)[22] As duas organizações agora revelam a compensação final que o Sierra Club recebe por seu apoio e, provavelmente, agiu mais pela legislação pendente do que o Sierra Club, pois no final de 2009, a Clorox anunciou que não mais fabricaria alvejantes com cloro e hidróxido de sódio.[23]

Refletindo sua habilidade de limpar de modo delicado, porém eficaz para limpar os animais afetados pelos derramamentos de óleo. O sabão líquido Dawn está realizando uma campanha de causa com o Marine Mammal Center e o International Bird Rescue Research Center na qual vai doar $1 por cada embalagem marcada comprada pelos consumidores. No entanto, alguns visitantes de sua página do Facebook e dos comerciais no YouTube protestaram por essa promoção, dizendo que a Procter & Gamble testa seus produtos em animais, forçando a empresa a defender suas políticas e lembrar os opositores de que têm investido mais de $250 milhões desenvolvendo métodos alternativos de testes.[24]

Por fim, a Ethos Water, de copropriedade da Pepsi e da Starbucks, doa 5 centavos de dólar por cada unidade vendida para ajudar as pessoas em regiões subdesenvolvidas a conseguir água limpa. Ambientalistas questionam essa abordagem, o que quer dizer que água limpa e potável deve ser um direito humano e não uma maneira de conseguiu lucros. Também defendem que promover a água em garrafa pelos benefícios ambientais não é coerente com os impactos relacionados da reciclagem do plástico, da energia gasta para transportar o produto e possível escassez das fontes de água natural.[25]

Para colher os benefícios demonstrados por mais de 15 anos de marketing de causa, siga estas orientações para o sucesso sugeridas pelo Cause Evolution Study da Cone, de 2008[26]:

- Permita que os consumidores escolham sua própria causa.

- Garanta que a causa escolhida seja relevante pessoalmente para os consumidores e faz sentido estratégico para o seu negócio.

- Escolha uma organização de confiança e sem fins lucrativos.

- Ofereça incentivos práticos para envolvê-los, como economia de tempo ou dinheiro.

- Ofereça incentivos emocionais para envolvê-los, fazendo com que se sintam bem ou aliviados da culpa pelas compras.

Seja Criativo

Muitos líderes de marca sustentáveis, incluindo a Whole Foods, Seventh Generation, Ben & Jerry's Homemade, Burt's Beese, e Stonyfield Farm, formaram sua reputação e continuam a estabelecer boa fé por meio de esforços geradores de publicidade criativa, como patrocinar causas interessantes, adotar caridades regionais, proteger pequenos latifundiários ou doar lucros para causas.

Com a popularidade do verde, as empresas maiores estão começando a se tornar criativas também. Em 2007, a Philips, por exemplo, entrou em parceria com a Alliance for Climate Protection e os shows Live Earth para promover o uso de iluminação eficiente por meio da campanha A Simple Switch para combater a mudança climática.[27] Empresas como a Sprint e a marca Odwalla, da Coca-Cola estão patrocinando placas e mapas de trilhas de parques e *resorts* de esqui, uma maneira muito direta de chegar aos entusiastas do ar livre.[28]

Sem as propagandas da mídia paga, como a Stonyfield Farm se tornou a terceira maior marca de iogurte dos Estados Unidos? A resposta é seu marketing não convencional, a maior parte dele na embalagem – que o fundador Gary Hirshberg chama de "minioutdoor". A embalagem e as tampas destacam as práticas ambientais e as causas ambientais e sociais que a Stonyfield Farm apoia, além de fatos que educam os consumidores a respeito dos benefícios de se adotar um estilo de vida sustentável. A empresa até oferece um programa "Have-a-Cow", no qual os consumidores patrocinam uma vaca leiteira, aproximando-se dos fazendeiros, oferecendo o iogurte que comem.[29]

Com quase 2 bilhões de usuários no mundo todo – mais de um quarto da população – a Internet representa uma maneira eficiente de chegar aos consumidores com informações e conselhos a respeito de produtos mais verdes.[30] Gastos *on-line* e a propaganda móvel, incluindo pesquisa e orientação, classificados *on-line* e anúncios gerados por consumidores, chegaram a quase $30 milhões em 2007, até 29% em relação ao ano anterior.[31]

Muitos grupos ambientais criaram sites para compartilhar informações a respeito de problemas ambientais do mundo, e agora algumas empresas têm pequenos sites nos quais os consumidores podem fazer compras e obter informações a respeito de produtos, empresas e comportamento sustentável. Alguns bons exemplos são a GreenHome.com e Buygreen.com.

Os líderes de sustentabilidade agora estão criando maneiras criativas de se aproximarem de seus consumidores e gerar um falatório positivo a respeito de suas marcas por meio de blogues e redes sociais. Por exemplo, Yahoo, GM, Crest e Eden Organic são apenas algumas das marcas que anunciam aos sete milhões de membros do site da rede social Care2.com. A marca de roupas No Sweat Apparel usa blogues *on-line* e patrocínios para criar comentários a respeito de suas peças, que são produzidas em fábricas por todo o mundo, nas quais todos os funcionários recebem um salário justo.[32] Os consumidores sabem que os produtos e serviços mais verdes ainda são relativamente raros, e quando eles encontram uma nova marca interessante que seja sustentável, podem contar a seus amigos sobre isso, às vezes com o apoio da própria marca. Os consumidores podem se tornar amigos da Method no Facebook para saber mais sobre novas ofertas de produto e podem deixar relatos positivos a milhares de fãs da página "Seventh Generation Nation" do Facebook podem deixar comentários e até sugerir novas ideias de produtos.

Dos 110 milhões de norte-americanos (compondo 60% dos usuários da Internet), que utilizam sites de redes sociais, como Facebook, Twitter, LinkedIn ou MySpace, 52% se tornaram "amigos" ou fã de pelo menos uma marca em uma rede social.[33] Um dos maiores usuários de tais sites é o Whole Foods Market. Para ajudar a celebrar seu milionésimo seguidor no Twitter, a Whole Foods realizou um concurso que pedia aos seguidores para tuitar suas ideias a respeito dos alimentos em cinco palavras. Os dez tuítes mais criativos receberam um cartão-presente de $50 Whole Foods.[34]

Para envolver seus seguidores no Facebook, ao longo do verão de 2010, a Whole Foods os convidou para contar algumas de suas mais fortes lembranças do tempo de escola, pediu que eles narrassem como era o clima onde viviam e quais eram as suas receitas favoritas para festas.[35] Esta na hora de eles planejarem sua próxima milionésima adição; em agosto de 2010, a Whole Foods tinha 1.792.404 de seguidores no Twitter, além de 310.638 de fãs no Facebook.

A internet e as mídias sociais estão criando oportunidades de novas e interessantes formas de marketing experimental, incluindo vídeos do YouTube, substituição de produtos e anúncios móveis, aplicativos para iPhone e BlackBerry e lojas *pop-up* – todos apenas começando a ser explorados.

Abordando as Novas Regras

O Tide Coldwater aquece os consumidores com site interessante

O Tide Coldwater, da Procter & Gamble, é especialmente feito para limpar as roupas com água fria de forma tão eficiente como o sabão mais vendido faz com água quente. O Tide Coldwater é uma fórmula concentrada (reduzindo a embalagem e também os custos de energia) que pode fazer os consumidores economizarem até 80% da energia que usariam por lavagem em um ciclo tradicional de água fria ou quente de uma máquina que funcione com água quente.

Para acabar com as dúvidas, a P&G garante aos consumidores que a fórmula para água fria funciona tão bem quanto os produtos tradicionais para lavar roupas. Com uma fórmula padrão e de alta eficiência (HE), também funciona com todas as máquinas de lavar e aditivos tradicionais, como alvejantes e amaciantes.

Em 2005, a P&G lançou o Tide Coldwater anunciando o desafio Tide Coldwater. Em um site especial (www.coldwaterchallenge.com), esse desafio interativo incentivou os consumidores a testarem o produto e compartilharem os resultados com os amigos. Um mapa interativo mostrava os participantes nos Estados Unidos – mostrando mais de 1 milhão de participantes de uma só vez. Outras áreas do site mostravam a eficácia do produto e associavam a marca com produtos e programas de alta eficiência.

A Alliance to Save Energy, um grupo independente sem fins lucrativos, formou uma parceria com a Tide Coldwater – na qual enviaram promoções por e-mail e ofereceram dicas no site para os consumidores economizarem energia e dinheiro. Um marketing direto logo cedo e esforços subsequentes, incluindo amostras grátis e oportunidades de informar os amigos por e-mail, prepararam o terreno para um lançamento bem-sucedido.

Posteriormente, uma campanha da Tide Coldwater simulou quanta energia os consumidores conseguem economizar não fazendo lavagens quentes ou mornas. Por exemplo, um anúncio de TV promete "Se todo mundo lavasse suas roupas com água fria, poderíamos economizar energia suficiente para manter as casas com energia em mil cidades", enquanto outra propagando afirma "É possível economizar até $10 em sua conta de luz em cada garrafa de 3 litros"[36].

Este capítulo discutiu cinco ou seis estratégias para comunicações bem-sucedidas de marcas sustentáveis: entre elas, dar poder para que os consumidores trabalhem questões importantes para eles, integrando mensagens de sustentabilidade com grandes benefícios, e enfatizando o valor inerente das ofertas sustentáveis de uma marca. Nenhum desses objetivos pode ser alcançado se os profissionais de marketing verde não satisfizerem a sexta estratégia de comunicação sustentável. "Transmita credibilidade" – assunto importante ao qual dedico o próximo capítulo.

Lista das *Novas Regras*

Faça as seguintes perguntas para encontrar oportunidades de causar impacto em seu *branding* e comunicações sustentáveis.

- ○ Seu consumidor conhece e se importa com as questões ambientais que nossa marca tenta resolver? Como sabemos? Que tipo de esclarecimento pode ser necessário?

- ○ Quem é o principal comprador da marca? O principal influenciador? Qual papel as crianças desempenham em influenciar a compra da marca orientada para proteger o meio ambiente?

- ○ Sua tecnologia e matérias-primas são legítimas?

- Estamos pedindo ao nosso cliente que troque qualidade, desempenho e conveniência estética? Estamos enfatizando os principais benefícios que a marca pode oferecer?

- Estamos aproveitando as oportunidades para mirar determinados segmentos de consumidores verdes com mensagens customizadas?

- Nossos consumidores sabem o que é melhor para eles (*versus* apenas para o meio ambiente, a sociedade ou a economia)? Nossa marca oferece benefícios diretos e tangíveis a nossos consumidores? Por exemplo, eles ajudam os consumidores a economizar dinheiro? Tempo? A proteger a saúde? Melhorar a autoestima e o *status*?

- Estamos moldando nossas mensagens ao estilo de vida e aos interesses verdes específicos de nossos consumidores?

- Os benefícios relacionados ao meio ambiente que nossa marca oferece são bem compreendidos pelos consumidores? Que tipo de educação precisamos oferecer? A quais consumidores os benefícios voltados para o meio ambiente de nossa marca mais atrairiam?

- De que maneira nossa marca e anúncios de marketing ajudam os consumidores a resolver problemas ambientais? Economiza energia? Conserva água? Como? Quanto?

- De que maneira podemos enfatizar os benefícios sustentáveis de nossos produtos para tornar a mensagem mais atingível e atraente?

- Nossas mensagens são positivas e usam cenas positivas? Nós nos mantemos longe de imagens já desgastadas e de jargões?

- Existem oportunidades de envolver os consumidores por meio de uma campanha de marketing de causa?

- Precisamos reafirmar aos consumidores a respeito da qualidade ou desempenho ou nosso produto ou serviço?

- De que maneira podemos gerar um boca a boca entre os consumidores influentes?

- Que mídias representam o melhor meio entre nossos consumidores e a nossa mensagem?

- Como podemos usar os veículos interativos da web ou das mídias sociais, como um site customizado, Facebook ou Twitter? Como podemos usar YouTube, anúncios móveis, aplicativos para iPhone e BlackBerry e outros tipos de marketing experimental?

Estabelecendo a Credibilidade e Evitando o *Greenwashing*

Em 1990, Sam Walton prometeu que o Wal-Mart recompensaria a Procter & Gambles e a Unilever com atrativos especiais, os *sheld talkers* (as propagandas que aparecem ao lado de um determinado produto), se eles pudessem provar que seus produtos tinham características mais verdes. As duas empresas responderam, e logo as prateleiras do Wal-Mart estavam repletas de produtos com todos os tipos de mensagem a respeito de características mais verdes, incluindo algumas duvidosas, como toalhas de papel, cujo rolo de papelão era feito com material reciclado, mas não as toalhas de papel. Não é de surpreender que os ativistas ambientais chamassem o esforço de mentira, por dois motivos: as características sempre existiram, por isso não estava sendo realizado nenhum progresso real, e a presença de uma característica verde não necessariamente significa que um produto é verde, de modo geral. Esse exemplo e outros como ele representaram o primeiro, provavelmente não intencional, caso de *greenwashing*, estabelecendo o cenário para novos padrões de propaganda enraizados em progressos e transparências reais.

Greenwashing!

Com a popularização da consciência verde agora, muitas empresas atendem a consumidores que há pouco se tornaram conscientes da importância de proteger o ambiente, lançando produtos e serviços que podem, intencionalmente ou não, não ser exatamente o que dizem. O termo para essa atividade é *greenwashing*. Cunhado pelo ambientalista Jay Westerveld para criticar hotéis que incentivavam os hóspedes a reutilizar toalhas por motivos ambientais, mas que faziam pouco ou nenhum esforço para reciclar o lixo, as acusações de *greenwashing* podem surgir de muitas fontes, incluindo reguladores, ambientalistas, a imprensa, consumidores, concorrentes e a comunidade científica, e podem ser sérias, duradouras e muito prejudiciais à reputação de uma marca. De olho nas manchetes e na criação de um exemplo a ser seguido por todos, os defensores costumam mirar as empresas mais confiáveis e conhecidas. A BP, por exemplo, recebeu muitas críticas por lançar sua campanha Beyond Petroleum, de 200 milhões de dólares ostentando seu compromisso com a energia renovável que, na verdade, representava menos de 1% do total das vendas no mundo; e essa crítica só aumentou com o derramamento de óleo no Golfo do México, estimado em 18 vezes o tamanho do épico derramamento de óleo da Exxon em Prince William Sound, na primavera de 1989.

A fama de Bill Ford Jr. – e da empresa de sua família – decaiu quando, como presidente da Ford Motor Company, ele não conseguiu cumprir a promessa de fabricar carros mais sustentáveis e levar ao sucesso uma campanha chamada Heroes of the Planet. Mas com a empresa enfrentando tempos difíceis, ele se submeteu à vontade coletiva de parceiros seniores que defendiam continuar a produzir as SUVs a gasolina – e acabou pagando caro pelas consequências.[1] No verão de 2008, a General Motors recebeu críticas de blogueiros defensores por anunciar seus planos de "reinventar o carro" enquanto continuava a fabricar o que talvez seja o carro mais agressivo ao meio ambiente – o Hummer, que logo morreria.[2] Enquanto isso, sua divisão da Chevrolet aumentou o problema divulgando anúncios sobre um carro elétrico, o Volt, que ainda não estava em produção.

Greenwashers, os consumidores estão de olho! De acordo com uma pesquisa realizada em dezembro de 2007 na UN Climate Change Conference, nove de cada dez defensores e participantes concordam com a frase "Algumas empresas estão divulgando produtos e serviços com afirmações que seriam consideradas falsas, sem base e/ou antiéticas".[3] Em janeiro de 2007, a British Telecom descobriu que apenas 3% dos consumidores ingleses acham que as empresas são honestas a respeito de suas atitudes para se tornarem responsáveis ambiental ou socialmente, e 33% acreditam que os negócios exageram o que estão fazendo quando o assunto é sustentabilidade.[4]

Os riscos dessas distorções são altos. Usando recursos e energia e não deixando de criar resíduos, nenhuma empresa e nenhum produto pode ser 100% verde. Os esforços corporativos com as aspirações de ser verde costumam atrair os críticos. E as imagens de animais fofos e peludos que tocam os consumidores emocionalmente também incitam à ira de ambientalistas. Entre outras questões, como credibilidade, os consumidores percebem que não é do interesse da indústria promover a conservação ambiental. Afinal, a indústria tem um histórico de poluição sem controle, e os consumidores acreditam que a obsolescência planejada foi inventada pela indústria para garantir o seu crescimento; na verdade, muitas pessoas acusam os profissionais de marketing de criarem anúncios que fazem os consumidores comprar aquilo de que não precisam.

Os defensores afirmam que os grandes poluidores não têm direito de defender iniciativas verdes, por mais admiráveis que sejam. Por isso, se você é da indústria de petróleo, de produtos químicos ou de mineração, suas tentativas verdes, por mais que pareçam sinceras, podem não ser vistas assim. Pense no caso do novo estádio de beisebol do Washington Nationals. Ele foi aberto para a temporada de 2008 como o maior estádio de beisebol a ganhar a certificação LEED do U.S. Green Building Council. Foi uma ótima notícia para a equipe e seus fãs, mas não tanto para a patrocinadora, a ExxonMobil. Quando os ambientalistas logo foram contra os anúncios da Exxon pelo parque, Alan Jeffers, um porta-voz da Exxon, lamentou: "Somos criticados por não fazermos o bastante pelo meio ambiente, e então somos criticados quando fazemos uma campanha ambiental".[5]

Para complicar as coisas, não existem orientações claras para a campanha ambiental. A U.S. Federal Trade Commission (FTC) criou as "Orientações Verdes", em 1992; no entanto, desde que foram atualizadas pela última vez em 1996, novas expressões, como "emissão de carbono" e "nível de carbono", além de "sustentável" entraram em cena. Essas orientações estão em processo de serem atualizadas; enquanto isso, sem orientações novas, até mesmo os mais bem intencionados profissionais de marketing verde arriscam fazer afirmações errôneas nessas e em outras áreas não abordadas.

Um alerta. A Internet tem elevado o padrão de conduta mais do que nunca. De acordo com as novas regras, a atenção da imprensa ao *greenwashing* cresceu com o lançamento de sites de notícias ambientais como o Grist.org, Treehugger.com e Worldchanging.com – e com milhares de blogueiros e tuiteiros verdes, o dia todo. O *greenwashing* tem até site próprio, o greenwashingindex.com. Fundado em 2007 pela agência EnviroMedia em parceria com a University of Oregon, o greenwashingindex.com permite que os visitantes avaliem a autenticidade das afirmações do marketing verde usando o *"Greenwashing* Index Scoring Criteria". Os consumidores podem ler as notícias a respeito do *greenwashing* e enviar anúncios para serem avaliados por outros. Campanhas recentes de marketing com destaque no site incluem a easy-Jet, que afirmou que o avião deles gera menos dióxido de carbono do que um avião comum e do que um carro de passeio; a Monsanto, o gigante produtor de sementes transgênicas, que afirmou praticar a agricultura sustentável; e a água engarrafa Fiji afirmando que "cada gota é verde", apesar de a água em garrafa ser reenviada a milhares de quilômetros pelo mar em comparação à água encanada, que está sempre disponível.

Você já escutou o termo "fadiga verde"? É uma nova expressão que tem sido usada para descrever os consumidores que se sentem sufocados por jargões de marketing e uma série de coisas verdes. Assim, eles têm dificuldade em separar o progresso real de apenas mais um artifício de marketing. O risco do *greenwashing* e da fadiga verde das campanhas em defesa da sustentabilidade é deixar os consumidores em dúvida a respeito dos fatos, e isso influencia diretamente até mesmo as empresas mais bem intencionadas. Ser visto como um *greenwasher* pode representar um golpe direto na confiança e na credibilidade, e comprometer até o resultado final da empresa, seja com lucros reduzidos ou menor participação de mercado quando os consumidores desiludidos deixam de comprar os produtos, dando atenção a concorrentes mais confiáveis.

Mas muito pode ser feito para acabar com os riscos do *greenwashing*. Comece com uma marca sustentável bem elaborada e planos de marketing que compreendam as necessidades do público-alvo. Cuide para que seus produtos e serviços se tornem verdes por meio de uma abordagem de ciclo de vida (veja o Capítulo 4). E envolva os possíveis usuários para que consumam de modo responsável. Felizmente, estratégias fortes existem para estabelecer credibilidade e para minimizar o potencial de retrocessos. O lugar certo para se começar é dentro da própria organização.

Cinco Estratégias para Estabelecer Credibilidade para Marca e Marketing Sustentáveis

Siga as estratégias discutidas a seguir para dar credibilidade para a sua campanha de marketing verde evitando o *greenwashing*:

> ## Cinco Estratégias para Estabelecer Credibilidade para Marca e Marketing Sustentáveis
>
> 1. Faça o que fala
> 2. Seja transparente
> 3. Não engane
> 4. Peça o apoio de terceiros
> 5. Promova o consumo responsável

1. Faça o Que Fala

As empresas que se comprometem fortemente com políticas ambientais não precisam se desculpar pelo fracasso no alcance da perfeição. Os consumidores compreendem que os carros mais verdes continuarão poluindo, que a embalagem mais simples vai precisar ser descartada em algum momento, e que as lâmpadas mais eficientes consumirão carvão, gás ou energia nuclear. Acalme os críticos mais veementes fazendo progresso para metas mensuráveis, comunicando de modo transparente e dando atenção às preocupações e expectativas do público. As empresas que estão na vanguarda do movimento verde corporativo têm muitos atributos, e consequentemente são mais capazes de aproveitar as muitas oportunidades de consumismo ambiental.

Um CEO Visível e Comprometido

Para desenvolver de modo bem-sucedido e vender produtos que protegem o meio ambiente, é preciso adotar uma abordagem clara ao verde que alcance a cultura corporativa. Com os consumidores avaliando os produtos em todas as fases do ciclo de vida, o verde corporativo deve ser levado a todos os departamentos: manufatura, marketing, pesquisa e desenvolvimento, problemas com consumidores e público e até aos fornecedores que oferecem a matéria-prima, os componentes e a embalagem. Apenas um chefe executivo comprometido com uma visão clara de sua empresa pode somar o peso necessário à mensagem de que o cuidado com meio ambiente é uma prioridade.

A necessidade de começar com o CEO – e de comunicar o comprometimento dele – não pode ser deixada de lado. Os CEOs podem criar um vínculo emocional entre a empresa e seus clientes, atuando como um cão de guarda simbólico que supervisiona as operações corporativas e garante o comprometimento com o meio ambiente. É por isso que os CEOs de empresas que se destacam pela proteção ao meio ambiente, como Interface, Patagonia, Seventh Generation, Timberland e Tom's of Maine mantêm perfis importantes; Tom e Kate Chappell incluíram uma mensagem assinada aos consumidores em cada um de seus produtos naturais para cuidados pessoais. Jeffrey Hollender mantém um blogue no site da Generation, chamado "The Inspired Protagonist". Ao assumir um compromisso pessoal com o meio ambiente, os CEOs ganham a confiança de seus *stakeholders*. Tais líderes são especialmente confiáveis porque são reconhecidos pela capacidade de influenciar o resultado.

Os CEOs que não são vistos como vigilantes correm o risco de serem vencidos pelos cães de guarda corporativos. Acreditando que a Apple não fazia tanto quanto os concorrentes para tornar verdes seus produtos e sua empresa, o Greenpeace criou uma campanha especial, a "Green My Apple", e também o site, incentivando os consumidores da Apple a expressarem suas preocupações. Em maio de 2007, Steve Jobs, então CEO da Apple, respondeu com uma carta intitulada "A Greener Apple" ["Uma maçã mais verde"]. Nela, ele detalhava os esforços da empresa para remover produtos químicos de seus produtos e expandir a reciclagem pós-consumo. Ele se desculpou por manter os consumidores e os investidores sem saber a respeito dos planos da Apple de se tornar ainda mais verde e prometeu comunicar os esforços ao público no futuro.[6]

Dê Poder aos Funcionários

Os CEOs mais bem intencionados serão tão eficientes quanto seus funcionários. Apenas quando os funcionários estiverem no controle dos assuntos e receberem autoridade para fazer mudanças, os produtos mais verdes serão alcançados e as práticas sustentáveis serão adotadas. Os funcionários têm muitos motivos para se preocuparem com as questões ambientais. Contando com empregos seguros, eles têm participação direta no sucesso da empresa.

No entanto, assim como os consumidores, os funcionários precisam aprender a respeito das questões ambientais em geral e claro a respeito das especificações dos processos da empresa e das marcas. Muitas empresas chamam palestrantes de fora para atualizar os funcionários a respeito de tendências na demografia, tecnologia e na economia; agora, os palestrantes, como eu, dedicados a assuntos sobre problemas ambientais satisfazem a demanda por palestras a respeito de mudança climática, tecnologia limpa e comportamento verde dos consumidores. Algumas empresas criaram blogues internos ou wikis para ajudar os funcionários a identificar maneiras de se envolverem, localizarem outros colegas com interesses parecidos e fazer a diferença em suas empresas. A Burt's Bees dá aos funcionários dinheiro para melhorar o uso da energia em casa e o Bank of America subsidia as compras de veículos híbridos dos funcionários.

Seja Proativo

A maioria dos grandes negócios adere à ISO 14001 (International Organization for Standardization), uma estrutura voluntária internacional para uma abordagem holística estratégica para a política ambiental, planos e ações de uma empresa que ajudam uma organização a (1) identificar e controlar o impacto ambiental de suas atividades, produtos e serviços, (2) sempre melhorar seu desempenho ambiental e (3) implementar uma abordagem sistemática para estabelecer metas ambientais e compreender como elas serão alcançadas e medidas. E eles provavelmente têm suas auditorias certificadas por um terceiro grupo independente e voluntariamente reporta os resultados ao EPA e ao público. Mas as empresas que protegem a credibilidade vão além do que é esperado dos reguladores e outros *stakeholders*. Então, proativa e publicamente, comprometa-se a fazer a sua parte para resolver os problemas ambientais e sociais, como a proteção das florestas tropicais ou a eliminação de empregos escravizantes – e descubra vantagem competitiva no processo. Ser proativo projeta a liderança e manda uma mensagem aos investidores de que os riscos são minimizados. Os reguladores têm menos probabilidade de impor restrições nas empresas cujas ações transcendem os padrões mínimos. Ser proativo também permite que as empresas ajudem a definir os padrões pelos quais serão julgados e permite que sejam encontradas as maiores oportunidades para encontrar soluções de custo eficiente e satisfazer as expectativas dos consumidores. Por fim, as empresas proativas estão mais bem preparadas para enfrentar as avaliações que empresas muito "verdes" costumam enfrentar. Em 2005, nosso cliente, o HSBC, se tornou o primeiro grande banco e membro do FTSE 100 a abordar a mudança climática tornando-se neutro na emissão de carbono. Seu programa de administração do carbono foi formado por quatro passos principais: (1) medir o nível de carbono, (2) reduzir o consumo de energia por meio de um programa intenso de atualizações de eficiência energética em escritórios e filiais do banco, (3) usar formas renováveis de eletricidade para manter qualquer energia que não pudesse reduzir por meio das eficiências e (4) compensar o carbono que não pôde reduzir por meio da eficiência e das eliminações. Tentando obter a neutralidade do carbono e dando início ao Plano de Administração do Carbono, líder no setor, o HSBC conquistou a credibilidade necessária para lançar seu programa de marketing de varejo dos Estados Unidos, e que ganhou o prêmio Effie, chamado "There's no small change", descrito no Capítulo 6.

Seja Detalhista

As práticas de marketing verde têm seus impactos ambientais também. Então, procure por oportunidades de ser ambientalmente eficiente com o marketing. Procure oportunidade onde a Internet ou a imprensa eletrônica poderiam atuar para reduzir o uso de papel. Use papel reciclado de árvores cultivadas de modo sustentável e tintas à base de soja para fazer marketing impresso.

2. Seja Transparente

Ofereça as informações que os consumidores procuram para avaliar suas marcas. Atualmente, os consumidores desejam obter ainda mais informação do que a maioria dos negócios está disposta a dar. Quatro de cada cinco entrevistados (79,6%), em uma pesquisa *on-line* de abril de 2008, disseram que usam a Internet para realizar pesquisas a respeito de produtos e iniciativas verdes, mas quase metade eles (48%) consideram que existe pouca disponibilidade de informação a respeito de produtos e serviços verdes e ambientalmente seguros, considerando as informações como fracas ou insuficientes.[7] Para ser considerada uma empresa de credibilidade pelo consumidor, ofereça acesso aos detalhes dos produtos e das práticas corporativas e faça um relatório sobre o progresso. Para que o público possa se sentir bem comprando os seus produtos, inclua histórias a respeito de esforços exemplares da comunidade – cavar um poço, cuidar de uma praça ou ajudar numa escola da região.

No futuro, a revelação de impactos ambientais e processos relacionados à marca podem ser exigidos por lei. Ganhe vantagem sobre os concorrentes e reguladores – e marque alguns pontos com os consumidores – revelando de modo voluntário o máximo que puder a respeito de seus produtos. No setor de produtos de limpeza repleto de elementos verdes, as concorrentes Seventh Generation, Method e SC Johnson agora revelam os ingredientes (mas, compreensivelmente, não as fórmulas exatas) de seus produtos. Seja acessível e responsável. Relate o lado bom – e o ruim – de sua empresa. A constância em relacionar esses dados é essencial para a habilidade de um *stakeholder* de acompanhar o progresso e fazer comparações. A Global Reporting Initiative (GRI) é uma *spin-off** da Cere, de Boston, fundadora da Ceres Principles de boa conduta ambiental, em parceria com o United Nations Environment Programme (UNEP). É um padrão voluntário global e uma estrutura para as organizações medirem e relacionarem o desempenho econômico, ambiental e social. Mais de 1.500 empresas, incluindo BP, Coca-Cola, GM, IBM, Novartis, Philips e Unilever adotaram esse padrão para relatórios. A Ben & Jerry's foi além usando um padrão de relatório chamado Global Warming Social Footprint (GWSF), desenvolvido pelo Center for Sustainable Innovation, sem fins lucrativos, de Vermont, para entender se está contribuindo com a sua "parte proporcional" (medida em relação ao desempenho de empresas de tamanhos parecidos) para levar as concentrações de gases de efeito estufa a níveis mais seguros.

Mil empresas conscientes em 54 setores também tomaram a iniciativa de se unirem a classificações de B Corps de rápido crescimento (descrita no Capítulo 3), denotando que o B Lab, sem fins lucrativos, tem certificado suas empresas com padrões estritos de negócios sustentáveis, ou que compararam seu desempenho ao B Impact Rating System da empresa.[8]

Uma coisa é falar sobre o que é bom, mas e sobre o ruim? Sob as novas regras do marketing verde, os líderes se comunicam com "transparência radical". Uma desses é a Patagonia, a fabricante de equipamentos de uso externo em Ventura, Califórnia. Seu site Footprint Chronicles em patagonia.com permite que os visitantes acompanhem os impactos ambientais de dez produtos Patagonia, desde o design até a entrega, incluindo componentes e de onde eles

---

* *Spin-off*, ou derivagem, é um termo usado para descrever uma nova empresa que nasceu a partir de um grupo de pesquisa de uma empresa, universidade ou centro de pesquisa público ou privado, normalmente com o objetivo de explorar um novo produto ou serviço de alta tecnologia. É comum que estas se estabeleçam em incubadoras de empresas ou áreas de concentração de empresas de alta tecnologia. (N. T.)

vêm, inovações usadas para reduzir os impactos no meio ambiente e o que a empresa acredita que pode melhorar. A Patagonia incentiva os clientes a comentarem – uma atitude que aumenta a lealdade – e não hesita em criticar a si mesma; conforme a empresa aprende mais, aplica esse conhecimento a seu amplo espectro de ofertas. Por exemplo, apesar de sua fama por usar fibras recicladas, a Patagonia não tem medo de revelar em seu site que ela ainda usa 36% de poliéster virgem para fazer seu Capilene 3 Midweight Bottoms, explicando cuidadosamente que é necessário alcançar um desempenho desejado e durabilidade.[9] Em 2008, o Footprint Chronicles ganhou muitos prêmios, e foi o vencedor do People's Voice na categoria Comunicações Corporativa no Webby Awards (conhecido como o "Oscar da Internet").[10]

Não se esconda atrás das notícias ruins! A SIGG, fabricante de garrafas de alumínio famosas e reutilizáveis, aprendeu essa lição da maneira mais difícil. Os consumidores e a mídia o consideraram livre de BPA, mas a SIGG se tornou alvo de atenção quando uma carta aberta aos consumidores do CEO Steve Wasik, em agosto de 2009, revelou que as garrafas produzidas antes de 2008 tinham traços de BPA no revestimento interno de epóxi – e que a empresa sabia disso desde 2006. Apesar de a SIGG ter sido rápida para usar o alcance ao público para abordar as preocupações de consumidores e varejistas, o prejuízo estava feito. A confiança do consumidor ficou comprometida: artigos e postagens em blogues logo surgiram com os títulos "Como a SIGG perdeu a minha confiança" e "Até tu, SIGG?", escritos pelos consumidores da SIGG que se sentiram traídos pela falta de transparência da empresa. Marcas concorrentes, como CamelBak e Klean Kanteen logo se aproveitaram da situação garantindo aos consumidores que seus produtos não tinham BPA.[11]

3. Não Engane

Os consumidores podem dizer que sabem o que significam termos frequentemente usados, como "reciclável" e "biodegradável", mas podem estar enganados – criando risco para profissionais de marketing verde inocentes. Por exemplo, produtos ou embalagens feitos com conteúdo reciclado podem apresentar 10% ou 100% de conteúdo reciclado. Por outro lado, 100% do conteúdo reciclado não é necessariamente superior ambientalmente a 10%, se, por exemplo, o conteúdo reciclado tiver de ser mandado de longe. Uma embalagem feita com amido de milho pode ser compostável na teoria, mas pode não se desintegrar em compostadores caseiros; locais de compostagem industrial, nos quais as embalagens se decompõem estão atualmente limitadas a apenas cerca de 110 comunidades nos Estados Unidos e até mesmo esses locais podem não ser convenientes (por exemplo, a mais próxima de São Francisco fica a cerca de 25 minutos, na cidade de Richmond).

Mas e expressões como "nível de carbono", "sem emissão de carbono" e "sustentável", que recentemente entraram em cena? Um nível de carbono envolve apenas as emissões de um fabricante que produz um determinado produto ou todas as organizações na rede de fornecimento do fabricante desse mesmo produto? Existem muitas opiniões a respeito da melhor maneira de acompanhar as afirmações relacionadas a "emissões de carbono" e a certificados de energia renovável Renewable Energy Certificates (RECs). Por exemplo, os anunciantes às vezes vendem produtos pelos quais o gás de efeito estufa emitido durante sua produção e/ou uso é aliviado pelos projetos de financiamento, como fazendas eólicas, plantação de árvores e plantas de captura de metano que podem já ter sido realizados. Os anunciantes também podem afirmar que um produto tenha sido produzido com RECs – *commodities* cambiáveis representando prova de que uma determinada quantidade de eletricidade usada na produção foi gerada de uma fonte de energia renovável, de novo não sob o domínio delas, de modo que as fontes podem não ser confirmadas.

As orientações inconsistentes estão complicando ainda mais o debate a respeito da emissão de carbono. Existem, atualmente, quatro programas propostos nos Estados Unidos a respeito de compensação dos gases de efeito estufa, quase 30 padrões de portfólio de energia obrigatórios e mercados voluntários de REC e compensação da emissão de carbono – todos com exigências variáveis e às vezes conflitantes. O FTC acredita que o uso do termo "compensação do carbono" em propagandas pode ser enganador se o anúncio não especificar a maneira particular com a qual as reduções das emissões de carbono foram obtidas.[12]

Duas coisas ficam claras neste debate: adotar os padrões específicos para a finalização será difícil e estabelecer os padrões para o que é "compensação de carbono" e REC provavelmente demorará anos. Como nem toda a compensação de carbono é legítima, os anunciantes são aconselhados a vetar as parcerias antes de comunicar sua participação. Exemplos de alguns dos mais respeitados incluem a *Native*Energy e a TerraPass. Mais informações a respeito de selos de nível de carbono estão incluídas a seguir.

Deixando de lado as questões com os selos de carbono, o melhor modo de o profissional de marketing verde ficar longe de problemas é simplesmente seguir o FTC (ou outras orientações governamentais adequadas) da melhor maneira que puder e, se possível, consultar advogados que especializados em abordar afirmações verdes. De modo geral, as orientações atuais da FTC podem ser resumidas assim:

Seja Específico e Proeminente

Os profissionais de marketing são responsáveis por anúncios com afirmações ambíguas. Evite o equívoco não intencional com o uso de uma linguagem simples e clara. Por exemplo, saiba distinguir entre a embalagem de um produto e o produto em si, como o selo na caixa do Wheaties na sua mesa de café da manhã. Na tampa, está o conhecido símbolo "chasing arrows", o símbolo da Möbius com a apresentação descritiva: "Caixa feita 100% com papelão reciclado", porque especifica a exata quantidade de materiais reciclados, impedindo que os consumidores pensem que a caixa é feita 100% de materiais recolhidos nas ruas ou é totalmente reciclada. A precisão pode compensar em termos de credibilidade. Por exemplo, de acordo com a pesquisa 2008 Green Gap Survey realizada pelo Cone LLC e o Boston College Center for Corporate Citizenship, 36% dos entrevistados consideraram a mensagem "defensor do meio ambiente" confiável ao descreverem um produto de papel, mas 60% dos entrevistados acreditavam que a mensagem "feito com papel reciclado pós-consumo" era confiável.[13]

Não brinque com o tipo ou a proximidade da afirmação a seus qualificadores. Um anúncio da Lexus no Reino Unido fez a seguinte afirmação: "Alta Performance. Baixas Emissões. Sem Culpa". A UK Advertising Standards Authority (ASA) disse que isso era enganoso, uma vez que o anúncio esclarecendo a afirmação não era suficientemente proeminente. Além disso, a afirmação "Sem Culpa" insinuava que o carro causava pouco ou quase nenhum dano ao meio ambiente.[14]

Ofereça Informações Completas

Pense no ciclo todo de vida de um produto ao fazer afirmações a respeito de uma determinada característica ou parte de algum item. Uma máquina de lavar anunciada como "verde" por causa de seu baixo consumo de energia e água pode não ter sido fabricada ou distribuída de uma maneira sustentável. Anunciar a lavadora especificamente como "eficiente em energia" e "eficiente em água" com mais vigor ou da mesma forma como anuncia produtos já existentes pode evitar deixar os consumidores confusos.

Um anúncio da Renault comparou de modo injusto as emissões de CO_2 de uma marca vendida no Reino Unido em comparação com um na França, com seus níveis de emissão relativamente mais baixos devido à alta porcentagem de energia nuclear na combinação energética. O anúncio foi criticado pela ASA por enganar os consumidores. Portanto, comparar os benefícios de sustentabilidade de um produto aos de um concorrente ou de um modelo anterior, oferece informações suficientes para que os consumidores possam entender. Garanta que o fundamento da comparação é suficientemente claro e baseado em resultados de testes científicos.

Uma afirmação do tipo "Esta garrafa de água é 30% mais leve do que nossa embalagem anterior" é preferível a uma mais ambígua, como "Esta garrafa de água é 30% mais leve".

Não Exagere

Evite afirmações vagas, triviais ou irrelevantes que podem criar a falsa impressão do comprometimento ambiental de um produto ou embalagem. A marca BIOTA, do Colorado, de água mineral, afirmou ser a primeira empresa a usar uma garrafa de água biodegradável feita com bioplástico de milho. Isso pode ser real na teoria, mas os consumidores comuns não sabem que a decomposição pode demorar pelo menos 75 dias e apenas quando exposta ao calor e à umidade encontrados em locais de compostagem apropriados – condições que não existem em compostadores caseiros e muito menos nos aterros.[15] Então, a empresa agora se diz oferecer a "primeira água engarrafada do mundo em embalagem feita com plástico comercialmente compostável".[16]

Em agosto de 2009, o FTC processou quatro fabricantes de tecidos de bambu, alegando que eles colocavam selos enganosos em seus produtos, dizendo serem "naturais", "biodegradáveis" e "antimicrobiano". O produto, assim como o raiom, não é natural e usa produtos químicos tóxicos para a manufatura. Além disso, as propriedades biodegradáveis e antibacterianas não passam pelos processos de manufatura. As empresas escaparam sem punição, mas precisarão colocar o selo em seus tecidos, afirmando que se trata de "viscose" ou raiom e acabar com as afirmações de que é biodegradável e anti-microbiano.[17] Em um caso muito parecido com o saco de lixo fotodegradável da Hefty, em 1990, o FTC também acusou a Kmart, Tender Corp e Dyna-E International por afirmarem, de modo falso, que os pratos de papel, lenços e toalhas eram "biodegradáveis", sendo que a maioria desses produtos simplesmente termina em aterros nos quais não se decomporão.[18]

Afirmações vagas, como "ambientalmente seguros", "protege a Terra" e "protege o meio ambiente", se usadas, devem ser classificadas de modo a impedir que os consumidores se decepcionem a respeito da natureza específica do benefício ambiental do produto em questão. Alternativa preferível seria: "Esta embalagem protege o meio ambiente porque não foi tratada com cloro, um processo que cria substâncias danosas". Procure sempre substanciar e qualificar termos, como "neutro em carbono", "renovável", "reciclável" e "compostável". Responda às perguntas: Como as afirmações foram determinadas? Por quanto tempo? Por quem? Onde? Comparado a quê? Regras parecidas podem ser usadas para a propaganda corporativa. Exagerar os benefícios ambientais dos esforços de alguém – envolvendo a empresa em um manto verde – cria dúvida e abre as portas para o retrocesso. Em novembro de 2007, a ASA, no Reino Unido, determinou que um anúncio da Royal Dutch Shell que mostrava flores brotando de uma refinaria de óleo (com práticas ambientais preferíveis) podia ser enganoso, dados os impactos ambientais das refinarias, por mais limpas que sejam, e mandou que o anúncio fosse retirado da televisão. Menos de um ano depois, a ASA condenou outro anúncio da Shell afirmando que as areias betuminosas do Canadá eram uma fonte de energia "sustentável".

Os projetos canadenses de areias betuminosas se mostraram controversos, pois exigem mais energia e água do que a extração e o refinamento tradicionais. A ASA determinou que o anúncio era enganoso, uma vez que a afirmação "sustentável" era um termo ambíguo e que a Shell não havia mostrado como estava gerenciando de modo eficaz as emissões de carbono dos projetos das areias betuminosas.[19] A Shell não estava sozinha. Em março de 2008, a ASA baniu uma campanha do Cotton Council International, um grupo comprometido em aumentar a exportação do algodão norte-americano, que se referia ao algodão como "sustentável". A ASA discordou, afirmando que o algodão é uma plantação que usa demasiadamente pesticida e energia, acabando com a água subterrânea.[20]

Evite generalizações ou afirmações como "Nós nos importamos com o meio ambiente" desvinculadas de projetos que você assumiu. Quantifique planos, progresso e resultados. Por exemplo, se afirmar que a sua empresa evita poluir, explique que tipo de poluição e quanto. Explique os passos específicos de redução de emissão de carbono e de produtos específicos que os consumidores podem comprar. Em 2005, a GE lançou a campanha Ecomagination, apesar da história da GE de transgressões ambientais importantes, enfrentadas há pouco tempo. Por quê? A empresa foi sincera a respeito de sua crença de que os desempenhos financeiro e ambiental podem atuar juntos. A iniciativa foi tomada em dez produtos representando investimentos tangíveis e promovendo novas tecnologias, e foram apoiados por uma promessa da GE Corporate de reduzir sua emissão de carbono. Por fim, o ecomagination.com ajuda os negócios e os consumidores o aprenderem mais a respeito do compromisso da GE, objetivos específicos e como os clientes podem colaborar com a preservação do meio ambiente.

Conte a História Inteira

Decida sozinho: os anúncios feitos pelo U.S. Council on Energy Awareness afirmando os benefícios da energia nuclear mencionam o resíduo radioativo que gera? A divisão da Chevrolet, da General Motors, deveria ter feito anúncios para carros (por exemplo, o Volt elétrico) que ainda não estavam em produção? Um produto doméstico de papel feito com conteúdo parcialmente reciclado e desbotado por cloro merecia ser chamado de "Scott Naturals"? Para ter a certeza de que suas comunicações de marketing e meio ambiente não confundem nem enganam o consumidor, teste todas as mensagens verdes com seu público – e em sua consciência.

4. Peça a Ajuda de Outras Pessoas

Como foi mostrado na Figura 2.7, os fabricantes e varejistas têm menor credibilidade do que as ONGs e o governo ao abordarem as questões ambientais. Felizmente, há muitas maneiras como os negócios podem aumentar a credibilidade, entre elas: deixar os *stakeholders* saberem os passos que estão sendo dados, educar o público a respeito do que podem fazer e, mais importante, aliar-se de modo positivo com terceiros que realizam ações de ciclo de vida independentes e certificam afirmações e premiam selos ecológicos.

Depois de estabelecer os relacionamentos com a indústria, muitas organizações sem fins lucrativos agora recebem bem as parcerias com a indústria como uma maneira de atuar de modo positivo para soluções com base no mercado. Isso aumenta a influência deles dentro da sociedade, e ajuda a angariar fundos para seus grupos. O apoio de terceiros pode assumir diversas formas. O marketing de causa, os prêmios e os endossos são possibilidades. Ao lançar o Prius, a Toyota fez com orgulho anúncios suplementares direcionados a motoristas preocupados com o meio ambiente mostrando que de fato o Sierra Club, o National Wildlife Federation e as Nações Unidas tinham concedido um tipo de prêmio ou endosso ao carro.

Logotipos, marcas registradas e símbolos para selos mais verdes e as certificações parecem estar em todos os lugares: na embalagem dos produtos, no marketing e nos anúncios, nos sites ou em feiras. Na verdade, mais de 400 selos ecológicos diferentes ou sistemas de certificação verde foram encontrados em mais de 207 países. Eles alcançam as indústrias, mas são predominantes em produtos de consumo, como papel e embalagem, produtos florestais, alimentos, produtos de limpeza e produtos domésticos. Alguns são direcionados ou patrocinados pelo governo, enquanto outros são mantidos por empresas particulares, associações de comércio e ONGs. Os títulos variam de acordo com o nível de rigor aplicado aos critérios e às regras a respeito da verificação; alguns exigem certificação independente de terceiros e análise de *stakeholders*, enquanto outros permitem que os fabricantes se autoavaliem. Na última contagem, 27 países do mundo, incluindo a China e a União Europeia, têm programas de título ecológico de muitos atributos ativos que exigem certificação de terceiros (veja a Figura 7.1).[21] São esperados mais certificações e títulos conforme os governos, os grupos ambientais, as ONGs, as associações de comércio, varejistas e até fabricantes criam títulos e símbolos de propaganda para produtos que prometem benefícios ambientais e sociais.

Selos independentes de aprovação têm muito que recomendar a eles, mas não sem risco. Podem oferecer credibilidade a mensagens ambientais, – 28% dos consumidores procuram selos de certificação ou etiquetas nas embalagens de produtos para saber se um produto é ou faz o que afirma[22] – e podem abrir a porta para conversas com distribuidores e varejistas. Os mercados que são especialmente receptivos aos selos ecológicos e à certificação independente são as agências do governo e seus contratantes procurando produtos sustentáveis, e varejistas que querem estocar produtos verdes, mas não têm a habilidade de avaliar as linhas existentes de produtos "verdes" e um fluxo constante de novas apresentações de produtos. No entanto, apesar da aparente proliferação, os selos ecológicos não existem para todas as categorias de produtos ou atributos sociais e ambientais. Por exemplo, não existe selo para colchões ou louça. E, como veremos na Figura 7.2, apenas alguns selos ecológicos – o logo das setas Möbius (93%), ENERGY STAR (93%), e Certified Organic, da USDA (75%) entre eles – conseguiram obter consciência e, mais importante, adquirir influência.

Figura 7.1 **Selos ecológicos do mundo todo**

Além disso, os selos e certificações podem ser caros. Muitos programas de selos exigem que os fabricantes testem seus produtos por meio de terceiros, e algumas organizações independentes, como o selo GreenGuard para qualidade do ar dentro dos ambientes e o logo C2C (Cradle to Cradle), exigem que os fabricantes paguem o que for preciso para caras permissões. Além disso, os governos internacionais costumam exigir que um produto seja testado em um dos laboratórios de seu país, criando burocracia e custos extras exorbitantes para profissionais de marketing de multinacionais.

Que tipo de critérios deve ser usados na hora de escolher um selo ecológico? Depende. Alguns selos ecológicos se concentram em um único atributo de produto (por exemplo, conteúdo reciclado), que simplifica as coisas, mas podem enganar os consumidores, para que eles pensem que o produto é sustentável de modo geral. Outros selos analisam diversas características de um produto, e até seu ciclo de vida todo; como certificações de múltiplos atributos podem levantar questões a respeito da credibilidade de um produto com um único atributo ao mesmo tempo em que impede comparações simples.

Figura 7.2 **Quais selos ecológicos são mais eficientes?**
% adultos norte-americanos

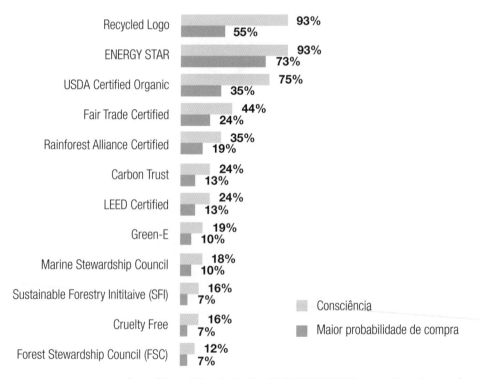

Fonte: © Natural Marketing Institute (NMI), 2009 LOHAS Consumer Trends Database®
Todos os direitos reservados.

Esteja preparado para ver logos em duelo, brigando pela atenção do consumidor e pela carteira dele. Na indústria de produtos verdes, por exemplo, o selo FSC indicando colheita de madeira sustentável, o produto de uma série de defensores ambientais, empresas de reflorestamento progressivo e grupos que defendem os índios e os direitos dos trabalhadores competem com o SFI-certified, o produto de uma *spin-off* sem fins lucrativos da American Forest and Paper Association e Canada's Forest Products Association com padrões que são vistos como menos desgastantes.[23]

Existem selos ecológicos em excesso? Quais são melhores em ajudar os consumidores a decidir se um produto é de fato "mais verde" do que outro? Mais de um selo deveria existir em uma categoria de produto? Os selos ecológicos deveriam ser de atributo único ou múltiplo? Essas perguntas costumam habitar as mentes dos profissionais de marketing verde, mas podem não ser totalmente abordadas mesmo quando o FTC libera suas atualizações do Green Guide. Para os negócios que conseguem passar pelo pior desses desafios, chamar um terceiro para avaliar as qualidades verdes de um produto é um forte indicador da integridade dos negócios.

Por fim, no caso de negócios para os quais o certificado de terceiros não dá certo, existe a oportunidade de criar o próprio selo ecológico ou a "autodeclaração". Afirmações independentes e verificação de padrões são boas alternativas. Leve em consideração os seguintes fatores quando escolher as certificações que serão mais valiosas para seus esforços sustentáveis de marca:

Selos de Atributo Único

Esses selos concentram-se em um único assunto ambiental, por exemplo, a eficiência energética ou corte sustentável de madeira. Antes da certificação, um auditor independente oferece validação de que o produto alcança um padrão publicamente disponível. Como foi sugerido pela Figura 7.2, existem muitos selos de um único atributo disponíveis. Muitos deles são patrocinados por associações da indústria preocupadas em defender ou captar novos mercados ou por grupos ambientais ou outras ONGs que querem proteger um recurso natural ou aprofundar uma causa.

Dois selos de um único atributo com presença global são o selo FSC (atribuído a este livro) e o Fair Trade Certified. O selo FSC garante o corte sustentável de madeira e recursos de papel. O selo The Fair Trade Certified, um serviço da Fairtrade Labelling Organizations, grupo mundial sem fins lucrativos que atua com organizações regionais, como a TransFair USA, garante que critérios econômicos, sociais e ambientais estritos sejam satisfeitos na produção e comércio de diversos produtos agrícolas, como café, chá, chocolate, ervas, frutas frescas, flores, açúcar, arroz e baunilha.

Selos de Múltiplos Atributos

Como o nome sugere, os selos de múltiplos atributos examinam dois ou mais impactos ambientais por meio do ciclo de vida do produto. O consórcio de sustentabilidade do Wal-Mart promete oferecer orientação de múltiplos atributos na forma de um Índice de Produto Sustentável, e diversos selos de múltiplos atributos existem, essencialmente para categorias específicas, como o EPEAT em eletrônicos e Global Organic Textile Standards. Outros abordam áreas específicas de preocupação: por exemplo, o selo de Redução de Carbono da Carbon Trust e o selo C2C com sua ênfase na química de materiais.

Figura 7.3 **Selos FSC e Fair Trade**

Reimpresso com permissão da Forest Stewardship Council and TransFair.

Um dos selos mais antigos e de maior credibilidade nos Estados Unidos é o Green Seal de Washington, D.C. (Greenseal.org), fundado em 1989 por uma coalizão de ambientalistas que satisfazem critérios específicos dentro de categorias nas quais criaram padrões. As empresas pagam uma taxa para que seus produtos sejam avaliados e monitorados anualmente. Os produtos que satisfazem ou ultrapassam os padrões são autorizados a ostentar o selo Green Seal no produto e no material promocional. Todos os produtos ou serviços de uma categoria podem pedir o Green Seal. O grupo tem auferido padrões em uma série de produtos comerciais e de consumo, além de serviços, incluindo, produtos para limpeza doméstica, embalagens de alimentos, acampamentos, tintas e coberturas, papéis e jornais, e janelas e portas. As franquias de Wausau Paper, Anderson Windows, Clorox, Kimberly Clark, Hilton, e Service Master Cleaning são apenas algumas das organizações cujos produtos têm agora o certificado Green Seal – um globo azul com um sinal verde de aprovação.

Um selo realmente de vários atributos, o selo Carbon Reduction (Redução de Carbono) verifica que o nível de carbono de um produto foi medido e está sendo reduzido.

Figura 7.4 **Marca de certificação Green Seal**

Reimpresso com permissão da Green Seal.

A intenção é que informações relacionadas ao consumo de carbono e à mudança do clima mundial se tornem tão importantes e visíveis nos selos dos produtos como o preço e o conteúdo nutricional. Introduzido em 2007 pela Carbon Trust, uma empresa sem fins lucrativos com sede no Reino Unido, o selo já foi adotado por mais de 65 marcas líderes e pode ser encontrado em mais de 3.500 produtos com vendas anuais no total de £2,9 bilhões (cerca de US$4,4 bilhões em meados de 2010).

Em abril de 2008, a varejista Tesco, do Reino Unido, começou um teste do selo em sua marca de suco de laranja, batata, lâmpadas de alta eficiência energética e detergente. Atuando com a Carbon Trust, a Tesco procura medir adequadamente a quantidade de CO_2 equivalente lançado à atmosfera por cada matéria-prima, produção, manufatura, distribuição, uso e descarte do produto. O selo ostenta um logo de marca de carbono. As marcas também podem escolher indicar a quantidade de CO_2, com base no ciclo de vida, e outros gases de efeito estufa em seus selos.

O selo de redução de carbono está expandindo sua presença global. Desde 2007, a Tesco abriu 125 lojas Fresh and Easy no sul da Califórnia,

Las Vegas, e em Phoenix, por isso é possível que seus produtos com selo de redução de carbono possam aparecer em breve no U.S. Working with Planet Ark; os produtos com o selo Carbon Reduction foram introduzidos na Austrália em 2010.[24]

Figura 7.5   O selo Redução de Carbono

Reimpresso com a permissão da Carbon Trust.

Selos Voluntários do Governo

Diferentemente de alguns países, incluindo Canadá, Japão e Coreia, o governo norte-americano optou por selos de um único atributo em vez de selos com múltiplos atributos. (O setor privado e grupos sem fins lucrativos dominam na área de selos de múltiplos atributos). Fora desses testes associados e independentes, os selos defendidos pelo governo não exigem impostos.

O programa voluntário de classificação mais visível é o ENERGY STAR (de quem, nós da J. Ottman Consulting, sentimos orgulho de orientar ao longo de muitos anos). Lançado em 1992, esse programa que reúne o EPA e o U.S. Department of Energy identifica e promove a eficiência energética em mais de 60 categorias de produtos, incluindo eletrodomésticos, iluminação e eletrônicos utilizados em residências e escritórios. Quase três mil fabricantes de produtos apresentam agora o selo ENERGY STAR em seus produtos. De acordo com o Natural Marketing Institute, até 2009, 93% do público norte-americano disse reconhecer o selo ENERGY STAR, e 73% disseram que ele influenciava suas compras (ver a Figura 7.1).

Outros selos do EPA são o WaterSense, para identificar vasos sanitários com eficiência no uso da água, pias, chuveiros e outros produtos e práticas; o Design for Environment (DfE), para reconhecer fórmulas químicas mais seguras em produtos de limpeza; e SmartWay, para carros de passeio com uso eficiente de combustível e de baixa emissão e caminhões leves, além de tratores pesados, trailers e outras formas de transporte usadas em operações de distribuição e entrega.

Figura 7.6 **Selos voluntários da U.S. Environmental Protection Agency**

Reimpresso com permissão da U.S. Environmental Protection Agency.

Há selos ou padrões que mostram que alimentos e produtos não alimentícios são cultivados organicamente no mundo todo, por exemplo, na Europa (EU 834/2007), Japão (Japan Agricultural Standards), e Canadá (Canada Organic Regime) e nos Estados Unidos (USDA National Organic Program). Lançado em 2002, o selo orgânico USDA Organic agora aparece em uma grande variedade de mais de 25 mil produtos de 10 mil empresas, incluindo alimentos, camisetas e xampus. Stonyfield Farm, Earthbound Farm, e Horizon Organic são apenas algumas das marcas mais famosas que têm o selo orgânico da USDA em embalagens, propagandas e outras comunicações de marketing, significando que seus produtos não contêm nem são processados com fertilizantes sintéticos, pesticidas, radiação, antibióticos, hormônios ou organismos geneticamente modificados); e eles monitoram outros processos de longo prazo, como administração do solo e condições de vida de animais.[25]

Figura 7.7 **O Selo Orgânico USDA**

Reimpresso com permissão do USDA.

Desde 2002, a USDA tem realizado o programa BioPreferred incentivando os funcionários federais a dar tratamento preferencial a uma lista de 5 mil produtos em 50 categorias, que não para de crescer. Percebendo a demanda do consumidor por produtos com base biológica – definido pela USDA como produtos não comestíveis de consumo e comerciais feitos com matéria-prima agrícola, marinha ou silvicultura – o Congresso autorizou a USDA a preparar um novo selo para ajudar os consumidores a identificar produto com base biológica. Esperado para ser lançado em 2011, o novo selo vai aparecer em produtos e embalagens que variam de sacos de jardinagem compostáveis, feitos de amido de milho, a protetores labiais feitos com soja, até toalhas e lençóis feitos com fibras de eucalipto.

Programas de Autocertificação

Emitidos por fabricantes para mostrar suas conquistas ambientais e sociais, os programas de autocertificação não têm apoio nem credibilidade de um terceiro imparcial. No entanto, eles oferecem vantagens distintas no controle de custos e ao oferecer flexibilidade no tipo e na quantidade de informação passada aos consumidores. Alguns sistemas de autocertificação apresentam selos do governo e de terceiros.

Diversas grandes empresas têm tentado criar suas próprias autocertificações, entre elas SC Johnson (GreenList), NEC (Eco Products), Sony Ericsson (GreenHeart), GE (Ecomagination), Green Índex, da Timberland, que discutiremos no Capítulo 9, e a Hewlett-Packard (HP). Vindo de um histórico de foco ambiental, o selo Eco Highlights, da HP, introduzido em 2008, destaca atributos ambientais essenciais e certificações dos pacotes de produtos da HP. O selo retangular de fácil leitura (veja a Figura 7.8 a seguir), que agora aparece em mais de 160 produtos da HP, permite que os consumidores que compram produtos como impressoras, computadores e servidores aprendam mais a respeito de características, como consumo de energia em comparação a modelos anteriores, aprovação da ENERGY STAR e porcentagem de material reciclado usado no produto. Também inclui especificidades a respeito da reciclagem da embalagem e do produto, e atualizações a respeito dos objetivos gerais de reciclagem da HP.[26]

Figura 7.8 **O Selo HP Eco Highlights**

Reimpresso com permissão da HP.

Verificação Independente

As organizações sem fins lucrativos independentes, incluindo Scientific Certification Systems de Oakland, Califórnia, e UL Environment de Northbrook, Illinois, gratuitamente, verificam pedidos específicos e desenvolvem padrões em setores onde não há nenhum. Também certificam produtos em relação a pa-

206 As Novas Regras do Marketing Verde

drões desenvolvidos por outras organizações. Por exemplo, certificam mobília comercial para a nova BIFMA (Business and Institutional Furniture Manufacturers Association) e padrão com base no ciclo de vida e múltiplos atributos (levelcertified.org) que foi elaborado em conjunto com os protocolos de desenvolvimento de padrões do American National Standards Institute (ANSI).

Declaração de Produto Ambiental

Os padrões da ISSO descrevem três tipos de selo ecológico, dois deles descritos anteriormente: Tipo I: Selos Ambientais, Tipo II: Pedidos e Autodeclarações e Tipo III: Environmental Product Declarations (EPDs, Declarações Ambiental de Produtos). Geralmente mais usados na Europa e na Ásia do que nos Estados Unidos, os EPDs oferecem explicações detalhadas dos impactos do ciclo de vida de um determinado produto. Um exemplo excelente é o EPD emitido pela ISO 14025 pela Steelcase para a sua cadeira Think Chair, feita para satisfazer as necessidades de consumidores do mundo todo. Exibida no site da empresa, o Steelcase.com, o EPD divide os resultados de três avaliações de ciclo de vida (necessárias para avaliar de modo correto os impactos na América do Norte, Europa e Ásia) e descreve as diversas certificações que recebeu de diferentes países do mundo.

Está pensando em um selo ecológico ou em um pedido de certificação independente de sua marca? Maximize o valor possível e evite problemas mantendo-se fiel a quatro regras básicas:

Escolha com Sabedoria

Certifique-se de que a organização por trás do selo e suas metodologias tenham crédito. Analise em particular se os padrões deles foram desenvolvidos adequadamente de acordo com organizações, como a ISO e órgãos locais, como o American National Standards Institute ou o British Standards Institute. Os selos devem ser condizentes com as emendas esperadas ao FTC Green Guides além de outras orientações ambientais adequadas.

Seja Relevante

Com tantas marcas disponíveis, é possível que a sua se qualifique para mais de um selo ecológico e para mais de um atributo de produto, por exemplo, ingredientes, embalagem, fabricação etc. Assim, certifique-se de que esses atributos sejam os mais relevantes para a sua marca. Além disso, integre seus selos ecológicos em plataformas existentes de marca.

Eduque

Explique aos consumidores a respeito dos critérios específicos nos quais seu selo ecológico se baseia. Com selos de um único atributo, cuidado para comunicar apenas o atributo específico do produto que está sendo certificado e não sugira que o produto todo é "mais verde". Pelo bem da credibilidade, se apropriado, fale sobre as tentativas de estender o processo verde a outros atributos do produto. Os produtos que se autodeclaram devem identificar seu selo como ofertado pela própria organização para evitar enganar os consumidores. Para ter mais credibilidade, os produtos autodeclarados podem contar com certificações de terceiros. Compartilhe mais detalhes em um site corporativo.

Promova seu Selo Ecológico

Levando em conta que muitos selos ecológicos não são amplamente reconhecidos, ajude a criar a demanda para o seu selo ecológico por meio de comunicações de marketing condizentes com as orientações de seu selo. O selo ENERGY STAR conta com forte conscientização graças aos esforços promocionais de muitos fabricantes cujos produtos têm o selo, aliado à boa propaganda. Procure oportunidades de distinguir seu compromisso com seu selo ecológico de concorrentes que usem o mesmo selo. Obter e promover o *status* de "Parceiro do Ano" da ENERGY STAR é um bom caminho.

5. Promover o Consumo Responsável

As embalagens de Frito's SunChips são realmente "compostáveis" se os consumidores as deixarem no lixo e não no cesto de compostagem? Uma lâmpada com a marca ENERGY STAR é verde de fato se continuar acesa depois que todos saírem da sala? Uma coisa é criar um produto (e seu sistema) para ser mais verde, mas os impactos ao longo do ciclo de vida total de um produto não pode ser minimizado, a menos que as pessoas o utilizem (e descartem) de modo mais responsável. O "consumo responsável" – o que eu considero a via principal do desenvolvimento de produtos e do marketing verde – tem a ver com conservar os recursos associados ao uso de produtos, incluindo o incentivo aos usuários para que eles usem apenas o que é preciso, e reduzam o desperdício de modo consciente. Os líderes de sustentabilidade estão lutando pelos objetivos ideais de desperdício zero e energia zero, mas nunca chegaremos ao zero se os consumidores não aprenderem a consumir de modo responsável e descartar adequadamente os produtos que compram.

Como discutimos no Capítulo 4, o uso por parte do consumidor pode representar uma boa parte dos impactos ambientais totais de um produto, principalmente quando se trata daqueles que consomem recursos, como energia e água. Os produtos podem ser feitos para facilitar as coisas para os consumidores, reduzindo o uso de recurso, como a impressão dupla em uma impressora ou um vaso sanitário de descarga dupla. Informações em tempo real, como o painel da Toyota e a nova safra de economia de energia e serviços de monitoramento também ajudam.

Representando o que agora é uma regra não anunciada do marketing verde – mas que, sem dúvida, será anunciada num futuro não muito distante – obter o apoio do consumidor para o consumo responsável é uma maneira certa de aumentar a credibilidade e reduzir o risco. Os consumidores intuitivamente compreendem que não é possível sair da crise ambiental no nível micro, simplesmente trocando um carrinho de mercado repleto de produtos comuns por verdes pois isso não resolverá os problemas ambientais. Criar uma sociedade sustentável exige, entre outras coisas, que todos nós usemos apenas o que precisamos e que ajudemos a recaptar recursos para usos sucessivos por meio da reciclagem e da compostagem. Quando os mercados não abordam os problemas do meio ambiente, os governos podem intervir. (Veja as mudanças para eletrodomésticos com eficiência no uso de energia, combustível e água, lâmpadas e carros. Será que o sabão para lavar roupa com água fria, o algodão orgânico e os sapatos sem couro serão os próximos?). Outra questão que a indústria precisa abordar é a do "efeito de retorno" – quando os consumidores compram ou usam mais um produto se ele custar menos devido à eficiência melhorada. O caso clássico é o de carros com uso eficiente de combustíveis que percorrem mais quilômetros do que os veículos menos eficientes.

Como aprendemos quando orientamos o HSBC, um segredo para a credibilidade de sua campanha There's no Samll Change foi permitir que os indivíduos e as empresas reduzissem seu nível de carbono, juntamente com os esforços do banco. Em outras palavras, não estávamos pedindo aos clientes do HSBC que fizessem alguma coisa que o banco não fazia. Conhecendo o risco associado a promover uma sacola compostável que possa ser descartada, a Frito-Lay traz a mensagem "compostável" em sua embalagem de SunChips e oferece mais informações por meio de uma campanha de televisão e de um site. A seguir, estão exemplos de como os negócios estão ganhando o respeito de seus *stakeholders* comunicando a necessidade de consumo responsável, principalmente na área de uso de energia.

A HP ganhou o primeiro lugar na lista da *Newsweek* das principais empresas verdes de 2009, afirmando reduzir as emissões de carbono e o uso de energia em 40% dos níveis de 2005 até 2011. Percebendo que precisa fazer parceria com os consumidores para atingir esse objetivo, a empresa lançou sua campanha Power to Change, incentivando os usuários a desligarem seus computadores e impressoras quando não estivessem usando. Os usuários podem fazer o *download* de um *software* que os lembre de desligar seus computadores à noite e calcula a economia de energia e de carbono.

A Levi Strauss and Co. se uniu ao Goodwill para educar os consumidores a respeito de como diminuir os impactos do ciclo de vida do *jeans*. A campanha A Care Tag For The Planet da empresa utiliza mensagens *on-line* e nas lojas sobre como cuidar do jeans para incentivar os usuários a realizarem a lavagem em água fria, secar no varal quando possível e, ao final da vida útil, doar o *jeans* para brechós. A empresa estima que essas medidas tomadas por consumidores responsáveis podem reduzir os impactos na mudança do clima em 50%. De modo relacionado, na Europa, o Ariel da Procter & Gamble encabeça uma campanha chamada Turn to 30 para incentivar os consumidores a lavar a temperaturas mais baixas, e motivada pela ameaça de regulamentação, a indústria de detergente como um todo tem se unido para promover a lavagem responsável. E uma campanha da Washright (washright.com), lançada em 1998 pela International Association for Soaps, Detergents and Maintenance Products (AISE), de Bruxelas, alcançou 70% das casas europeias com dicas sobre como lavar de maneira ambientalmente preferível.[27]

Um exemplo final: O Sacramento Municipal Utility District agora sabe que a pressão dos semelhantes é uma excelente estratégia para promover o consumo responsável – e pode até ser mais motivador do que economizar dinheiro. Em um teste que começou em abril de 2008, 35 mil consumidores,

210 As Novas Regras do Marketing Verde

escolhidos de modo aleatório, sabiam por meio de carinhas tristes e felizes em suas contas de consumo mensal como o uso de energia deles se comparava aos dos vizinhos e com os dos usuários mais eficientes no bairro. Os consumidores que receberam a informação reduziram o uso de eletricidade em 2% em comparação com o uso de seus vizinhos que não receberam essas mensagens. Esse serviço se expandiu para 50 mil casas em agosto de 2009.[28]

Operar de acordo com as novas regras do marketing verde exige novas estratégias para o envolvimento com uma grande quantidade de *stakeholders*, motivados a ajudar os negócios a tornarem seus produtos mais verdes, desenvolvem comunicações eficientes e ajudam os consumidores de modos novos e interessantes – o assunto do próximo capítulo.

Como saiu na imprensa... O FTC emitiu revisões propostas para seus Green Guides, que foram revistos pela última vez em 1996. Os Guides propostos podem ser vistos em ftc.gov/opa/2010/10/greenguide.shtm. Depois do pedido do processo de regras incluindo o período de comentários, os guias revistos serão finalizados, provavelmente na primavera de 2011. O conteúdo dessas revisões é condizente com grande parte da orientação deste livro. Por favor, visite o site da autora www.greenmarketing.com, para obter atualizações e as análises feitas por ela.

Lista das *Novas Regras*

Faça as seguintes perguntas para ajudar a garantir a credibilidade de suas afirmações e comunicações de marketing verde.

○ Estamos fazendo o que dizemos? Nosso CEO apoia a sustentabilidade de modo direto? Os *stakeholders* sabem disso?

○ Nossas afirmações de marketing verde são condizentes com as atitudes de nossa empresa? (ou seja, estamos fazendo afirmações verdadeiras?)

○ Estamos seguindo regras oficiais para as afirmações de marketing ambiental? Estamos nos mantendo em dia com o diálogo a respeito do uso de termos de marketing ambiental mais novos? O governo ou o departamento jurídico da empresa têm suas regras para o uso de afirmações de marketing ambiental?

○ Pensamos bem em tudo o que pode dar errado para minimizarmos as chances de problemas com o *greenwashing* e aproveitarmos os benefícios da publicidade positiva? Temos um processo para monitorar nossa reputação *on-line*?

○ Nossas afirmações de sustentabilidade relacionadas à marca são significativas, específicas, completas e honestas? Testamos a nossa credibilidade entre os consumidores?

○ Somos transparentes a respeito da poluição que nossos produtos causam, além dos benefícios ambientais?

○ Estamos sendo ambientalmente eficientes com nossos materiais de marketing? Identificamos onde a Internet ou a imprensa eletrônica pode atuar para reduzir o uso de papel? Estamos usando papel reciclado e/ou produzido de modo sustentável e tintas à base de vegetais para as nossas comunicações de marketing?

○ Estamos tirando vantagem de terceiros para conseguir credibilidade? Estamos levando em consideração as nossas declarações ou o uso de avaliadores?

○ Os consumidores sabem como usar e descartar os nossos produtos de modo responsável? De que maneira podemos facilitar para que os consumidores pratiquem o consumo responsável de nossos produtos e embalagens?

Parcerias para o Sucesso

Ao longo do tempo, os únicos grupos com interesse direto nos produtos de uma empresa ou em suas operações eram os investidores, os funcionários, os clientes e consumidores finais, os fornecedores e a imprensa. No entanto, com a maior conscientização sobre o reflexo da industrialização em nosso planeta, a atenção da sociedade tem se voltado para os impactos ambientais e sociais provocados pela indústria e pelo homem, escrevendo novas regras para a realização dos negócios e para a comercialização das marcas. Hoje, existem novos *stakeholders* ambientais e sociais, incluindo o público em geral, jornalistas e blogueiros, educadores, ativistas ambientais e sociais, entidades governamentais, grupos comunitários, líderes religiosos e até crianças e futuras gerações que sentirão os efeitos das atividades corporativas de hoje nas próximas décadas (veja a Figura 8.1).

Com possível influência em atividades tão diversas, como a maneira pela qual as empresas obtêm matéria-prima, criam seus produtos e os produzem e promovem, alguns grupos monitoram os poluentes: boicotam, realizam campanhas negativas na imprensa e planejam novas leis como ferramentas de seu arsenal. Outros grupos envolvem as empresas em esforços positivos, e há muito a se ganhar ao colaborar com elas. Representando muitas capacidades e recursos que podem ajudar a resolver problemas ambientais e sociais complexos, diversos grupos de *stakeholders* conseguem ajudar a melhorar o modo como uma empresa é vista no mundo. Elas podem ajudar a identificar assuntos para abordar e avaliar a satisfação do *stakeholder*.

214 As Novas Regras do Marketing Verde

Figura 8.1 **Os novos *stakeholders* ambientais corporativos e sociais**

Stakeholders tradicionais	Novos stakeholders
Varejistas e consumidores finais	Público em geral
Funcionários	Crianças e futuras gerações
Vizinhos da empresa	Educadores
Imprensa	Ativistas sociais e ambientais
Fornecedores	Líderes religiosos e sociais
Instituições financeiras	Jornalistas
Reguladores	Outros grupos governamentais

Fonte: J. Ottman Consulting, Inc.

Formar parcerias construtivas ou coalizões com diversos *stakeholders* oferece muitas vantagens, incluindo descobrir maneiras de reduzir custos, melhorar o valor de produtos existentes e criar novos, aumentar a credibilidade de produtos e comunicações mais verdes e melhorar a imagem pública. Para criar progresso sustentável e fazer mais campanhas valiosas de marketing verde, os profissionais de marketing precisam seguir novas regras. Caracterizadas por transparência e cooperação, essas novas regras pedem o envolvimento de *stakeholders* em uma discussão franca e sincera. Também envolvem a necessidade de revelar informações que antes eram muito bem guardadas a respeito dos ingredientes e de como os produtos são feitos e como os trabalhadores são tratados, por isso escute com atenção os *stakeholders* que têm uma visão ampla do seu setor.

O Público em Geral

O poder do público em geral – definido como consumidores e aqueles que os influenciam – está aumentando. Como descrevemos no Capítulo 2, as percepções dos consumidores a respeito dos impactos ambientais de produtos e empresas agora se moldam em decisões do que, onde e com que frequência eles compram. Movidos pelas muitas opiniões agora divulgadas na Internet, o conhecimento recém-descoberto (correto ou não) pode derrubar um setor, aparentemente do dia para a noite. O relatório divulgado em 2008, de um pequeno estudo a respeito do composto químico BPA, que forçou a Nalge Nunc International a rapidamente reformular suas garrafas de policarbonatos para impedir um colapso total na demanda por seus produtos, é apenas um exemplo.[1]

As garrafas de água ainda estão sofrendo com as diversas ofensas ambientais que são espalhadas na indústria – algumas merecidas; outras, não. Em primeiro lugar, existe a percepção de montanhas de garrafas de plástico não recicláveis e não recicladas que entopem os aterros e contribuem com o Great Pacific Garbage Patch, um lixão em alto mar. Isso piora com o impacto ambiental dos milhões de barris de óleo usados para fazer garrafas, da quantidade de água necessária para encher cada garrafa e os gases de efeito estufa associados com o envio de toda essa água de Evian, na França, e ilhas distantes, como Fiji.[2] Por fim, há a questão da água, uma das favoritas da imprensa. A Nestlé Waters (Poland Spring, Perrier) e outras empresas de água estão sendo acusadas, por moradores das regiões, de esgotar fontes preciosas de água, enquanto outras empresas, como a Coca (Dasani) e Pepsi (Aquafina) estão sendo condenadas por simplesmente filtrar o fornecimento municipal e não indicar isso nas embalagens. (A Pepsi se explicou, mas a Coca, não, preferindo manter em suas garrafas as descrições mais eufemistas do processo "Gosto puro e fresco" e "Osmose reversa".) Antes considerada em voga, a água em garrafa agora é proibida em agências do governo de Fayetteville, Arkansas, a Seattle, Washington. A cidade de Nova York está testando um programa no qual usa água filtrada em refrigeradores de água e está incentivando os trabalhadores da cidade a usar as garrafas de água reutilizáveis.[3] Auxiliados por esforços nascentes de marketing verde, por parte da Nalgene e Brita (Capítulo 6), os consumidores estão, cada vez mais, recorrendo à água filtrada e a modernas garrafas reutilizáveis.

A indústria da água em garrafa é especialmente vulnerável com sua estratégia de engarrafar água que se compara, em muitos casos, ao que está disponível na torneira da cozinha de nossas casas. Mas tem sua vantagem – muitos consumidores preferem o gosto da água engarrafada e alguns temem o cloro da água da rua. A indústria poderia ter feito um trabalho melhor em proteger os negócios e sua reputação: por exemplo, assumindo uma abordagem de ciclo da vida de seus produtos – usando embalagens recicladas e recicláveis, promovendo o refil de sua água, engarrafando água da região e não estrangeira, e garantindo a sustentabilidade desses recursos. Também poderia ter educado o público a respeito dos benefícios para a saúde (além da conveniência) de seus produtos, e esforços para reduzir (ou acabar) com os impactos ambientais e enfatizar promessas verdadeiras de proteção da saúde.

Estratégia para Educar o Público

Realize Campanhas na Imprensa que Possam Envolver o Público em Questões Ambientais Relevantes

A assediada indústria da água engarrafada e *players* individuais estão agora se mobilizando para ajudar a esclarecer críticas equivocadas e reduzir a continuidade dos riscos. No verão de 2007, a International Bottled Water Association (IBWA) lançou uma campanha baseada em anúncios de uma página inteira em órgãos da imprensa, como *New York Times* e *San Francisco Chronicle*. O objetivo: demonstrar o compromisso da indústria com as questões ambientais e enfatizar seu apoio à reciclagem, regulação e segurança da água em garrafa, principalmente nos mercados-alvo. Percebendo que a água em garrafa estava sendo mais consumida, enquanto os refrigerantes eram deixados de lado, a campanha também percebeu os benefícios da água em comparação às bebidas mais consumidas, oferecidas em garrafas de plástico.[4]

Liderando o movimento estavam Coca-Cola, Nestlé Waters e PepsiCo, que lideram as vendas de água em garrafa. Todas elas se esforçaram para reduzir sua marca ambiental, principalmente por meio do uso de garrafas "em formato ecológico" que ajudaram a Coca a reduzir o peso de suas garrafas de Dasani em 30% e a PepsiCo a reduzir o peso de suas garrafas de Aquafina em quase 40%.[5] A Nestlé também chegou ao ponto de reduzir o tamanho das etiquetas de papel das garrafas de água Poland Spring, Deer Park e Arrowhead em 30%.[6] Reconhecendo a necessidade de envolver a rede toda de fornecimento da empresa para dar um passo importante, em 2008 em uma conferência sobre negócios sustentáveis, Kim Jeffrey, CEO da Nestlé Waters North America, reconheceu o impacto que a imprensa eletrônica pode ter nas empresas para colocar a sustentabilidade no centro dos negócios. Entre outras medidas, ele incentivou fornecedores e outros *stakeholders* a aumentar a porcentagem de PET reciclado em suas garrafas em 25% e trabalhar para aumentar os índices de reciclagem de recipientes PET em 60% até 2013.[7]

Crianças

Nos anos desde a pré-escola até a faculdade, os jovens desenvolvem sua identidade e descobrem seus valores e suas paixões. Devagar e sempre, as crianças se tornam aptas a agir em questões ambientais por meio de seus hábitos de compra e consumo, sugerindo uma oportunidade-chave para moldar suas consciências enquanto seus valores relacionados à sustentabilidade se formam.

As crianças e os jovens adultos são *stakeholders* importantes da indústria, por causa de seu poder de compra e de sua capacidade de influenciar as compras de suas famílias – principalmente quando se trata de um assunto sobre o qual se interessam muito: o meio ambiente.

Na verdade, mais da metade das crianças entre 6 e 8 anos incentivam os pais a comprarem produtos sustentáveis.[8] Preparadas com *slogans* ambientalistas simples, como "reduzir, reutilizar e reciclar" (o que geralmente se traduz em "reciclar, reciclar, reciclar"), "agentes ecológicos" de 1,20m de altura podem ditar o comportamento em casa. Enquanto seus irmãos frequentam a faculdade, as mentes brilhantes dos futuros líderes da próxima geração estão formando suas preferências por marcas de produtos, como sabão, alimentos, carros e roupas, e, provavelmente, os adotarão pela vida toda.

Estratégias para Educar as Crianças

Prepare os Educadores para Ensinar sobre Questões Ambientais e como Consumir de Modo Responsável

As questões ambientais se adéquam bem com uma grande variedade de assuntos, desde ciência e matemática às artes e estudos sociais. Para os professores, o meio ambiente e a ecologia apresentam uma atração "prática" e podem melhorar uma aula de matemática ou de estudos sociais. Os professores e administradores são parceiros bem dispostos quando percebem uma oportunidade de dividir informações que ensinem os alunos – e ajudem a aumentar orçamentos apertados.

Ofereça aos educadores materiais e assuntos pertinentes. Associe-se a uma organização sem fins lucrativos para aumentar o impacto e a credibilidade. Durante o período de volta às aulas, em 2004, a Staples Foundation for Learning, uma divisão sem fins lucrativos da Staples, o gigante de artigos de papelaria, entrou em parceria com a Earth Force (um programa de educação internacional que envolve jovens em projetos de educação prática, conservação e restauração) para oferecer às escolas programas educacionais ambientais e os materiais dos programas.

Representando lucro para as duas organizações, a Staples Foundation doou $1 milhão anualmente desde 2004, ajudando a Earth Force a preparar

218 As Novas Regras do Marketing Verde

mais de 20 mil alunos por ano com habilidades, conhecimento e oportunidades práticas para entenderem melhor as causas e os impactos de muitas
questões ambientais e a fazer algo em relação a elas![9] Levando o programa
adiante, em 2007, a parceria lançou o prêmio Staples Earth Force Award
para reconhecer as conquistas de grupos de alunos. A vencedora do prêmio,
a Robinson Elementary School, em Tampa, Flórida, atuou para eliminar
espécies invasivas e reintroduzir espécies nativas em uma reserva natural
regional,[10] enquanto os alunos da Holland Middle School, Pensilvânia, se
concentraram na energia e nas economias de custo que resultaram da insti-
tuição do "Dia Sem Luz", quando a comunidade toda reduziu o uso de luz
e ar-condicionado.[11]

Uma observação: ao desenvolver esforços ecológicos patrocinados por
empresas em escolas, tome cuidado evitando sugestões ambíguas, de auto-
promoção ou qualquer coisa que lembre o *greenwashing*. Isso pode prejudicar a reputação de sua empresa.

Encontre Maneiras Práticas de Envolver os Jovens para que Reduzam Seus Impactos e o de Suas Famílias

Organize programas de coleta que envolvam os alunos na reciclagem ou
reutilização de itens valiosos que poderiam ser descartados. A TerraCycle,
uma nova empresa de Nova Jersey, fundada por Tom Szaky, da Princeton
University, apareceu nas manchetes em 2006 pela primeira vez por vender
fertilizantes feitos de excremento de minhoca para o Home Depot e outros
grandes varejistas. Agora, eles utilizam itens não recicláveis, como embalagens de alimentos, para servirem como matéria-prima para bolsas e outros
itens de moda. "Brigadas" dentro de centenas de escolas reúnem embalagens de patrocinadores, incluindo Capri Sun, Kool-Aid, o biscoito Oreo e
o iogurte Stonyfield Farm. Cada embalagem coletada e utilizada dá um retorno de um ou dois centavos à escola para ajudar a construir um jardim
ou comprar artigos escolares. E os educadores aproveitam a oportunidade
para incentivar as crianças a reciclar, a ganhar mais dinheiro para a escola
e reutilizar o que seria descartado, transformando-o em novos produtos. A
Islesboro Central School, no Maine, não perdeu tempo na hora de colocar
os produtos arrecadados pelos alunos para construir cestos de compostagem
e ajudar os esforços da Rainforest Network a aumentar o reflorestamento.[12]

Programas Ecológicos Patrocinados para Crianças, Adolescentes e Famílias

Em parceria com a Boys & Girls Clubs of America, o Natural Resources Defense Council, o National Wildlife Federation (NWF), o NFL (National-Football League), o NEA Foundation (National Education Association, uma entidade pública que apoia a educação pública) e o Girl Scouts of America, a famosa rede de TV a cabo Nickelodeon lançou em seu site a campanha "The Big Green Help", dando, a mais de dois milhões de crianças, dicas práticas sobre como ser sustentável por meio de jogos e oportunidades *on-line* para que elas participem de atividades locais. A Nickelodeon também fundou o programa de premiação Big Green Help Public Education Grants,[13] oferecendo $200 mil em prêmios para manter projetos de sustentabilidade em escolas, aumentando o esforço para ajudar as crianças a melhorarem o meio ambiente.[14]

Incentive alunos de Faculdade, Docentes e Funcionários a Colaborarem em Iniciativas Educacionais Interessantes

Além de simplesmente patrocinar projetos, pense em outras maneiras de estender seu patrocínio oferecendo acesso a seus produtos. Duas vezes ao ano, desde 2002, a BP Solar (parte do negócio alternativo de BP) se associou ao U.S. Green Building Council e ao U.S. Department of Energy para patrocinar o Solar Decathlon, uma competição bienal internacional, na qual as equipes de 20 universidades trabalham juntas por mais de dois anos para criar e construir casas movidas a energia solar. Além de patrocinar, a BP dá às equipes materiais e conselhos técnicos com desconto. As casas construídas são mostradas no National Mall, em Washington, DC. De acordo com um vencedor de 2007, "A casa é um exemplo maravilhoso de como a eficiência energética, a geração de energia e o bom design podem atuar juntos para criar espaços de moradia. Espero que mais projetos sustentáveis se inspirem neste".[15]

A NWF realiza um programa anual chamado Chill Out para criar a consciência e procurar por soluções práticas para o aquecimento global incentivando universidades. Os alunos e professores de universidades de todos os Estados Unidos enviam projetos que ajudam a resolver ou diminuir o impacto do aquecimento global associado com seus *campi*. As escolas que implementam as soluções mais criativas aparecem em um vídeo no site da NWF.[16] Desde 2006, o concurso Chill Out envolve alunos em mais de 500 *campi* e reconhece os esforços de mais de 20 escolas.[17] Os patrocinadores do programa Chill Out incluem marcas com disposição de aprofundar a ligação com esse aluno-alvo e usar as ideias para encontrar soluções criativas para a mudança climática, como Stonyfield Farm, ClimateCounts.org (organização sem fins lucrativos fundada pela Stonyfield), Kaplan Test Prep and Admissions, e o Planet Green, do Discovery Channel.

Por fim, a DoSomething.org, uma organização sem fins lucrativos da cidade de Nova York, que inspira e ensina os adolescentes a se envolverem em assuntos como saúde, pobreza e meio ambiente, organizaram uma campanha nacional chamada Increase Your Green no outono de 2008. Aberta a todos os alunos de escolas de ensino fundamental e médio de todos os Estados Unidos, a competição incentivava os participantes a realizarem projetos de oito semanas que reduzissem o impacto ambiental de sua escola e envolviam e/ou influenciavam o máximo de pessoas. Todos os projetos foram feitos e dirigidos por alunos, seja por uma sala de aula ou até a escola toda. Os projetos eram julgados pelo pessoal do DoSomething.org e por especialistas em sustentabilidade, que analisavam o número de horas de energia economizada, o número de pessoas envolvidas e/ou influenciadas e a quantidade de lixo reciclado.

Dois vencedores receberam um prêmio de US$1.500 para sua escola, oferecido pela National Grid Foundation; uma das equipes campeãs, de Scituate High School, Massachusetts, construiu um tanque de produção de biocombustível. No total, 75 mil alunos participaram da competição, com projetos que variavam desde os programas de reciclagem e projetos de compostagem ao plantio de jardins comunitários.[18]

Lista das *Novas Regras*

Faça as seguintes perguntas para descobrir oportunidades de obter o apoio do público em geral e dos jovens para iniciativas de sua empresa relacionadas ao meio ambiente.

- ○ Até que ponto nossos consumidores conhecem e reconhecem as questões ambientais que afetam nossa indústria, empresa e produtos?

- ○ Quais mensagens precisamos dar aos consumidores a respeito dessas questões?

○ O que os consumidores precisam saber para usar, reciclar e descartar de modo seguro e responsável produtos e embalagens?

○ Qual papel as crianças e os adolescentes desempenham em influenciar a compra de nossas marcas?

○ Quais oportunidades existem para desenvolvermos programas de educação ambiental?

○ Que tipo de programas e acontecimentos patrocinamos para levar a nossa mensagem à próxima geração? Projetos envolvendo a comunidade? Clubes ambientais? Iniciativas com adolescentes? Programas em universidades?

○ De qual modo podemos fazer com que a mídia – Facebook, Twitter etc. – chegue aos nossos jovens?

○ Quem pode ser um parceiro adequado e disposto a nos ajudar a estender o nosso alcance, melhorar a credibilidade e dividir os custos?

Funcionários

Os funcionários são muito influentes. Eles participam da reputação do empregador – quem quer dizer aos filhos que trabalha para uma empresa poluidora que não tem consciência social e ambiental? Funcionários bem informados podem recomendar maneiras de tornar o local de trabalho mais verde, encontrar ideias para novos produtos ecologicamente sensíveis, formar pontes para os consumidores de suas marcas e melhorar a imagem da empresa. A pesquisa de 2007 *Society for Human Resource Management Green Workplace Survey* descobriu que o moral do funcionário (44%) é um dos maiores benefícios na implantação de programas de responsabilidade ambiental. Em empresas que ainda não lançaram planos de sustentabilidade, três em cada quatro funcionários dizem querer que o empregador se preocupe mais com o assunto.[19] Consumidores fiéis dos produtos ou serviços de uma empresa, os funcionários podem ser um elo essencial para as boas relações e para a formação da confiança entre a organização e as comunidades nas quais vivem, e também entre as marcas e os consumidores.

Estratégias para Dar Poder aos Funcionários

Crie Iniciativas que Incentivem os Funcionários a Realizarem Ações Positivas em Suas Comunidades e Empresas.

Muitas empresas agora têm programas para funcionários e até para seus filhos, como é o caso do Dia da Terra, mas o meio ambiente precisa ser uma prioridade de *todos os dias*. Programas ecológicos que criem consciência interna e comemorem sucessos devem ser constantes para provocar grande impacto e credibilidade.

Desde 2006, a Alcoa tem declarado outubro como o Mês do Serviço, destacando a dedicação da empresa à sustentabilidade e o compromisso de seus funcionários ao serviço comunitário. Os funcionários da Alcoa em todo o mundo são incentivados a trabalhar como voluntários em grupos comunitários para plantar árvores, reabilitar parques e rios locais, além de reciclar e procurar soluções para a mudança climática. Em 2007, os funcionários da Alcoa fizeram 634 mil horas de trabalho voluntário ajudando 187 escolas, entregando 2.300 refeições, construindo casas Habitat for Humanity, plantando 12 mil árvores, e economizando 1.700 toneladas de CO_2.[20]

Antes de tentar tornar as suas operações verdes, o Wal-Mart optou por conscientizar as pessoas que poderiam fazer a mudança acontecer. Começando em 2007, os 1,3 milhões de funcionários do Wal-Mart e do Sam's Club foram incentivados a participar de um Personal Sustainability Project (PSP) para alcançar a saúde pessoal ou o bem-estar das famílias, da comunidade ou do planeta. O que dava certo para eles era compartilhado, fosse comer refeições saudáveis, usar produtos de limpeza ecologicamente adequados, reciclar em casa, dar carona ou ir de bicicleta ao trabalho. O Wal-Mart afirma que esse esforço vencedor de prêmios tornou seus funcionários mais saudáveis, aumentou a satisfação e a produtividade no trabalho e reduziu os prejuízos, aumentando os lucros e diminuindo os custos. Também mostrou que a sustentabilidade pessoal e ambiental pode ser conquistada por todos os funcionários.[21]

Os funcionários da Home Depot são especialistas em construir coisas e isso pode ser útil nas muitas comunidades nas quais eles vivem e trabalham. Em janeiro de 2009, o Home Depot se associou com a KaBOOM!, uma organização sem fins lucrativos comprometida em construir *playgrounds* para todas as crianças nos Estados Unidos. Além do apoio financeiro, ferramentas e matéria-prima oferecida pela Home Depot, mais de 100 mil funcionários ofereceram seu tempo para construir ou reformar mais de mil locais de recreação. Procurando minimizar o impacto ambiental de cada *playground* e maximizar a oportunidade de educar a comunidade, a KaBOOM! procura reutilizar e reciclar materiais e tem criado cestos de compostagem, plantado árvores e implantado sistemas de coleta de água da chuva. Os funcionários da Home Depot se beneficiam dessa parceria também, e de acordo com um funcionário do centro-oeste: "A parceria permite que demonstremos nosso compromisso de devolver à comunidade e nos sentimos muito bem após cada construção quando, alguns dias depois, as crianças voltam e brincam no novo *playground*. É uma experiência incrível".[22] Sem dúvida esses esforços resultaram em vendedores mais conscientes, capazes de orientar os consumidores a fazer compras mais conscientes.

Lista das *Novas Regras*

Faça as seguintes perguntas para avaliar as oportunidades de conseguir a ajuda dos funcionários em iniciativas de sua empresa relacionadas ao meio ambiente.

- ○ Nossos funcionários têm consciência de nossos compromissos ambientais e sociais?

- ○ O que os funcionários sabem a respeito das questões ambientais que afetam nossos negócios? Quais lacunas no ensino precisam ser preenchidas?

- ○ Os funcionários estão envolvidos na redução dos impactos ambientais de sua organização?

- ○ De que maneira podemos educar os funcionários e suas famílias a viver de modo mais sustentável?

- ○ Quais oportunidades existem para envolvermos nossos funcionários em nossas comunidades regionais?

Varejistas

Preocupações com saúde, alimentos sem pesticida e algodão organicamente cultivado agora estão no topo da lista de muitos "naturalistas" ou "fanáticos por saúde". No entanto, os benefícios ambientais de tais produtos nem sempre são tão claros.

224 As Novas Regras do Marketing Verde

Por exemplo, muitas pessoas acreditam que as roupas de algodão orgânico são menos prejudiciais ao solo e aos agricultores do que o algodão cultivado de modo tradicional, que recebe muito pesticida. Os varejistas podem ajudar os consumidores a verem uma relação entre os seus produtos e um estilo de vida mais sustentável.

Com oportunidades únicas de ensinar o público no ponto de venda, os varejistas são aliados-chave no esforço de educar os compradores. Sempre questionados por muitos consumidores verdes fervorosos a respeito dos aspectos ambientais dos produtos que vendem, eles precisam de maneiras críveis e de custo efetivo para responder aos consumidores a respeito de questões ecológicas, além de informar as especificações dos produtos que vendem. Apesar do desejo que sentem em encher as prateleiras com as alternativas mais verdes que os consumidores de hoje procuram, os varejistas deixam a desejar na hora de confirmar se as opções são realmente sustentáveis.

Com IKEA, Trader Joe's, Wal-Mart e Whole Foods Market na liderança nos Estados Unidos, e Marks & Spencer e Tesco no Reino Unido, muitas redes varejistas criaram suas linhas de produtos ecológicos. Algumas estão promovendo o uso de selos específicos em toda a rede; exemplos disso são o programa Eco Options, da Home Depot, e o apoio ao Carbon Trust's Carbon Reduction Label, da Tesco, discutidos no Capítulo 7. Vendo oportunidades de liderar o caminho para todas as oportunidades verdes, a varejista de eletrônicos Best Buy lançou um programa Greener Together para ensinar a seus 165 mil funcionários como ajudar os clientes a tomarem decisões de compra mais inteligentes. O foco deles é ensinar como usar os eletrônicos de modo mais eficiente para economizar energia, e como reciclar, reutilizar ou trocar produtos no fim de suas vidas úteis.[23]

Em 2009, o Wal-Mart anunciou um consórcio de sustentabilidade com múltiplos *stakeholders* com o objetivo de criar um índice de varejo que medisse o desempenho sustentável de fornecedores e, por fim, os impactos de produtos individuais. Avaliações que provavelmente influenciarão quais produtos chegarão às prateleiras do Wal-Mart, e em quais quantidades, levarão em consideração coisas como nível de carbono, eficiência de materiais, uso de recursos naturais e questões sociais. O objetivo é influenciar a próxima geração de produtos sustentáveis, materiais e tecnologias. Para fazer o trabalho corretamente, o Wal-Mart pediu a ajuda de grandes fabricantes, ONGs, reguladores do governo e universidades. Fazer parceria com varejistas que se importam com os assuntos ecológicos não é apenas interessante; com o mercado rapidamente se direcionando para produtos mais verdes, isso é essencial.

Estratégia para Criar Parcerias com Varejistas

Ajude os Varejistas a Treinar Funcionários e a Promover Produtos mais Sustentáveis.

As empresas que fazem parceria com varejistas podem fortalecer as relações de venda e garantir maior apoio de venda a suas marcas em boletins semanais e anúncios de jornal, ajudadas por cupons, promoções e amostras na loja.

Em resposta ao interesse do Wal-Mart em produtos sustentáveis, em 2005, a Sun Products criou uma estratégia de ganho triplo para os consumidores, varejistas e o meio ambiente: quando lançaram o detergente de força tripla "All small & mighty", mencionado no Capítulo 4. Representando diversos benefícios para os consumidores e para o meio ambiente, para os varejistas, ele podia otimizar o espaço nas prateleiras, reduzir os custos com estocagem e reduzir a decepção do consumidor com produtos fora de estoque. Não é à toa que o All small & mighty se tornou o queridinho do então CEO do Wal-Mart, Lee Scott, com todos os benefícios resultantes de relações públicas para a marca All.

Abordando as novas regras

Fazendo Parceria com a ENERGY STAR

Desde seu início, em 1992, a U.S. Environmental Protection Agency tem feito as parcerias com os varejistas promoverem a sua marca ENERGY STAR e ajudar o fabricante e os parceiros de varejo a venderem produtos com maior eficiência energética. Hoje, mais do que nunca, com a demanda maior por produtos sustentáveis entre os consumidores, Jill Vohr, gerente de marketing da ENERGY STAR Products Labeling, reconhece o aumento correspondente em oportunidades de firmar parcerias com varejistas para promover os produtos qualificados ENERGY STAR que variam de eletrônicos a iluminação, passando por eletrodomésticos. De acordo com a Sra. Vohr, a chave para criar essas tendências com sucesso por meio das parcerias de varejo depende de como seus consumidores varejistas se posicionam na questão. Aqui estão três exemplos:

1. Se seus consumidores varejistas tomaram a iniciativa de desenvolver plataformas promovendo o verde a seus consumidores, como o selo Eco Options, da Home Depot, então o melhor, como fabricante, é pesquisar e descobrir como o varejista identifica produtos para sua linha verde – para o Home Depot seria o Scientific Certification Systems (SCS) – e demonstrar que seus produtos satisfazem esses critérios.

O programa ENERGY STAR apoia o Home Depot oferecendo produtos e também conteúdo educacional e, claro, apoio do governo e credibilidade para o pilar de eficiência energética do Eco Options, do Home Depot. Resultado: o ENERGY STAR não apenas é uma característica em muitas atividades promocionais do Eco Options, do Home Depot, mas os parceiros de fabricantes colhem os frutos por posicionarem de modo favorável as avaliações de linha de produtos Home Depot.

Além do Home Depot, há muitos varejistas que desenvolveram plataformas de marketing ambiental, como o Helpful Earth Choices, da Ace Hardware, o EcoEasy da Staples, e o Simply Green, da JCPenney. Muitos outros preparam programas para satisfazer a demanda do consumidor por alternativas mais sustentáveis.

2. Se o varejista tiver programas internos para iniciativas mais verdes, como a plataforma Greener Together, da Best Buy e o Sustainability Consortium, do Wal-Mart, os fabricantes de produtos verdes devem conhecer outros na organização – além de seus respectivos comerciantes – que administrem esses programas (geralmente, o diretor de sustentabilidade ou assuntos ambientais) e identifiquem interesses compartilhados para promover marcas verdes aos consumidores. Ser proativo e tomar a iniciativa pode se traduzir em uma vantagem para a sua marca e prioridade com mensagens ambientais efetivas.

O ENERGY STAR atua com o Wal-Mart e com o Sustainability Consortium para ajudá-los a definir e implementar critérios de eficiência energética para seus produtos. Para a Best Buy, o programa ENERGY STAR oferece apoio geral para promover produtos com o selo ENERGY STAR em suas lojas, além de orientação estratégica para onde eles levam o Greener Together e formam a base para o componente de economia de energia da plataforma Greener Together.

3. Um grupo final de varejistas são aqueles que caracterizam seus consumidores como menos interessados no verde ou que assumem uma abordagem de esperar para ver e, assim, criaram iniciativas de marketing verde. Tais varejistas costumam gostar do verde. Simplesmente porque, para os varejistas, mesmo para aqueles com consumidores menos preocupados com a sustentabilidade, desempenhar um papel no movimento verde aumenta o valor de sua imagem e isso representa mais lealdade e mais vendas, de modo geral. Além disso, poucos consumidores veriam o marketing verde de modo negativo. No máximo, eles compram com base em outros critérios, mas ainda reconhecem que o varejista se importa e isso conta muito.

Então, para os varejistas que não parecem engajados, ainda pode ser estrategicamente vantajoso para os fabricantes educarem-nos a respeito dos consumidores verdes e incentivá-los a pensar em como comprar produtos sustentáveis pode ser um bom primeiro passo para se fazer a coisa certa. Isso, por sua vez, pode levar a um relacionamento constante com o varejista que se traduza em um papel importante para a sua marca em um novo esforço de marketing verde.

Para o ENERGY STAR, nem todos os varejistas se animam com o marketing verde. Para aqueles parceiros varejistas que se afastam do movimento por qualquer motivo, a Sra. Vohr ainda encontra oportunidades para aumentar a penetração do ENERGY STAR tanto para produtos quanto mensagens, simplesmente porque os varejistas valorizam a orientação que recebem dos parceiros: nesse caso, do EPA. De modo similar, os fabricantes que cuidam do que é verde e de seus benefícios podem criar parcerias com varejistas para ajudá-los a entrar em solo novo, aumentando, assim, a probabilidade de favorecimento da marca no futuro.[24]

228 As Novas Regras do Marketing Verde

Lista das *Novas Regras*

Faças as seguintes perguntas para avaliar oportunidades de conseguir a ajuda de varejistas para as iniciativas de sua empresa relacionadas ao meio ambiente.

○ Quais são as questões ambientais mais importantes para os nossos varejistas-chave nas áreas de comércio?

○ Até que ponto os varejistas têm consciência de nossas iniciativas ambientais e dos atributos ambientalmente importantes de nossos produtos e embalagens?

○ Que tipo de educação e treinamento os compradores e pessoal de vendas precisam ter a respeito das questões ambientais para a nossa marca/categoria?

○ Quais varejistas têm selos ecológicos dentro da loja e outras iniciativas ecológicas com as quais temos a oportunidade de nos envolver?

○ Quais são as oportunidades para a nossa marca conseguir vendas melhores formando o apoio dentro da loja entre os varejistas menos conscientes?

Fornecedores

As redes de fornecimento global complexas de hoje costumam diminuir a visibilidade a respeito da origem das matérias-prima, da fabricação e envio de produtos conforme estes percorrem distâncias cada vez maiores e rotas turbulentas. Com mais interesse nas especificidades da sustentabilidade por meio do ciclo de vida todo de um produto, os fornecedores, com seu profundo conhecimento a respeito de seus materiais, componentes ou tecnologias podem oferecer apoio essencial para reduzir os impactos ambientais e trazer inovações de produtos e serviços.

Os comerciantes do Wal-Mart têm um grande incentivo para trabalhar com seus fornecedores para se tornarem mais verdes. Em 2006, como parte do esforço global para satisfazer a demanda ambiental dos consumidores e ajudar a melhorar uma imagem prejudicada por questões trabalhistas, o Wal-Mart apresentou um sistema de avaliação verde para que seus 60 mil fabricantes do mundo todo reduzam a quantidade de embalagens que usam em 5%, usem mais materiais renováveis e diminuam o uso de energia. Exigindo conhecimento sem precedentes das operações de seus fornecedores, os comerciantes do Wal-Mart têm que responder: quais são as emissões de gases de efeito estufa de sua empresa? Qual é o uso total de água das fábricas que produzem para o Wal-Mart? Qual é a localização de todos os fornecedores de seus produtos? As empresas que conseguem avaliações boas são categorizadas como "fornecedores preferenciais", enquanto aquelas com avaliações baixas correm o risco de perder lugar nas prateleiras do Wal-Mart.[25]

Trabalhar com os fornecedores para satisfazer as demandas ambientais e sociais dos consumidores e dos varejistas é desafiador. Em primeiro lugar, muitos fornecedores não gostam de revelar segredos de comercialização. Sua rede de fornecimento pode ser formada por diversas entidades, espalhadas por todo o mundo. Alguns fornecedores ficam distantes e não são conhecidos dos revendedores. Os fornecedores podem ser iniciantes nas questões ambientais e sociais, por isso podem não estar preparados para responder às perguntas mais difíceis, muito menos pagar caro por análises sofisticadas de seus materiais, ingredientes e processos. Reservar um tempo para educar e trabalhar com os fornecedores enquanto se protege seus segredos de comércio pode resultar em novos produtos e embalagens, e ciclos de vida mais verdes que podem estabelecer vantagem competitiva.

Estratégias para Parcerias com os Fornecedores

Identifique as Substâncias Químicas de Seus Produtos para Garantir que Eles Sejam Seguros.

O sistema GreenList da SC Johnson, que ela licencia a outros fabricantes, avalia e classifica os componentes químicos em seus produtos. A HP está reunindo dados de seus fornecedores de 240 produtos químicos de "preocupação emergente", enquanto a Nike mantém uma lista de substâncias restritas em um esforço para identificar e avaliar os elementos químicos existentes em seus produtos.

Trabalhe com Seus Fornecedores em Materiais Inovadores

Pressionada pelos preços mais altos de energia e procurando reduzir o desperdício, no verão de 2008, a KLM, a companhia aérea holandesa nacional procurou seu fornecedor, a Moonen Packaging, para criar uma ideia para os copos de café e chá nos voos. Trabalhando com a Nature-Works, Moonen criou um copo de papel revestido com o plástico da marca Ingeo, feito de

230 As Novas Regras do Marketing Verde

amido de milho. Os novos Bio-Cups da KLM oferecem benefícios ambientais e também são mais leves e podem ser armazenados de forma melhor do que os copos de isopor tradicionais usados nos voos.[26]

Incentive os Fornecedores a Oferecerem Soluções para os Desafios com Relação a Embalagens e Resíduos

Guiado pelo Environmental Defense Fund, um grupo ambiental líder, em 1990, o McDonald's trabalhou com a James River Corp. para substituir as embalagens tipo *clamshell* de isopor por outras mais finas como alternativa para reciclar as embalagens de polistireno. Essa aliança inovadora foi exceção naquela época, mas hoje é a regra para os fornecedores que atuam ativamente com varejistas e fabricantes para reformular os produtos e as embalagens, porque quase vinte anos depois, a embalagem ainda está em alta.

Diversas coalizões relacionadas a embalagens desde então apareceram para lidar com os muitos desafios de reduzir a embalagem ao mesmo tempo em que o conteúdo seja protegido, até que atendam ao propósito desejado. A Sustainable Packaging Coalition de Charlottesville, da Virginia, reúne os fabricantes de produtos finais com fornecedores de embalagens para compartilhar as melhores prática e designs, apoiar a inovação e oferecer educação, recursos e ferramentas que possam resultar em embalagens ambiental e economicamente eficientes. A Paperboard Packaging Alliance e a Corrugated Packaging Alliance se uniram para aumentar a consciência a respeito dos benefícios de se usar matérias-primas renováveis e reciclar em altos índices por meio de uma campanha chamada Responsible Packaging Campaign. Um dos prêmios de 2009 da Greener Package Awards foi para o Green Toys e seu fornecedor de embalagens, a Unisource, por usar uma embalagem feita 100% de caixa corrugada reciclável para seus chá, conjuntos de potinhos de praia e outros brinquedos feitos com plásticos reciclados.[27]

Incentive os Fornecedores a Oferecerem Soluções Inovadoras para os Desafios de Energia e Carbono

Com o crescente aumento do custo do barril de petróleo durante 2007 (antes de alcançar a maior alta da história durante o verão de 2008), e a expectativa das restrições governamentais sobre emissões de carbono aumentando no futuro, a Continental Airlines é apenas uma das muitas companhias aéreas procurando tomar cuidado no céu. Em março de 2008, eles anunciaram a intenção de atuar com a General Electric e a Boeing para identificar e testar fontes de combustível mais sustentáveis.

Lista das *Novas Regras*

Faça as seguintes perguntas para avaliar as oportunidades de obter o apoio de fornecedores para as iniciativas sustentáveis de produtos e embalagens.

- ○ Conhecemos as fontes de todos os ingredientes de nosso produto?
- ○ Os fornecedores compreendem nossos objetivos ambientais?
- ○ Quanto conhecemos a respeito dos compromissos e das iniciativas ambientais de nossos fornecedores?
- ○ Como podemos fazer parceria com nossos fornecedores para "tornar verde" a nossa rede toda de fornecimento?
- ○ Temos um fórum para a comunicação regular e constante com nossos fornecedores a respeito das questões ambientais e sociais?
- ○ Temos um padrão do fornecedor para podermos avaliar e medir as credenciais ecológicas de cada fornecedor?
- ○ Conhecemos os novos materiais e tecnologias que nossos fornecedores estão testando e desenvolvendo? Podemos incorporá-los em nosso novo design de produto e embalagem?

Governo

Os governos têm papel direto na eliminação e na prevenção da poluição criada por produtos e serviços. Os governos estadual e municipal desenvolvem políticas ambientais, leis e regulamentações que impactam direta ou indiretamente nos produtos e serviços dos fornecedores e fabricantes de produtos finais. O governo tem o poder de subsidiar, cobrar impostos, regular ou influenciar os processos da indústria e o design do produto com base em sua sustentabilidade ou custo externo ao meio ambiente. Mas nem todos os oficiais do governo têm conhecimento dos negócios, muito menos dos aspectos técnicos do design e da distribuição do produto, e isso pode resultar em políticas mal orientadas que podem, desnecessariamente, prejudicar a indústria. Atuar *com* os reguladores, e não *contra* eles, pode ajudar as corporações a se prepararem e reduzirem os riscos associados com os desafios jurídicos, como proibições de produtos químicos visados ou leis que possam trazer custos adicionais a um processo já caro. Atuando com os representantes do governo, a indústria pode fazer parte do diálogo para garantir que as novas regulamentações sejam bem informadas e que as novas regras sejam equilibradas.

O governo também tem a habilidade de alocar apoio financeiro para projetos e negócios que possam estimular a economia; ultimamente, incentivo financeiro é dado em grande medida aos negócios e às tecnologias verdes. Então, é conveniente que os profissionais de marketing verde procurem fundos disponíveis.

Estratégias de Parcerias com o Governo

Participe de Programas de Voluntariado

Desde o início dos anos 1990, os governos federal, estadual e municipal descobriram que atuar com a indústria pode trazer melhores benefícios do que exercer o tradicional "comando e controle". Assim, eles criaram diversos programas voluntários que beneficiam tanto a indústria quanto o meio ambiente. Esses programas voluntários podem criar um pacote imbatível de incentivos para os negócios que procuram controlar seus destinos ambientais. Os parceiros de negócios gostam de maior flexibilidade na hora de cumprir leis e regulamentações já existentes e podem ganhar acesso ao domínio e aos recursos técnicos que podem levar à vantagem competitiva, a novas oportunidades de mercado e a melhorar a credibilidade e o reconhecimento público por seus esforços. Participando desses programas, existe a chance de ser pego de surpresa quando novas leis regulamentadoras forem minimizadas. A participação voluntária é reconhecida pelo governo e isso pode dar credibilidade às empresas-membro. Programas de selos, como o ENERGY STAR e o Organic, do USDA já foram discutidos neste livro. Outros programas voluntários ajudam os negócios a fazer melhorias ambientais com custos mais efetivos. Entre os exemplos, estão a WasteWise do EPA e os programas WaterWise que ajudam os negócios a reduzir e reciclar material sólido municipal ou conservar água. Muitos desses programas têm prêmios que podem aumentar o reconhecimento da participação e das conquistas de uma empresa. O prêmio ENERGY STAR Partner of the Year é um bom exemplo.

Lute por Regulamentações Mais Rígidas

Às vezes, os negócios podem obter vantagem competitiva lutando por regulamentações governamentais mais rígidas que eles estão se preparando para assumir, refletindo positivamente em uma organização e em suas marcas. Por exemplo, em 2006, a Philips, o gigante mundial da iluminação estava se esforçando para que as pessoas pagassem altos preços pelas suas lâmpadas Halogena-IR que duram cerca de quatro vezes mais tempo do que as lâmpadas tradicionais incandescentes. Então, a Philips se esforçou para aumentar os padrões de eficiência das lâmpadas e foi premiada quando o Congresso criou uma nova lei de energia o Energy Independence and Security Act de 2007 (para entrar em vigor em 2012), que aumentará os padrões de eficiência energética o suficiente para tirar do mercado as lâmpadas incandescentes tradicionais. Estima-se que isso fará com que os Estados Unidos economizem cerca de $18 bilhões por ano em custos de energia – e garante à Philips um mercado futuro para suas lâmpadas de eficiência energética sem atrair a atenção negativa que geralmente acompanha o esforço para criar leis em benefício próprio.[28] O CEO da GE, Jeffrey Immelt, está implorando ao governo que regule as emissões de gases de efeito estufa. Sua motivação: a certeza de que as empresas precisam fazer apostas multibilionárias a respeito do tipo de tecnologia de energia mais limpa que sua empresa está pronta para vender.

Estabeleça Parcerias para Criar Novos Produtos

Você tem a ideia de um novo produto e precisa de dinheiro para tirá-la do papel e colocá-la no mercado? Crie parceria com agências do governo que possam oferecer uma fonte pronta de novas tecnologias de produtos, fundos e domínios para satisfazer os seus objetivos. Diversas organizações do governo, entre elas o Sustainable Housing and Communities Program do U.S. Department of Housing and Urban Development, oferecem a comunidades locais o apoio técnico e financeiro para projetos de sustentabilidade, incluindo construções comerciais verdes, iniciativas de preservação da água e de transporte público.[29]

O U.S. Department of Agriculture está procurando dar apoio ao desenvolvimento de produtos com base biológica como uma maneira de melhorar a economia de cultivo e reduzir as emissões de carbono. Entre as diversas empresas que receberam apoio, estão a Metabolix de Cambridge, Massachusetts, que recebeu $350 mil para desenvolver resinas biológicas e biodegradáveis para a confecção de garrafas. De acordo com o American Plastics Council, mais de dois milhões de toneladas de plásticos de polietileno de alta densidade são usados anualmente para garrafas, containeres e outros tipos de embalagem, por isso, mudar para resinas biológicas pode fazer uma grande diferença.[30]

Além de premiar o selo ecológico DfE descrito no Capítulo 7, o Design for the Environment (DfE) Partnership for Safer Chemistry, do EPA, atua com a indústria para ajudar a desenvolver alternativas mais seguras a uma ampla série de produtos, incluindo produtos automotivos, formuladores químicos, detergentes, móveis, retardadores de chamas, esmaltes, fios e cabos.

Lista das *Novas Regras*

Faça as seguintes perguntas para avaliar as oportunidades de obter o apoio de *stakeholders* do governo:

○ Qual legislação vigente ou em projeto em níveis federal, estadual e municipal afetarão nossas marcas e empresa?

○ Que medidas podemos tomar para promover a regulamentação e evitar leis obrigatórias?

○ Quais oportunidades existem para ganharmos vantagem competitiva realizando um esforço para deixar as leis mais rígidas?

○ Com quais programas voluntários, que estão sendo realizados pelos governos, podemos nos envolver para ajudar a aprovar leis, ganhar reconhecimento e vantagem e estabelecer padrões na nossa indústria?

Grupos Ambientais

Todos já ouviram falar do National Audubon Society e do Nature Conservancy, mas, na verdade, existem mais de 12 mil organizações ambientais só nos Estados Unidos[31], e de muitos tipos diferentes. Algumas abordam uma causa específica, como esforços para conseguir um ar mais puro, limpar os rios, proteger as corujas ou expandir o programa de reciclagem da cidade. Outros realizam pesquisa, influenciam políticas, oferecem suporte técnico e aumentam a consciência. Variando de organizações regionais de duas ou mais pessoas a grupos mundiais com mais de 10 mil membros, os grupos ambientais costumam ser organizações sem fins lucrativos que dependem de arrecadar fundos e de contribuições financeiras de seus membros e doadores para alcançar a sua missão.

Já tidos como extremistas, a tendência verde tornou aceitável a prática de grupos ambientais ajudarem os negócios e os governos a melhorarem a sustentabilidade ambiental. Muitos grupos ambientais agora percebem que como os negócios e o governo controlam muitos dos recursos e reúnem grande parte do poder em uma economia com base no mercado, unir-se na abordagem de um mercado focado é a maneira mais eficiente de cuidar do meio ambiente e abrir o caminho para uma sociedade mais sustentável. Enquanto alguns grupos extremistas ainda adotam uma abordagem antagônica para atuar com a indústria, e pode ser a primeira a incentivar um boicote de produtos, um número cada vez maior de grupos ambientais coopera de modo ativo com os líderes de negócios para mudar atuando como uma base de apoio, ajudando-os a melhorar suas políticas e práticas ambientais, e até ajudando no desenvolvimento e promoção das marcas.

Estratégias para Criar Parcerias com os Grupos Ambientais

Ao atuar com os grupos ambientais, pensa-se em marketing de causa, como discutimos no Capítulo 6, mas há outras oportunidades de parceria construtivas, começando com a obtenção de domínio especial, o trabalho para proteger as fontes de novos materiais e criar mercados para produtos importantes e filantropia estratégica corporativa.

Alavanque o Domínio Especial de Grupos Ambientais Específicos

As empresas que visam aos lucros, especialistas em criar valor econômico, têm muito a aprender com as organizações sem fins lucrativos que são ótimas em criar e medir o valor social e ambiental. Felizmente, com as novas regras, muitos grupos ambientais agora estão dispostos a dividir seu domínio com negócios bem-intencionados. Algumas organizações sem fins lucrativos, por exemplo, sabem como proteger as espécies em extinção e cuidar de florestas e isso pode ser traduzido em maneiras inovadoras de melhorar o desempenho de sustentabilidade da empresa. As parcerias construtivas podem dar credibilidade à imagem de uma marca e podem dar aos negócios uma importante proteção de grupos ambientais com perspectivas contrarias e ataques da imprensa que podem prejudicar a reputação de uma empresa.

Em 2002, o McDonald's, o maior varejista de serviço alimentício do mundo, conseguiu que o Conservation International (CI) se tornasse um parceiro para ajudar a desenvolver maneiras de incorporar a sustentabilidade em sua enorme rede de fornecimento. O CI desenvolveu maneiras de incorporar a sustentabilidade na rede, como um "cartão ambiental" para os fornecedores internacionais do McDonald's, para medir e avaliar o uso da água e da energia, da matéria sólida e das emissões ar.[32]

Às vezes, até mesmo ex-inimigos ambientais podem se transformar em aliados. Em agosto de 2009, a Kimberly-Clark, a fabricante de produtos como Cottonelle, Kleenex e Scott, anunciou uma parceria com o Greenpeace para alcançar o objetivo de obter 100% da fibra de madeira da empresa para produtos de fontes ambientalmente responsáveis. Oficialmente pondo fim à duradoura campaha Kleercut contra a empresa, o Greenpeace vai ajudar a Kimberly-Clark a promover a conservação de florestas e conseguir fibras com certificado FSC para as suas amadas marcas. De acordo com Scott Paul, diretor da campanha USA Forest Campaign, do Greenpeace: "A revisão desses padrões são prova de que, quando empresas responsáveis e o Greenpeace se unem, os resultados podem ser bons para os negócios e ótimos para o planeta. Os esforços da Kimberly-Clark são um desafio para os concorrentes. Espero que outras empresas prestem atenção".[33]

Proteja os Fornecedores de Matéria-prima e Crie Novos Mercados para os Produtos Sustentáveis

Os ex-donos das marcas da Gorton, Unilever, que viram as ações de muitos de seus produtos mais famosos caírem, se uniram com a World Wildlife Fund (WWF, agora o nome que adota fora dos Estados Unidos) em 1995 e criaram o Marine Stewardship Council (MSC) e ajudaram a desenvolver práticas sustentáveis de pesca. Um número cada vez maior de mercados tanto nos Estados Unidos (A&P, Lunds & Byerly's, Target, Wal-Mart, Wegmans, Whole Foods Market, e outros) quanto no Reino Unido (Marks & Spencer, Sainsbury's, Waitrose e outros) agora usam o selo ecológico azul MSC para produtos de pesca para ajudar os clientes a identificar frutos do mar de peixarias que obedecem a rígidos padrões ambientais. O MSC também opera o certificado Chain of Custody, que garante que todas as empresas de uma determinada rede de fornecimento que compram os peixes certificados pelo MSC não misturam peixes aprovados com peixes não aprovados. No final de 2008, a University of Notre Dame, em Indiana, tornou-se a primeira universidade dos Estados Unidos a obter o certificado Chain of Custody para todos os peixes servidos em universidades.[34]

Na maior parte das vezes, as editoras imprimem livros em papel composto em grande parte por fibras de florestas virgens porque o papel de conteúdo reciclado não existe em qualidade ou em grande quantidade. Em 2001, percebendo a oportunidade de criar um novo mercado satisfazendo as necessidades da indústria, a Canopy, uma empresa canadense sem fins lucrativos dedicada a proteger as florestas, atua com negócios para criar redes de fornecimento sustentáveis, em colaboração com a empresa New Leaf Paper com sede em São Francisco, para desenvolver ações de papel ambientalmente sustentáveis para a publicação de livros. Em 2001, a autora Alice Munro se tornou o primeiro "grande nome" a usar o papel 100% reciclado e sem cloro da New Leaf Paper para a edição canadense de seu livro *Hateship, Friendship, Courtship, Loveship, Marriage*. A edição canadense de *Harry Potter e a Ordem da Fênix*, de J.K. Rowling, também usou esse novo papel ambientalmente sustentável, provando para o setor editorial que o papel reciclado de alta qualidade poderia ser desenvolvido de modo confiável, em massa e com bom preço. Desde então, o New Leaf Paper e a Canopy têm trabalhado juntos para tirar os setores de publicação de livros, revistas e jornais no Canadá e nos Estados Unidos de florestas em extinção e papel com cloro para se concentrarem em incorporar a proteção e a sustentabilidade das florestas na rede de fornecimento de papel.[35]

Direcione a Filantropia Corporativa Estrategicamente pelo Bem do Meio Ambiente

A filantropia corporativa sempre foi uma ferramenta de marketing eficiente de relações públicas. O patrocínio às artes, por exemplo, há muito ajuda grandes corporações, como a ExxonMobil, IBM e Altria (antigamente Philip Morris) a melhorar suas imagens e fazer amizade com pessoas influentes na sociedade. Apesar de poder ser criticada como uma forma de propaganda, a doação ambiental pode ajudar as empresas estrategicamente, contribuindo para encontrar a solução para questões que afetam seus negócios ao mesmo tempo em que cria impressões mais favoráveis para uma empresa de modo

238 As Novas Regras do Marketing Verde

geral – com funcionários, instituições financeiras e consumidores. De acordo com o IEG Sponsorship Report, quase todas as empresas da lista *Fortune 500* fazem doações a instituições de caridade, com 25% delas comprometendo-se com o serviço à comunidade e à melhoria social em suas missões. Em 2005, as empresas norte-americanas doaram mais de $12 bilhões a organizações sem fins lucrativos, e investiram $1,6 bilhão em programas de marketing de causa sem fins lucrativos.[36] Essas doações oferecem dedução de impostos e também uma oportunidade para alinhar-se estrategicamente com causas ambientais e sociais com base nos interesses de funcionários e consumidores. E mesmo com a esperada diminuição dos lucros depois da recessão do período de 2008-2010, o compromisso corporativo com a sustentabilidade e o patrocínio ambiental deve se manter parte desses valores essenciais das organizações.

Um exemplo da filantropia corporativa estratégica é o patrocínio do Bank of America à exposição Climate Change no American Museum of Natural History, na cidade de Nova York, em 2008,[37] que reforçou as iniciativas gerais do banco para reduzir os impactos da mudança climática associados com os lucros enormes de propriedades pelo mundo. (Construir gera mais emissões de aquecimento global do que os carros). O suporte financeiro da Cargill da Nature Conservancy, da Wildlife Conservation Society, Conservation International, e World Wildlife Fund, entre outros[38] – grupos de credibilidade que podem ajudar a proteger o meio ambiente – apoiam a preservação da biodiversidade além de iniciativas que criam bioplásticos com milho.

Representando outro exemplo, em 2002, o Home Depot, o maior vendedor de produtos de madeira, anunciou que doaria 1 milhão de dólares em cinco anos à Nature Conservancy para ajudar na luta contra o desmatamento ilegal e na promoção de programas de madeiras sustentáveis na Indonésia. A doação fazia parte do incentivo do varejista em identificar as fontes de todos os produtos de madeira vendidos em suas prateleiras. O Nature Conservancy usou seus fundos para comandar um programa de certificação de florestas e madeiras. Desde que anunciou sua doação ao Nature Conservancy, o Home Depot reduziu suas importações de produtos de madeira da Indonésia em 70%, e agora menos de 1% da madeira vendida em suas lojas vem de lá.[39]

Este capítulo encerra a nossa discussão a respeito das novas maneiras como as demandas dos consumidores de hoje estão mudando as regras do marketing verde, a partir das sete estratégias para o marketing verde bem-

-sucedido explicadas no Capítulo 3. Ainda que pareça muito abordar todas as novas regras de modo bem-sucedido, algumas empresas estão fazendo um ótimo trabalho em integrar o verde ao ciclo de vida de seus produtos, introduzindo uma cultura verde em suas empresas e comunicando as marcas sustentáveis com credibilidade e impacto. Dois líderes e marcas sustentáveis desse tipo, a Starbucks e a Timberland, são mostrados a fundo no próximo capítulo.

Lista das *Novas Regras*

Faça as seguintes perguntas para avaliar as oportunidades de obter o apoio de *stakeholders* de grupos ambientais.

○ Quais grupos ambientais podem nos levar para abordagens sustentáveis para guiarmos os nossos negócios? Ajudar a enfatizar a nossa credibilidade? Proteger os produtos? Ajudar a criar novos mercados para produtos sustentáveis?

○ Quais grupos ambientais têm domínio especial que pode anos ajudar a desenvolver ou refinar os produtos com o mínimo impacto ecológico?

○ Quais oportunidades existem para realizar filantropia corporativa estratégica com grupos ambientais?

Dois Líderes em Sustentabilidade que Abordam as Novas Regras Perfeitamente

As novas regras para abordar as demandas dos consumidores de hoje, preocupados com a sustentabilidade representam um abalo sísmico na estratégia de comunicação e também exigem uma abordagem detalhada de ciclo de vida para desenvolver e a habilidade de formar coalizões construtivas com uma grande variedade de *stakeholders* corporativos. Enquanto a maioria dos negócios ainda está aprendendo as novas regras e tentando se adaptar a elas, alguns negócios estão na liderança, sendo pioneiros em novas estratégias e aproveitando os diversos benefícios. Apesar de muitas empresas se encaixarem nessa categoria, apresentaremos duas com mais profundidade neste capítulo: a Starbucks e a Timberland.

É claro que nenhuma empresa pode ser considerada 100% sustentável – e essas empresas têm seus entraves ecológicos também –, mas acredito que o progresso feito por essas duas empresas pode representar um modelo para as outras que seguem os seus passos e, espero, uma plataforma a partir da qual alavancar os esforços desses líderes. A lealdade do consumidor a essas empresas e seus produtos prova que as novas estratégias sustentáveis podem ser a base de um negócio duradouro, oferecendo destaque diante da enorme concorrência. Elas demonstram muito bem como as novas estratégias do marketing verde podem criar empregos, aumentar a lealdade à marca e trazer lucros, enquanto contribuem para uma sociedade mais sustentável.

Abordando as Novas Regras

Timberland

Em 2009, a Timberland tinha mais de $1,3 bilhão em vendas, mais de 200 lojas em 15 países – e uma consciência ambiental que reflete as aspirações dos consumidores que apreciam a alta qualidade dos produtos da empresa. E tudo começou com o CEO Jeffrey Swartz. Liderando a empresa que seu avô adquiriu em 1952, Swartz imprime de modo ativo e estratégico seus valores ambientais e sociais na empresa. Apaixonado e atuante dentro da comunidade de negócios, sua preocupação com o meio ambiente talvez seja mais bem resumida na filosofia que há por trás da linha de calçados Mountain Athletics® da Timberland: "Aproveitar a natureza da melhor maneira e deixá-la como a encontramos". Swartz acredita ter a responsabilidade de ser proativo em reduzir o impacto ambiental de sua empresa e maximizar seu benefício para a comunidade. Assim, a Timberland faz a coisa certa de modo que seus consumidores (que têm bons motivos para cuidar do meio ambiente e da comunidade) aprendam corretamente – e recompensem Swartz escolhendo os produtos de sua empresa e não os dos concorrentes.

A filosofia de Swartz de "fazer bem e fazer o bem estão intrinsecamente relacionados" demonstra que a Timberland é mais do que apenas lucro e exemplifica a estratégia da empresa em um momento em que as compras e a confiança nos negócios estão em baixa. Ele acredita que a atual recessão econômica fortalecerá sua empresa e oferecerá uma oportunidade de a marca reforçar seu *status* como líder ambiental em seu setor.

Ênfase na Redução de Carbono

Desde seus escritórios a suas fábricas, passando pelas lojas de varejo, todas as operações da Timberland são realizadas com a atenção voltada para minimizar o impacto ambiental, juntamente com o objetivo de obter neutralidade na emissão de carbono até 2010. A empresa utiliza estratégias múltiplas e pioneiras para reduzir seu nível de carbono.

Em primeiro lugar, a Timberland deseja reduzir a demanda geral de energia (que, por sua vez, traz economia). Na Stratham, a sede mundial em New Hampshire e no centro de distribuição europeu, na Holanda, as atividades como instalar luzes e trocar o sistema de iluminação antigo por alternativas energéticas eficientes economizaram 460.000 kWh de energia em seu primeiro ano. Um novo telhado inovador foi instalado na sede de New Hampshire para que fosse mais fácil e barato refrigerar o prédio.

Em segundo lugar, a Timberland tem conseguido transferir mais de 12% de sua energia para fontes renováveis. O vento e outras fontes renováveis oferecem 100% da eletricidade necessária para abastecer o centro de distribuição europeu da Timberland. Um painel solar de $3,5 milhões e 400 kW, em seu centro de distribuição, em Ontario, oferece cerca da metade da eletricidade usada pela fábrica – com o bônus extra de impedir a emissão de milhares de quilos de gás do efeito estufa. Em uma coletiva à imprensa, em 2006, anunciando o projeto do painel solar de Ontário, Jeffrey Swartz disse: "Estamos totalmente comprometidos em reduzir nosso impacto ambiental e diminuir a dependência de fontes não renováveis, encontrando maneiras alternativas de produzir energia".

A Timberland obteve a ajuda da iniciativa Business for Social Responsibility (BSR) Clean Cargo para desenvolver ferramentas para acompanhar as emissões de carbono. A empresa aplica essas ferramentas para avaliar as opções de transporte e carregamento para levar os produtos das fábricas para seus centros de distribuição. Esses esforços para reduzir o nível de carbono levaram a Timberland a pensar até no nível de emissão de seus funcionários, principalmente os associados com o percurso dos funcionários até a empresa. A Timberland criou vagas de estacionamento em sua sede para os funcionários que dirigem veículos com eficiência energética ou que dão carona a outros. Para ajudar ainda mais na redução do nível de carbono associado às atividades desses funcionários, em 2008, a sede em Hampshire mantém uma espécie de quitanda o Victory Garden, no qual os funcionários podem comprar legumes e alimentos frescos sem ter de pegar o carro para ir ao mercado.

As estratégias de redução de carbono, pioneiras no setor, que a Timberland adota reduziram de modo significativo o impacto ambiental (entre 2006 e 2009, as reduções foram de 36%) e também atingiram grandes lucros; a economia de energia e combustível está ajudando a empresa a poupar mais de um milhão de dólares por ano.

Uma Consciência Social Também

As atividades ambientais da Timberland são complementadas por uma forte consciência social, incorporada em diversos programas que envolvem seu jovem público-alvo enquanto oferece oportunidades para os funcionários desenvolverem suas habilidades de liderança e valorizarem o meio ambiente.

Em primeiro lugar, como marca global, a Timberland reconhece que têm responsabilidade em garantir que seus produtos sejam produzidos de modo ético. O Código de Conduta deles ajuda a garantir locais de trabalho justos, seguros e não discriminatórios para seus 175 mil funcionários em mais de 290 fábricas em 35 países, e eles procuram implantar mudanças positivas nas comunidades nas quais seus produtos são feitos.

Durante mais de vinte anos, os funcionários da Timberland têm oferecido horas de trabalho para realizar serviços voluntários, geralmente associado à natureza. O serviço à comunidade "desafia [o] potencial dos funcionários, forma equipes fortes e galvaniza [a] maior fonte da empresa como uma força unida para a mudança"[1]. O tempo para o voluntariado oferecido pelos funcionários já ajudou mais de 200 organizações comunitárias em 30 países. No final de 2009, mais de 60 mil horas de mudança significativa foram "registradas" pelos funcionários da Timberland a serviço de comunidades locais e do meio ambiente.

Os programas da Timberland apoiam uma grande variedade de iniciativas sociais e ambientais, criando boa vontade em comunidades regionais e refletindo positivamente na marca. Por exemplo, desde 1989, a Timberland tem mantido a City Year, uma organização sem fins lucrativos de Boston que reúne jovens de todas as formações para um ano inteiro de serviço, dando a eles habilidades e oportunidades para melhorar o mundo. Jeff Swartz foi representante do corpo diretivo de 1994 a 2002, e por vinte anos, a Timberland tem fornecido uniformes para os membros do City Year.

A maior parte do dinheiro e das doações de produtos da Timberland atualmente reforça a iniciativa Earthkeeping da empresa. Entre os parceiros atuais estão o Yele Haiti e Trees for the Future, que criam e mantêm estufas de plantios sustentáveis de árvores frutíferas às margens de Gonaives, como parte de um esforço mais amplo para reflorestar o Haiti. A Timberland também atua com o programa de plantio de árvores do World Wildlife Fund no Nepal e a Green Net, uma ONG do Japão focada em impedir o desmatamento do deserto de Horqin, na China. Desde 2005, a Timberland tem apoiado o Green Net e enviado voluntários à China para ajudar a plantar árvores e restaurar os ricos campos naquela região.

Outros programas abrangentes da empresa servem para levantar o moral e criar oportunidades de liderança para os funcionários. Por exemplo, o Serv-a-palooza é um evento anual, que dura o dia todo, e que ocorre nas empresas da Timberland no mundo e tem como objetivo melhorar os espaços verdes da comunidade. Mais de cem projetos são realizados em mais de vinte países, incluindo limpar os espaços públicos em Lawrence, Massachusetts, e plantar árvores em uma floresta urbana em Bangkok, Tailândia. Programas abrangentes, como esses, causam mudança social positiva e também se traduzem em funcionários felizes; a Timberland sempre está presente em revistas, como a *Fortune* e a *Working Mother*, que elencam os melhores lugares para se trabalhar nos Estados Unidos.

Produtos com Impacto Mínimo

Os produtos da Timberland combinam estética, qualidade e funcionalidade caracterizadas por sua durabilidade e são fabricados respeitando o meio ambiente.

A Timberland procura reduzir seu impacto ambiental em diferentes estágios do ciclo de vida de seus produtos, começando com

246 As Novas Regras do Marketing Verde

esforços concentrados em minimizar o impacto do couro – um elemento-chave das famosas botas da empresa. É por isso que, em 2005, a Timberland se uniu com o BLC Leather Technology Centre, do Reino Unido, para formar uma organização chamada Leather Working Group (LWG), cujos membros atuam juntos com o objetivo comum de melhorar o desempenho ambiental de curtumes. A linha de produtos Earthkeepers™, da Timberland, é feita para representar seus valores ambientais em ação. Os produtos levam materiais orgânicos, reciclados e renováveis. A partir do outono de 2009, as solas da Earthkeepers incorporam a Green Rubber™, uma borracha reciclada e desvulcanizada feita de resíduos pela Green Rubber Inc., da Malásia, usando uma nova tecnologia. Segundo a Timberland, a coleção de outono de 2009 da Earthkeepers usou 50 toneladas de material Green Rubber – reduzindo a necessidade de usar cerca de 42 toneladas de borracha virgem. A empresa lançou um programa de recolhimento de calçados Design for Disassembly, por meio do qual os calçados podem ser devolvidos em qualquer loja Timberland para serem reciclados ano final de sua vida útil.

Além dos sapatos e das botas, a linha Earthkeepers inclui roupas, casacos, sapatos e bolsas – e algumas delas incorporam materiais orgânicos, reciclados e/ou renováveis. O plástico reciclado PET é usado para criar o náilon para as mochilas e bolsas da Earthkeepers. O algodão orgânico é usado nos cachecóis, nas toucas, nas camisetas e nos bonés; as jaquetas de lã incorporam 50% de lã reciclada; e o cinto usa pequenas partes de couro reciclado.

Apesar de os produtos Timberland, no passado, terem transcendido os limites de seu mercado tradicional e surgido no reino da moda *hip hop*, a estratégia de marketing da Timberland é focada em uma base leal de consumidores entre 16 e 35 anos que gostam de seus produtos funcionais e dos valores da empresa. A Timberland reconhece dois tipos de consumidores: aqueles que realmente gostam de atividades ao ar livre e os que apreciam a funcionalidade dos produtos, e ainda aqueles que gostariam de fazer parte, ou que simplesmente querem parecer fazer parte.

As lojas varejistas da Timberland (as mais novas com certificado LEED) têm um toque de atividades ao ar livre – com tons de madeira e verde. O uso de produtos virgens e de materiais tóxicos está sendo criativamente reduzido: os pisos de concreto são polidos, as peças de madeira são recicladas e a pintura das paredes e do chão tem poucos ou nenhum composto orgânico volátil. A decoração da loja é customizada de acordo com a região: uma loja de Nova York, por exemplo, tem uma parede toda dedicada a mostrar espaços verdes.

Comunicando o Verde

A campanha Earthkeeper da Timberland se baseia nas aspirações modernas de sua clientela-alvo de viver ao ar livre, ao mesmo tempo em que os desafia a se responsabilizar pelo meio ambiente. O anúncio da campanha, lançada em 2008, atrai os consumidores com representações emocionais e visuais do *slogan* da Timberland, Take it all on™ [Assuma tudo]. Os anúncios que promovem novos produtos Earthkeepers enfatizam a relação com a natureza com promessas como: "Use o novo Earthkeepers™ [linha de calçados] feito com materiais reciclados, e a natureza pode retribuir o favor".

Além de ter um site informativo, a Timberland usa a conectividade da geração mais jovem por meio de uma presença corporativa em todas as redes de mídias sociais, desde páginas do Facebook a canais do YouTube, para espalhar as mensagens de mudança social. Agora, 2.400 consumidores seguem Jeff Swartz no Twitter. O blogue da empresa abrange assuntos como avaliação de livros sobre sustentabilidade, legislação verde e atualizações a respeito de como a Timberland está se tornando mais verde. As postagens são escritas por diversos membros da equipe Timberland, incluindo o CEO Jeff Swartz.

O marketing de causa também é uma parte importante da estratégia da Timberland. Em uma parceria, a Timberland se uniu ao ator Don Cheadle (de *Hotel Rwanda*) para criar botas de edição limitada, além de selos e camisetas com as mensagens "Not on My Watch" e "Save Darfur" para aumentar a conscientização e inspirar a atitude de ajudar a conter o genocídio no Sudão, com os lucros revertidos para a Ameri-Cares.

Transparência

A Timberland é pioneira em comunicações transparentes, estabelecendo padrões que se tornaram um modelo para os outros dentro e fora

248 As Novas Regras do Marketing Verde

OUR FOOTPRINT *NOTRE EMPREINTE*

Climate Impact *Incidences sur le climat*	
Use of renewable energy	
Utilisation d'énergie renouvelable	11.63%
Chemicals Used *Produits chimiques utilisés*	
PVC-free *Sans PVC*	85.5%
Resource Consumption *Consommation de ressources*	
Eco-conscious materials	
Matériaux écologiques	26.5%
Recycled content of shoebox	
Contenu en matières recyclées de la boîte de chaussures	100%
Trees planted through 2009	
Nombre d'arbres plantés en 2009	1,118,538

PRODUCT FOOTPRINT
EMPREINTE DU PRODUIT

Green Index® Rating *Classification de L'Indice vert^{MD}*
Lower Impact   Higher Impact
Peu d'Impact   Impact élevé

0	**6**	10

For more information visit www.timberland.com/footprint
Pour plus d'information : www. timberland.com/footprint

TIM-NGI6

Figura 9.1 **Selo Green Index da Timberland**

do setor. No outono de 2006, a empresa mostrou-se pioneira no uso de selos com informações sobre o meio ambiente, colocando-os em mais de 30 milhões de caixas de sapato. Na primavera de 2007, para suplementar o selo, ela apresentou seu sistema de avaliação Green Index® que calcula os impactos ambientais específicos por produtos para cada parte dos sapatos da Timberland (veja a Figura 9.1).

O selo envolve duas seções: "Our Footprint" mostra os impactos relacionados ao clima (demonstrado pela quantidade de energia renovável utilizada na linha de calçados Timberland, de modo geral); a produtos químicos usados (a porcentagem dos calçados da Timberland que não têm PVC); ao consumo de recursos (a porcentagem dos calçados da Timberland que usam "materiais ecológicos", além da porcentagem de conteúdo reciclado da própria caixa de sapato); e o número de árvores que a Timberland plantou até hoje. A segunda seção, "Product Footprint", mostra informações ambientais específicas do produto, incluindo, onde está disponível e a avaliação Green Index®.

Os planos da empresa são expandir o uso da avaliação Green Index para sua linha de calçados em 2012, e adaptar esses selos para serem usados em suas peças e outros produtos no futuro, com o objetivo de aumentar a transparência a respeito dos impactos ambientais de seus produtos. Ela também está criando parceria com a Outdoor Industry Association para desenvolver medidas ambientais padrões para os produtos do setor de atividades ao ar livre.

Resultados

A atenção à qualidade, a paixão pelo meio ambiente e pela sociedade e a transparência da Timberland conseguiram um consumidor fiel disposto a pagar o preço de seus produtos, apesar da recessão econômica atual, e permite que a marca continue crescendo. A empresa também colheu as vantagens em termos de sua reputação e boa vontade nas comunidades nas quais os funcionários atuam por meio de projetos voluntários. Por exemplo, de acordo com Michael Brown, o CEO e fundador do City Year, uma organização nacional que envolve pessoas jovens como tutores e mentores, e um parceiro de longa data da Timberland:

> Cada uma das 1.550 pessoas jovens a serviço do City Year pelos Estados Unidos anualmente é uma prova do apoio da Timberland ao City Year. A Timberland oferece a cada líder jovem uma jaqueta vermelha e um par de botas que são um símbolo de esperança e ajuda a milhares de estudantes da cidade que frequentam escolas onde é alto o índice de pobreza, e em comunidades de todo o país. A Timberland tem sido essencial na construção de todos os aspectos do City Year por vinte anos. Seus funcionários se uniram pelo mundo, nossa parceria foi destacada pela Harvard Business School e procuramos redefinir o que uma empresa e uma organização sem fins lucrativos podem fazer para mudar o mundo juntas.[2]

A Timberland também tem recebido diversos prêmios e reconhecimento. Em 2009, o Cause Marketing Forum entregou à Timberland o prêmio Golden Halo pelo seu objetivo de se tornar neutra nas emissões de carbono até 2010 e sua política de incentivar o voluntariado dos funcionários. A revista *Fortune* classificou a Timberland na posição 78 da lista das "100 Melhores Empresas para Trabalhar no Mundo" em 2007, e ela está entre as 100 melhores desde a criação da lista, em 1998. A Timberland também recebeu o prêmio Green Power Leadership Award do EPA por seu uso voluntário de energia verde. E, em 2010, a empresa foi nomeada como um dos Melhores Locais para Trabalhar" pela revista *Outside*.

Talvez o maior indicador do sucesso venha diretamente de Jeffrey Swartz, que diz:

> Com paixão, inovação e senso de propósito, a Timberland tem procurado melhorar nossas comunidades, nosso meio ambiente e a condição daqueles ao lado de quem vivemos e trabalhamos. Melhoramos como empresa e como comunidade por meio da sabedoria, da humildade e do forte senso de justiça que conquistamos... E continuamos a conquistar a cada passo de nossa jornada.[3]

Abordando as Novas Regras

Starbucks

A Starbucks prova que uma empresa global pode transformar uma abordagem proativa de sustentabilidade em uma parte estratégica e rentável de sua marca. Essencial à sua estratégia bem-sucedida é escutar, interagir e agir de acordo com as expectativas dos consumidores, que têm forte consciência ambiental e social, e demonstrar, constantemente, reduções nos níveis ambientais de suas operações. De acordo com Ben Packard, vice-presidente de sustentabilidade global da Starbucks:

> Atendemos mais de 50 milhões de clientes em nossas lojas todas as semanas e interagimos *on-line* com muitos outros. Eles nos dão ótimas ideias a respeito do que deveríamos fazer para reduzir nosso impacto ambiental. Precisamos assumir essa paixão e mobilizá-la, porque os consumidores estão cada vez mais comprometidos com empresas que apoiem questões globais, com as quais nos importamos.

A Starbucks é esse meio e essa empresa. Aqui está a história de sustentabilidade deles.

Com mais de 16 mil lojas em 50 países, em seis continentes, a Starbucks tem muitas razões para se preocupar com a sustentabilidade. Em volume, o café é a segunda *commodity* mais comercializada do mundo (depois do petróleo), e as condições de vida das pessoas que trabalham com o café costumam ser precárias. Os clientes da Starbucks consomem milhões de copos descartáveis, embalagens e café todos os dias, juntamente com a água usada para fazer o café, sem falar dos 37 galões de água envolvidos na produção de cada xícara de café (e dos 52,83 galões de leite). Tudo isso cria um grande impacto ambiental, e tudo por causa de um copo de café aparentemente inocente!

A Empresa: Abordando as Considerações Ambientais e Sociais

A história da Starbucks de responsabilidade ambiental e corporativa é longa. Reconhecendo a necessidade de dar suporte às comunidades nas quais o café é produzido, em 1991, a Starbucks começou a contribuir com o CARE, uma organização internacional de desenvolvimento que ajuda comunidades produtoras de café. Em 1995, a Starbucks se tornou uma das maiores doadoras do CARE, e ainda hoje eles mantêm a parceria.

Em 1992, a Starbucks escreveu uma missão ambiental e criou um departamento de questões ambientais para desenvolver políticas corporativas ambientalmente responsáveis visando minimizar os impactos sociais e ambientais da empresa. O departamento também serviu para ensinar aos parceiros, por meio das iniciativas do Green Team, a usar regras de compras ambientais. Uma das primeiras iniciativas do departamento foi empregar folhas de papel reciclado em vez de revestimento duplo. Em 1999, a Starbucks nomeou o primeiro vice-presidente de seu recém-criado departamento de questões ambientais, que passou a contar com 14 pessoas em seus dois primeiros anos.

Em 2008, a empresa lançou a iniciativa Starbucks™ Shared Planet™, integrando seus compromissos sociais e ambientais para fazer coisas boas para as pessoas e para o planeta. Desde como se compra o café, se minimiza o impacto ambiental da empresa, passando pelo envolvimento em comunidades regionais, há um compromisso com valores essenciais, sobre como usar seu tamanho mundial para o bem e estimular os consumidores e os funcionários a se envolverem nas questões ambientais. A plataforma Shared Planet da Starbucks divide suas iniciativas ambientais e sociais em três categorias com objetivos específicos mensuráveis dentro de cada área: (1) terceirização ética, (2) comissariado ambiental e (3) envolvimento da comunidade.

Meio Ambiente

Como a Starbucks depende de matéria-prima agrícola para a maioria de seus produtos, faz sentido para eles cuidar do meio ambiente. Na seção ambiental de sua plataforma Shared Planet, a Starbucks inclui produtos, operações e construções. Em 2008, a Starbucks delineou uma série de metas ambientais que pretende atingir até 2015. Os objetivos são:

Produtos

- 100% dos copos serão reutilizáveis ou recicláveis até 2015
- Um copo 100% reciclável será desenvolvido até 2012

Operações

- 25% dos copos em suas lojas serão reutilizáveis
- A reciclagem ficará disponível em todas as suas lojas
- 50% da energia usada nas lojas da empresa serão originadas de fontes renováveis até 2010.
- As emissões de gases de efeito estufa serão reduzidas tornando as lojas 25% mais eficientes em relação à energia até 2010
- Haverá uma redução significativa no uso da água
- Proteção das florestas tropicais como solução para a mudança climática

Construções

- Todas as novas construções serão certificadas pelo LEED até 2010

Social

Para a Starbucks, é fundamental que o café seja produzido eticamente. Pode haver marcas menores no mercado com maiores porcentagens de comércio justo em seus portfólios, mas nenhuma empresa comprou café de fontes mais éticas ou já fez mais para ajudar a promovê-lo do que a Starbucks.

Uma das principais crenças da empresa é de que o melhor café é aquele que também ajuda a criar um futuro melhor para os agricultores e um clima mais estável para o planeta. Com esse espírito, a Starbucks passou a comprar café segundo as regras do comércio justo em 2000 e se tornou a maior compradora em 2009, quando dobrou sua demanda para 40 milhões de libras de café certificado. Ao mesmo tempo, a Starbucks continuou a aumentar as suas Coffee and Farmer Equity (C.A.F.E.) Practices [Práticas de Igualdade para o Café e para o Agricultor], desenvolvidas com a Conservation International, um grupo ambiental global, em 2003. As C.A.F.E. são um conjunto de orientações rígidas para garantir que as compras de café da Starbucks sejam eticamente realizadas tendo em vista o monitoramento das práticas adotadas. Entre elas estão o controle biológico de pestes e de doenças, a proteção das fontes de água e a redução do consumo de água, entre outras coisas.

A Starbucks comprou 385 milhões de libras de café em 2008, 77% das quais foram obtidas por meio das práticas C.A.F.E. O objetivo da Starbucks é ter 100% de seu café responsavelmente cultivado e eticamente comercializado até 2015. Outros objetivos da empresa são:

- Investir em um futuro melhor para os agricultores e suas comunidades, aumentando os empréstimos a eles em 60%, de $12,5 para $20 milhões.
- Combater a mudança climática oferecendo aos agricultores incentivos para impedir o desmatamento, começando com programas-piloto em Sumatra, na Indonésia, e em Chiapas, no México.

Para ajudar a garantir o fornecimento de longo prazo de seus produtos, a Starbucks também tem se comprometido com a melhoria de vida das pessoas em comunidades que cultivam o café. Ela também criou a Small Farmer Sustainability Initiative (SFSI) em parceria com o Fairtrade Labelling Organizations (FLO) e o TransFair USA para criar um programa de empréstimo de fazenda de café de pequena escala. Esses empréstimos ajudam os agricultores a sobreviverem à crise econômica mundial atual e emergir como parceiros mais fortes. A Starbucks já investiu $12,5 milhões, aos quais os agricultores de café de pequena escala têm acesso, mas prometeu expandir o fundo para $20 milhões até 2015.

A Starbucks também desenvolveu o Farmer Support Centers na América Latina e na África. São dois centros de apoio: um foi aberto na Costa Rica em 2004 e o outro em Ruanda, em 2009. O Farmer Support Centers oferece uma equipe de especialistas em administração do solo e produção de plantações para melhorar a qualidade do café e os lucros dos agricultores. Com a criação desses centros, a Starbucks tem se comprometido em apoiar as mulheres agricultoras de café (e ajudar a reduzir a pobreza extrema) por meio de treinamento e desenvolvimento profissional contínuos.

Funcionários com Poder

Os funcionários sempre estiveram no centro do compromisso da Starbucks com a sustentabilidade; a filosofia do fundador Howard Schultz era "tratar as pessoas como família, para que elas sejam leais e ofereçam o que têm de melhor". Entre as muitas de suas iniciativas de liderança no setor, está um generoso pacote de benefícios para os funcionários de meio período e de período integral. Os funcionários ou "parceiros" recebem benefícios de saúde e uma parte do crescimento da empresa por meio do programa de ação Bean Stock, que permite a eles comprarem ações da Starbucks a 85% do valor de mercado.

A Starbucks também se esforça para incluir seus funcionários em suas iniciativas ambientais. Por exemplo, dois anos depois de o Furacão Katrina passar por Nova Orleans, quando a atenção da imprensa e do público já havia se dissipado, a Starbucks enviou 10 mil parceiro para a região e colaborou com 50 mil horas, o maior tempo já empregado por qualquer empresa. Mais tarde, foi diante do mesmo grupo que Howard Schultz anunciou as metas da Shared Planet e as novas iniciativas.

Produtos Sustentavelmente Inovadores

Para manter seus compromissos do Shared Planet e para se manter à frente, a Starbucks vende suas bebidas eticamente servidas em recipientes que devem ser ambientalmente responsáveis. Em 2004, a Starbucks entrou na cena da reciclagem lançando seu primeiro copo aprovado pela U.S. Food and Drug Administration (FDA). O copo para bebidas quentes é feito com 10% de material reciclado. Ainda que 10% pareça pouco, os números são representativos: esse copo elimina 5 milhões de libras de resíduos sólidos, 11,3 toneladas de madeira, 58 bilhões de BTUs de energia e 47 milhões de galões de água desperdiçada por ano.

Para ajudar no planejamento do copo reciclável programado para ser lançado em 2012, em maio de 2008, a Starbucks realizou uma conferência chamada Cup Summit, na qual estiveram presentes 30 fabricantes, recicladores e administradores de reciclagem de copos e produtos relacionados, além de um número igual de parceiros da Starbucks Partners. Em setembro de 2009, a empresa lançou um programa-piloto em sete lojas de Nova York que examinaram a possibilidade de reunir e reciclar copos de café no mesmo fluxo do papelão corrugado; seu objetivo é permitir a reciclagem de todos os tipos de outras embalagens de alimentos, tornando a Starbucks a líder e definidora dos padrões no setor.

A Starbucks também está procurando fazer copos de plástico nos quais consiga vender mais de um bilhão de bebidas frias por ano. Em 2008, a Starbucks contratou um grupo de cientistas de análise de ciclo de vida para estudar o impacto ambiental dos copos de plásticos. Eles descobriram que mudar os copos de tereptalato de polietileno (PET) para polipropileno (PP) usaria 15% menos de plástico e lançaria 45% menos gases de efeito estufa, por isso, em 2008, a Starbucks começou a mudança para PP com o lançamento de seus copos novos Vivanno.

Procurando reduzir os resíduos em suas lojas, a Starbucks está lançando de novo uma campanha agressiva para fazer com que os clientes levem copos reutilizáveis oferecendo um desconto de 10 centavos na bebida. A empresa também está incentivando o uso de canecas reutilizáveis. E a Starbucks também encontrou uma maneira de reduzir os 7 milhões de toneladas de restos de café levados aos aterros todos os anos, criando o programa Grounds for your Garden, que oferece aos clientes e outras pessoas resíduos de café para serem usados em seus jardins.

Marketing Verde e Comunicações Focadas nos Consumidores e na Transparência

O marketing da Starbucks integra as iniciativas de sustentabilidade com as comunicações que especificamente se focam na interação com os consumidores e na transparência, juntamente com as necessidades de seus clientes da Geração X e Y e nas expectativas dos parceiros (funcionários) de que os negócios que eles defendem e pelo qual trabalham englobem a sustentabilidade e a responsabilidade social. A resposta da Starbucks está incorporada em um site e em duas campanhas direcionadas a seu público.

A Starbucks faz com que os consumidores se sintam parte da marca por meio de um site altamente informativo e interativo no qual eles podem aprender sobre como participar de cinco esforços ambientais. O site da (Product) RED explica o que a empresa tem feito para ajudar os portadores do vírus HIV que vivem na África. Outro site do Shared Planet detalha os compromissos da Starbucks com a origem ética de seus ingredientes, liderança ambiental e envolvimento da comunidade, com vídeos informativos e oportunidades de se envolver. Também mantém um link para um relatório a respeito do progresso da iniciativa Shared Planet[4], escrita de acordo com as orientações oferecidas pela Global Reporting Initiative. Por fim, um site chamado My Starbucks Idea permite que consumidores e parceiros deixem sugestões a respeito do que gostariam que fosse feito em diversas áreas, como produtos e questões ambientais. A Starbucks tem a página na internet Ideas in Action, na qual relaciona as ideias que lançou ou que está analisando.

Além disso, uma campanha na imprensa, formada pela mídia tradicional paga e a social destaca os valores da marca. Com a frase "You and Starbucks: It's Bigger than Coffee", faz uma ligação mais clara entre os consumidores e as atividades ambientais da empresa e comunica o que é "cultivado de modo responsável e vendido de modo ético", uma parte fundamental da marca Starbucks. Essa conexão com algo maior do que apenas o produto que vende ajuda a aumentar a lealdade da marca fazendo os consumidores terem um relacionamento mais forte com a empresa, além de aumentar o impacto dos programas ambientais da Starbucks.

Formando Parcerias com os *Stakeholders*

A Starbucks enriquece seus esforços sociais e ambientais e garante a credibilidade e visibilidade deles formando parcerias com diversos *stakeholders* que emprestam seu domínio, credibilidade e conhecimento. Eles atuam com alguns dos maiores especialistas em café e desenvolvimento internacional do planeta.

Para ajudá-los a atingir seus objetivos ambiciosos, a Starbucks fez parceria com o Conservation International, com quem vinha trabalhando desde 1998 para desenvolver orientações social e ambientalmente responsáveis para as compras de café por meio das práticas C.A.F.E.; com a African Wildlife Foundation, com quem tem atuado desde 2005 para proteger a vida selvagem e conservar os recursos naturais na África e promover café de alta qualidade, enquanto melhora a vida de agricultores; e, claro, o comércio justo.

Também firmou parceria com a Earthwatch, com quem tem atuado desde 2001 para ajudar os parceiros e clientes a participarem de expedições para replantar florestas tropicais e aprender a respeito das práticas de cultivo sustentáveis, e o U.S. Green Building Council que tem ajudado a Starbucks desde 2000 a criar lojas certificadas pelo LEED, além de fábricas e escritórios.

Resultados

A Starbucks é um excelente exemplo de uma empresa que conseguiu transformar as iniciativas de sustentabilidade e sociais em retornos quantificáveis em investimento, sejam eles na forma de crescimento e lucros, lealdade à marca, reputação, ou captação e retenção de clientes.

Começando com as seis lojas de Seattle em 1987, a Starbucks, desde então, ganhou mais de 16 mil unidades e atualmente comanda 52% das vendas do café doméstico nos Estados Unidos. Há muito tempo figurando entre as 500 maiores empresas da revista *Fortune*, ela tem, entre muitos de seus prêmios, aqueles oferecidos por sua responsabilidade corporativa social e de sustentabilidade, fazendo com que fosse relacionada entre "As Vinte Empresas Mais Admiradas" da *Fortune* e entre "As 100 Melhores Empresas onde Trabalhar", da mesma revista. Também já figurou na lista da *Financial Times*, das "Empresas mais Respeitadas do Mundo", empresa "Com RH Mais Admirado", pela *Human Resources Magazine*, tem sido uma das "100 Best Corporate Citizen", da revista *Business Ethics Magazine* todos os anos, desde 2000, e ganhou o prêmio "Internacional do Capitalismo Responsável" da *First Magazine*. Em 2009, a Starbucks também foi nomeada uma das "Empresas Mais Verdes dos Estados Unidos", pela *Newsweek* e a "Empresa de Café Mais Ética da Europa", pela Allegra Strategies.[5]

Conclusão

O amadurecimento do verde como um fenômeno de consumo, e sua mudança, passando de algo marginal para central, muda as regras do marketing verde. Existe agora um novo paradigma do marketing verde. Ele é caracterizado por uma maior sensibilidade ao consumidor e suas novas necessidades por marcas que equilibram os benefícios antigos de desempenho, preço e conveniência com impactos ambientais e sociais mínimos, e envolvem os consumidores em um diálogo significativo. Os fabricantes, varejistas e profissionais de marketing que procuram manter os negócios prosperando, devem aliar essas novas regras com comunicações que possibilitem a seus consumidores agirem em assuntos importantes com a ajuda de um compromisso proativo para realizar os negócios de modo sustentável.

Satisfazer as necessidades dos consumidores de hoje não será fácil. Muitos desafios estão associados com uma marca sustentável e um marketing verde – e muitas tentativas notáveis, propositais ou não, de *greenwashing* existem aos montes.

Mas os consumidores querem que os negócios importantes sejam bem-sucedidos. Como ficou evidenciado com a participação cada vez maior nos sites de empresas, páginas do Facebook e mídias similares, os consumidores estão dispostos a se unirem a marcas favoritas na busca por novas ideias. Além disso, existe muito apoio disponível de uma série de *stakeholders* empresariais novos, entre estes programas voluntários de governo, defensores do meio ambiente dispostos a compartilhar experiência e se unir em relacionamentos positivos, varejistas procurando por ofertas mais verdes e até educadores.

O mercado se tornará mais verde e socialmente mais consciente nas próximas décadas. A compreensão que os consumidores terão de todas as coisas "verdes" e "sustentáveis" crescerá, e com ela, a demanda por mais informação a respeito do desempenho ecológico e social dos produtos e serviços que compram. Os negócios que procuram formar marcas mais autênticas e sustentáveis começarão a fazer muitas das perguntas relacionadas nas listas mostradas ao longo deste livro, e os negócios que já estão liderando usarão essas perguntas para refinar suas ofertas e tornar as marcas ainda mais relevantes e confiáveis.

Informações Extras

Recursos da web

Informações, notícias e comentários

AIGA Center for Sustainable Design

Ofere estudos de caso, entrevistas, recursos e palestras sobre a prática dos negócios sustentáveis.
sustainability.aiga.org

Carbon Neutral Digest

Oferece uma avaliação atualizada das organizações norte-americanas que oferecem soluções para ajudar a reduzir ou acabar com os resíduos de carbono, e descrições de suas práticas.
carbonneutraldigest.com

Circle of Blue Waternews

Recurso diário para informações e dados sobre a água no mundo.
www.circleofblue.org/waternews/waterviews

Clean Edge

Um recurso para empresas, investidores, governos e organizações sem fins lucrativos no setor de tecnologia de limpeza. Os relatórios de pesquisa de mercado, índices de ações, eventos de tecnologia de limpeza, boletins de notícias a respeito da tecnologia de limpeza, e um elo de ligação para quem procura emprego, empregadores e empregados da área.
www.cleanedge.com

Climate Change

Site de recursos do U.S. Environmental Protection Agency com informações abrangentes e acessíveis a respeito das mudanças do clima.
www.epa.gov/climatechange

Earthtweet

Site de uma rede social. Quando os usuários do Twitter usam a *hashtag* #earthtweet antes de um tuíte, seu comentário a respeito do meio ambiente é automaticamente postado nesse site.
earthtweet.com

Eco Voice

Website de informações ambientais da Austrália.
www.ecovoice.com.au

Ecolect

Ferramentas e recursos a respeito de materiais sustentáveis.
ecolect.net

EcoWorld

Fonte de informações abrangentes a respeito de uma série de assuntos que vão desde animais e vida selvagem a negócios e serviços, passando por água, oceanos e gelo. As mais recentes manchetes e fotos.
www.ecoworld.com

ENDS Europe

Fonte de notícias e informações sobre meio ambiente da Europa.
www.endseurope.com

Environment for Europeans

Um site patrocinado pela European Commission com notícias, relatórios e eventos relacionados ao meio ambiente.
ec.europa.eu/environment/news/efe/index_en.htm

Environmental Leader

Notícias para executivos sobre meio ambiente e de sustentabilidade.
www.environmentalleader.com

Global Oneness Project

Projeto de filme baseado na web que registra "nossa compreensão cada vez maior do que significa fazer parte de um mundo interconectado e interdependente". Filmes curtos e entrevistas com pessoas do mundo todo que trabalham com sustentabilidade, resolução de conflitos, espiritualidade, arte, agricultura, economia, cultura indígena, justiça social e política podem ser vistos e baixados de graça, e usados como recurso educacional em escolas e comunidades.
www.globalonenessproject.org

Green Energy TV

Canal *on-line* que mostra vídeos a respeito de energia alternativa, renovável e limpa.
greenenergytv.com

Green Maven

Ferramenta de busca e diretório apenas para sites sobre sustentabilidade.
www.greenmaven.com

GreenBiz

Informações, ferramentas e dados sobre o meio ambiente para a comunidade de negócios. Inclui o Greenbuzz, uma atualização gratuita semanal, e o relatório anual State of Green Business.
www.greenbiz.com

The Greenwashing Index

Um site produzido pela EnviroMedia Social Marketing e pela University of Oregon, ajuda os consumidores a avaliar questões ambientais.
www.greenwashingindex.com

The Green Power Network

Notícias e informações a respeito de mercados verdes operados e mantidos pelo National Renewable Energy Laboratory do U.S. Department of Energy.
apps3.eere.energy.gov/greenpower

Grist

Dicas de notícias ambientais e estilo de vida verde dadas por uma pessoa especialista em jornalismo ambiental.
www.grist.org

Information/Inspiration

Recurso de eco-design criado para dar apoio ao design de produtos ambiental e socialmente responsáveis.
www.informationinspiration.org.uk

Institute for Sustainable Communication

Organização sem fins lucrativos dedicada às informações do mercado verde. Aborda questões de redes de fornecimento da imprensa digital e impressa.
www.sustainablecommunication.org

Justmeans

Site de mídia social para negócios socialmente responsáveis.
www.justmeans.com

LCA Information Hub

Fonte de informações mantida pela European Commission a respeito de bancos de dados, ferramentas, serviços, desenvolvedores e fornecedores relacionados a ciclo de vida.
lca.jrc.ec.europa.eu/lcainfohub/index.vm

LCAccess

Site de recursos desenvolvido e mantido pela U.S. Environmental Protection Agency para educar as pessoas a respeito da avaliação do ciclo de vida enquanto "mostra o ponto principal para atuantes da LCA e tomadores de decisões se manterem atualizados com a área da LCA".
www.epa.gov/nrmrl/lcaccess

Learning About Renewable Energy

Mantido pelo National Renewable Energy Lab, oferece informações e recursos educacionais a respeito de eficiência energética e diversos aplicativos de energia renovável.
www.nrel.gov/learning

LOHAS Online

Oferece informação e recursos para empresários procurando atrair os consumidores LOHAS.
www.lohas.com

Planetsave

Um dos muitos blogues produzidos pela Green Options Media, incentiva as pessoas a agirem para proteger o meio ambiente e oferece um local para que os visitantes troquem comentários, ideias e soluções relacionados a desafios ambientais.
planetsave.com

Raymond Communications

Assinatura, notícias e informação sobre reciclagem e legislação ambiental nos Estados Unidos e em todo o mundo.
www.raymond.com

RealClimate

Comentários de cientistas que lidam com o clima e escrevem nas horas vagas para o público interessado e para jornalistas. Restrito a assuntos científicos, não envolvido em implicações políticas ou econômicas da ciência.
www.realclimate.org

Sierra Club Compass

Um dos muitos blogues escritos pelo Sierra Club, oferece notícias duas vezes por mês, dicas de estilo de vida sustentável verde e como tomar atitudes em questões de energia.
www.sierraclub.typepad.com/compass

Sustainable Life Media

Produz conferências ao vivo e virtuais sobre negócios sustentáveis e eventos educacionais (incluindo as conferências Sustainable Brands) e oferece boletins de notícias e estratégias ecológicas, negócios sustentáveis, marcas sustentáveis, design verde e uma comunidade *on-line* direcionada.
www.sustainablelifemedia.com

Sustainable Materials

Site do Centre for Design do Royal Melbourne Institute of Technology com recursos sobre materiais sustentáveis, além de projetos, ferramentas, publicações, treinamento e links.
www.cfd.rmit.edu.au/programs/sustainable_materials

SustainableBusiness.com

Direcionado a novas ações verdes, inclui notícias diárias, relatórios a respeito de ações sustentáveis e o boletim SB no qual as empresas podem postar seus materiais de divulgação. Contém links para investimentos, serviços sustentáveis e negócios verdes.
www.sustainablebusiness.com

Sustainablog.org

Oferece informação a respeito de sustentabilidade ambiental e econômica, negócios verdes e sustentáveis, e políticas ambientais. Com frequência apresenta líderes ambientais e especialistas em energia alternativa e tecnologia verde.
www.sustainablog.org

Walmart Canada ShareGreen

Uma plataforma que permite que o público procure e discuta sobre as práticas de negócios sustentáveis das indústrias canadenses. Contém estudos de caso que se concentram na administração do lixo, da água e da energia, em soluções sustentáveis e no comprometimento de funcionários. Estudos de casos iniciais da Pepsi, Nike e Stonyfield Farm.
sharegreen.ca

Worldchanging

Essa revista *on-line*, sem fins lucrativos, escrita por uma rede mundial de jornalistas independentes, designers e intelectuais, traz ferramentas, modelos e ideias para a abordagem das preocupações com o meio ambiente relacionadas a construções, transportes, comunicações e qualidade de vida.
www.worldchanging.com

Sites de redes sociais voltadas para o consumidor

Amazon Green

Seção especial do site da Amazon.com, destacando produtos sustentáveis selecionados pelos consumidores.
www.amazon.com/green

Animal Fair

Revista de estilo de vida para quem gosta de bichos e animais de estimação.
www.animalfair.com

Buygreen.com

Um site de compras para produtos que variam de roupas de bambu a lâmpadas acionadas pela energia solar.
www.buygreen.com

Carbonrally.com

Ajuda os consumidores a reduzir suas emissões de carbono.
www.carbonrally.com

Care2

Comandada pela Care2, um negócio com fins lucrativos, uma das maiores comunidades *on-line* para pessoas que fazem a diferença vivendo de modo saudável e verde.
Inclui e-mails gratuitos, além de compras na Eco-Superstore, dicas saudáveis, notícias ecológicas, petições e alertas. Aceita propaganda.
www.care2.com

Celsias.com

Ajuda os consumidores a combater a mudança climática. Os usuários podem ler artigos, participar de conversas, fazer perguntas, envolver-se em ações para reduzir a emissão de carbono além de criar, participar e avaliar projetos de mudança climática. As empresas podem divulgar informações sobre o que andam fazendo para reduzir o impacto no clima.
www.celsias.com

Change.org

Desperta a consciência a respeito do aquecimento global, falta de moradia, direito das mulheres, tráfico de pessoas, cuidados com a saúde e justiça criminal. Oferece informações sobre como tomar medidas com organizações líderes sem fins lucrativos.
www.change.org

ClimateCounts.org

Com o objetivo de unir consumidores e empresas para lutar contra a mudança climática, esse site avalia as principais empresas do mundo a respeito do impacto no clima e divulga os resultados num quadro do site.
climatecounts.org

TheDailyGreen.com

Autoentitulado "Guia do consumidor para a revolução verde", este site de estilo de vida, da Hearst Communications, oferece noticias, informações e uma coluna a respeito de atitudes verdes. Aceita propagandas.
www.thedailygreen.com

Do Something

Organização sem fins lucrativos que promove o voluntariado entre adolescentes.
www.dosomething.org

Dwell

Revista com foco em design de interiores, produtos e vida confortável.
www.dwell.com

E – The Environmental Magazine

Informações, notícias e recursos para consumidores preocupados com o meio ambiente.
Disponível *on-line* e em versão impressa.
www.emagazine.com

Gaiam

Fundado em Boulder, Colorado, em 1988, Gaiam oferece informações, produtos e serviços para pessoas que valorizam o meio ambiente, uma economia sustentável, estilos de vida saudáveis, cuidados alternativos à saúde e desenvolvimento pessoal.
www.gaiam.com

Global Green USA

O braço norte-americano da Green Cross International, criado pelo presidente Mikhail S. Gorbachev, concentra-se na mudança de clima mundial criando construções e cidades verdes. O centro Green Building Resources traz estratégias de construção e produtos que minimizam os efeitos adversos no meio ambiente.
www.globalgreen.org

GoodGuide

Avalia 70 mil produtos, como alimentos, brinquedos, produtos de cuidados pessoais e domésticos, combinando o desenvolvimento da saúde, do meio

ambiente e da sociedade, em uma escola de 1 a 10. Também traz artigos sobre questões ambientais, como compra de produtos orgânicos.
www.goodguide.com

The Green Guide

Um produto da *National Geographic Magazine*. Fonte abrangente de um estilo de vida saudável, com guias de compras verdes que vão desde alimentos e cuidados pessoais, casa e jardim e viagem. Aceita propaganda.
www.thegreenguide.com

GreenerChoices

Um site com *Relatórios de Clientes,* informa os consumidores a respeito de produtos e avaliações, assuntos interessantes e soluções. O site conta com uma seção de "ferramentas", incluindo diversos cálculos diferentes e uma seção de químicos tóxicos encontrados em produtos de consumo geral.
www.greenerchoices.org

GreenHome.com

Site de compras *on-line* abrangente para produtos verdes. Oferece conselhos e informações sobre como tornar a vida saudável.
www.greenhome.com

HealthyStuff.org

Ferramenta de compra que relaciona os resultados de testes sobre a composição de mais de 5 mil produtos.
www.healthystuff.org

IGive.com

Até 26% do valor de cada compra realizada nessa loja *on-line* são destinados para as causas favoritas do comprador.
Entre as mais de 700 lojas da rede estão Gap, Staples, Nordstrom e Best Buy.
www.igive.com

Ideal Bite

Atualmente pertecente à Disney, oferece dicas diárias chamadas "Go Green", com a intenção de fazer com que os consumidores indiferentes com o meio ambiente tomem passos simples para mudar.
family.go.com

MakeMeSustainable

Pessoas, famílias e negócios podem se unir a essa comunidade *on-line* para calcular nível de carbono que emitem e aprender a reduzi-lo.
makemesustainable.com

Natural Awakenings

Revista com 2,5 milhões de leitores que promove uma orientação holística sobre nutrição, condicionamento físico, expressão criativa, crescimento pessoal e vida sustentável.
www.naturalawakeningsmag.com

Natural Health Group

Site comercial que fornece informações sobre dietas vegetarianas, veganas e crudivorista.
www.naturalhealthgroup.org

Natural Life Magazine

Site da revista fundada em 1976. Atende "pessoas pensantes pelo mundo que querem alternativas positivas a custo alto, estilo de vida de algo consumo para elas mesmas e para as suas famílias".
www.naturallifemagazine.com

Organic Authority

Site comercial que vende produtos orgânicos e oferece informações promovendo estilo de vida orgânicos.
www.organicauthority.com

Planet Green

Um dos canais de multiplataformas da Discovery com ideias sobre vida sustentável, dicas de economia de energia, compras verdes e mais. Aceita propagandas.
planetgreen.discovery.com

Skin Deep Cosmetic Safety Database

Base de dados produzida pelo Environmental Working Group. Oferece fontes sobre compostos químicos e segurança de mais de 50 mil produtos cosméticos.
www.cosmeticsdatabase.com

The Story of Stuff

Site oficial dessa animação de 20 minutos muito popular da sociedade consumista. Incluir *script* com notas de rodapé, créditos, blogue e recursos.
www.storyofstuff.com

Treehugger.com

Um site da Discovery Company que permite que os usuários se informem, interajam e tomem atitudes. Oferece informações a respeito de estilo de vida e design verde, testes e um quadro de empregos relacionados à sustentabilidade.
www.treehugger.com

WorldCoolers

Uma iniciativa *on-line* que procura aumentar a consciência do público a respeito do aquecimento global. O site traz um *browser* que pode ser baixado e que fornece atualizações a respeito de assuntos relacionados ao aquecimento global.
www.worldcoolers.org

Yahoo! Green

Um site grande patrocinado pelos anunciantes, para compras e informações, blogues e recursos para uma vida verde.
green.yahoo.com

Empresas, agências do governo, grupos de troca e de proteção ambiental

1% for the Planet

Uma organização sem fins lucrativos que facilita os negócios doando pelo menos 1% de seus lucros anuais para organizações ambientais do mundo todo.
www.onepercentfortheplanet.org

Advertising Standards Authority

Regulador independente do Reino Unido que investiga reclamações e monitora anúncios com informações falsas, ofensivas e enganosas.
www.asa.org.uk

Advertising Standards Canada

Órgão independente do Canadá, sem fins lucrativos, que lida com reclamações a respeito de campanhas com anúncios falsos, enganosos e prejudiciais.
www.adstandards.com

Alliance to Save Energy

Coalizão sem fins lucrativos de negócios, governo e líderes de consumo defendendo a eficiência energética e políticas que reduzem os custos de energia e aliviem as emissões de gases de efeito estufa. A organização realiza pesquisa, programas educacionais, defende políticas, design e implementa projetos de eficiência energética, e promove desenvolvimento de tecnologia.
ase.org

American Center for Life Cycle Assessment (ACLCA)

Organização sem fins lucrativos para associação, e parte do Institute for Environmental Research and Education (IERE), criado para formar pessoas capacitadas na avaliação do ciclo de vida entre indústria, governo e ONGs. Desenvolveu e gerencia o Life Cycle Assessment Certified Professional (LCACP) Certification.
www.lcacenter.org

American Council for an Energy Efficient Economy (ACEEE)

Organização sem fins lucrativos dedicada a desenvolver a eficiência energética como uma maneira de promover a proteção ambiental e a prosperidade econômica. Contém abrangentes recursos para eletrodomésticos, carros, iluminação etc.
www.aceee.org

American Hiking Society

Uma organização sem fins lucrativos recreativa que aborda questões de conservação, forma parcerias entre *stakeholders* públicos e privados e oferece recursos essenciais para planejar, criar e desenvolver caminhos alternativos.
www.americanhiking.org

American Rivers

Com 65 mil membros, protege e restaura os rios para o benefício das pessoas, da vida selvagem e da natureza.
www.americanrivers.org

Australian Competition and Consumer Commission (ACCC)

Como parte da responsabilidade em garantir que os indivíduo e as empresas participem de competições, comércio justo e leis de proteção ao consumidor, a ACCC publica o Green Marketing and the Trade Practices Act, formado por fabricantes, fornecedores, anunciantes e outros para avaliar a força de qualquer afirmação que eles façam e para melhorar a precisão e a utilidade para os consumidores de seus rótulos, embalagens e anúncios.

www.accc.gov.au

B Lab Corporation

Uma organização sem fins lucrativos que concede avaliações para certificados B Corporation para negócios que atendam padrões abrangentes, sociais e ambientais, e que institucionalizam os interesses do *stakeholder*.

www.bcorporation.net

Beyond Pesticides

A antiga-National Coalition contra o mal uso de pesticidas procura acabar com o uso de pesticida por meio da identificação dos riscos e promovendo alternativas não químicas e menos prejudiciais.

www.beyondpesticides.org

Biodegradable Products Institute

Uma associação sem fins lucrativos de indivíduos e grupos importantes do governo, indústria e educação que informa fabricantes, legisladores e consumidores a respeito da importância de materiais biodegradáveis. A associação também promove o uso e a recuperação de materiais por meio da compostagem municipal e individual.

www.bpiworld.org

Biomimicry Institute

Organização sem fins lucrativos que promove o estudo e a imitação dos padrões da natureza.

www.biomimicryinstitute.org

Canopy

Situada em Palo Alto, Califórnia, essa organização sem fins lucrativos defende as florestas urbanas e trabalha para educar, inspirar e envolver a comunidade no cuidado das árvores.

www.canopy.org

Carbon Disclosure Project

Organização sem fins lucrativos com a maior base de dados a respeito de informações sobre mudança climática no mundo para apoiar a tomada de decisão de políticas e financeiras. Representa investidores institucionais e 68 negócios, incluindo Cadbury, PepsiCo e Wal-Mart.
www.cdproject.net

Carbon Trust

Estabelecido pelo governo inglês, essa empresa com sede em Londres oferece produtos e serviços voltados para a economia de energia, para o controle das emissões de carbono, e desenvolvimento de tecnologia de baixo carbono. Os serviços de apoio são empréstimos para eficiência energética, pesquisas sobre carbono, uma ferramenta de plano de ação, uma calculadora de emissão de carbono e permissões aplicadas. Oferece o selo Carbon Reduction Label para uso em produtos.
www.carbontrust.co.uk

Center for a New American Dream

Com o objetivo de ajudar os norte-americanos a consumirem de modo responsável, melhorar a qualidade de vida e promover a justiça social, esse grupo sem fins lucrativos oferece uma rede de ação, campanhas e informação sobre programas, além de ser um guia de ação da comunidade, com publicações disponíveis para download, além de seções para crianças e adolescentes.
www.newdream.org

Centre for Sustainable Design

Liderado pela especialista em sustentabilidade Martin Charter, e fundado em 1995 dentro da Faculty of Design, o Surrey Institute of Art & Design, da University College, UK, é uma organização que facilita a discussão e a pesquisa sobre assuntos de eco-design, meio ambiente, economia, ética e sociedade em desenvolvimento de produtos, serviços e design. Entre os serviços e recursos disponíveis estão projetos de pesquisa e treinamento, uma conferência anual de Inovação Sustentável, oficinas, consultoria e publicações. O centro também atua como rede de informações com foco no pensamento criativo a respeito de produtos e serviços sustentáveis.
www.cfsd.org.uk

Ceres

Rede norte-americana de investidores, organizações ambientais e outros grupos de interesse público, formada por empresas e investidores para abordar questões de sustentabilidade, como a mudança climática mundial.
www.ceres.org

Choice

Antigamente conhecido como a Australian Consumer's Association, concentra-se no teste e classificação de diversos produtos, além de denunciar propagandas enganosas.
www.choice.com.au

Conservation International

Usa ciência, política e trabalho de campo para proteger os recursos do planeta.
www.conservation.org

Defenders of Wildlife

Fundada em 1947, uma organização sem fins lucrativos dedicada a proteger plantas nativas e animais.
www.defenders.org

Department for Environment, Food and Rural Affairs (Defra)

Órgão do governo britânico responsável por políticas. Seus princípios são apoiar a agricultura e incentivar a produção sustentável de alimentos, ajudar a equilibrar o meio ambiente e a biodiversidade e apoiar uma economia verde forte e sustentável, resiliente à mudança climática.
www.defra.gov.uk

Earth Day Network

Educa o público e organiza ativismo global para um ambiente mais limpo.
www.earthday.net/

Earthjustice

O Sierra Club Legal Defense Fund, essa empresa de advocacia nacional sem fins lucrativos, defende a legislação ambiental e toma atitudes jurídicas para impedir as agressões ao meio ambiente realizadas por indústrias nas áreas de clima e energia, vida selvagem e lugares, saúde e produtos tóxicos.
www.earthjustice.org

Ecolabel Index

A maior base de dados de selos ecológicos do mundo, investigando 32% de selos ecológicos em 207 países e 40 setores da indústria em 2010.
www.ecolabelindex.com

The Economics of Ecosystems and Biodiversity (TEEB)

Iniciativa criada para chamar a atenção para os benefícios econômicos mundiais da biodiversidade e os custos cada vez maiores de sua perda e da destruição dos ecossistemas. Reúne domínio das áreas de ciência, economia e política.
www.teebweb.org

Electronics TakeBack Coalition

Promove o design verde e a reciclagem responsável na indústria de eletrônicos para proteger a saúde e o bem-estar de usuários de eletrônicos, trabalhadores e as comunidades nas quais os eletrônicos são produzidos e descartados. Incentiva os fabricantes de eletrônicos e donos de marcas a assumir total responsabilidade pelo ciclo de vida de seus produtos, por meio de exigências públicas ou acordos.
www.electronicstakeback.com

Environmental Defense Fund

Um grupo de proteção ao meio ambiente sem fins lucrativos que cria parcerias com as empresas da lista Fortune 500, governos e comunidades para defender soluções com base no mercado para problemas ambientais. O site mostra publicações e ferramentas para as empresas reduzirem seus impactos no meio ambiente.
www.edf.org

Environmental Media Association

Mobiliza a indústria do entretenimento para educar e inspirar o público a agir em relação a questões ambientais.
www.ema-online.org

Environmental Protection UK

Organização sem fins lucrativos com base no Reino Unido que se concentra em políticas ambientais, campanhas e inovação. Reúne líderes da indústria, acadêmicos, criadores de políticas e o público para realizar mudanças ambientais.
www.environmental-protection.org.uk

Environmental Working Group

Um grupo sem fins lucrativos de proteção ao meio ambiente e aos consumidores que oferece informações e promove a legislação a respeito da saúde das pessoas e do impacto dos produtos de consumo.
www.ewg.org

European Advertising Standards Alliance

Uma organização sem fins lucrativos que reúne organizações de propaganda na Europa e também na Austrália, Brasil, Canadá, Chile, Índia, Nova Zelândia e África do Sul para promover padrões éticos em propagandas por meio da autorregulamentação.
www.easa-alliance.org

European Environmental Bureau

Federação das organizações ambientais de cidadãos europeus. O site conta com informações, artigos sobre meio ambiente, eventos e política. Também relaciona as organizações ambientais ativas na Europa.
www.eeb.org

Federal Trade Commission

Publica o *Green Guides*, guia para as exigências ambientais de marketing e exemplos específicos.
www.ftc.gov/bcp/grnrule/guides980427.htm

Friends of the Earth

Organização ambiental sem fins lucrativos com uma rede de empresas em 77 países que se concentra em questões como aquecimento global e tecnologias tóxicas e em promoter alternativas de transporte mais inteligentes e menos poluentes.
www.foe.org

Global Footprint Network

Centro internacional para aumentar a sustentabilidade por meio do uso do Ecological Footprint, uma ferramenta de contabilidade e métrica dirigida por dados que permite o cálculo da pressão humana no planeta.
www.footprintnetwork.org

Global Reporting Initiative

Organização com base em redes sociais que desenvolveu a estrutura de sustentabilidade mais usada no mundo envolvendo negócios, sociedade civil e instituições profissionais.
www.globalreporting.org

Green America

Antigamente conhecida como Co-op America, essa organização nacional sem fins lucrativos promove a sustentabilidade e a justiça econômica e social por meio de esforços estratégicos voltados para indivíduos, negócios e comunidades. Entre os recursos, estão a National Green Pages, um diretório relacionando centenas de negócios que estabeleceram compromisso com princípios sustentáveis e socialmente justos, o Green Business Network, um sistema de educação para o consumo ambiental responsável.
www.greenamericatoday.org

Green Design Institute, Carnegie Mellon University

Oferece cursos sobre design verde e um espaço para empresas, fundações e agências do governo discutirem assuntos sobre qualidade ambiental e desenvolvimento econômico.
www.ce.cmu.edu/GreenDesign

GreenerChoices

Website para consumidores, mantido pela Consumers Union, a editora sem fins lucrativos de Consumer Reports. Oferece informação aprofundada sobre práticas e consumo de produtos verdes.
www.greenerchoices.org

Greenhouse Gas Protocol Initiative

Parceria entre o World Resources Institute e o World Business Council for Sustainable Development atuando com negócios, governos e grupos ambientais em todo o mundo para construir uma nova geração de programas eficientes para registrar a mudança climática. Desenvolveu a mais usada ferramenta de contabilidade internacional para que os líderes de governo e de negócios entendam, quantifiquem e gerenciem as emissões de gás de efeito estufa.
www.ghgprotocol.org

Greenpeace

Uma organização que faz campanha global para mudar as atitudes e os comportamentos, abordando assuntos como energia, oceanos, florestas antigas, agrotóxicos e agricultura sustentável. As campanhas já apareceram na "Greening the Apple" (Apple Inc.) e "Kleercut" (Kimberly-Clark).
www.greenpeace.org

IEG

Oferece consultoria, avaliação, pesquisa e treinamento para o setor de patrocínio mundial. Desenvolve maneiras para as empresas e as marcas criarem parcerias nos esportes, artes, eventos, entretenimento, organizações sem fins lucrativos e outras causas.
www.sponsorship.com

Industrial Designers Society of America

Prêmio IDEA anual com critérios ambientais. Recursos em eco-design oferecidos por um grupo de interesse especial no assunto.
www.idsa.org

International Association for Soaps, Detergents and Maintenance Products (AISE)

Dedicado à melhoria sustentável de produtos para higiene, detergentes e produtos de limpeza industrial e doméstica. Gerencia a campanha Washright na União Europeia para promover cuidados responsáveis com as roupas.
www.aise.eu

J. Ottman Consulting, Inc.

Fundada em 1989 pela especialista em marketing verde, a autora Jacquelyn Ottman, presta consultoria às empresas da lista Fortune 500, empreendimentos e agências do governo a respeito de estratégias para o marketing verde e inovação sustentável de produtos. Ottman é a autora do livro *Novas Regras do Marketing verde*.
www.greenmarketing.com

Japan Environment Association

Fundada em 1977, a JEA se preocupa com as atividades de conservação do meio ambiente no Japão. As principais áreas de atenção são aquecimento global, promoção do mercado verde e educação ambiental.
www.jeas.or.jp

Japan Environmental Management Association for Industry

Estabelecida em 1962, essa organização pública com 1.100 empresas-membro se concentra em avaliações ambientais, poluição do ar e da água e questões ambientais que afetam o mundo todo. O JEMAI controla o programa Eco-Leaf Product Environmental Aspects Declaration.
www.jemai.or.jp

KaBOOM!

Uma organização sem fins lucrativos dedicada a criar espaço para a recreação de crianças nos Estados Unidos.
kaboom.org

Life Cycle Initiative

Parceria internacional sobre ciclo de vida lançada pelo United Nations Environment Programme e pela Society for Environmental Toxicology and Chemistry para colocar as ideias a respeito de ciclo de vida em pratica e melhorar as ferramentas de apoio por meio de dados e indicadores.
lcinitiative.unep.fr

Material Connexion

Consultoria e biblioteca de materiais inovadores e sustentáveis do mundo todo.
materialconnexion.com

National Advertising Division, Council of Better Business Bureaus

Analisa anúncios para checar sua veracidade e precisão e coloca as descobertas disponíveis ao público.
www.nadreview.org

National Audubon Society

Uma rede nacional de centros com base na comunidade. Conserva e cuida de ecossistemas naturais de aves.
www.audubon.org

National Geographic Society

Organização científica e educacional sem fins lucrativos que promove a globalização do conhecimento geográfico enquanto conserva os recursos culturais, históricos e naturais.
www.nationalgeographic.com

National Institute for Environmental Studies

Organização japonesa que se concentra na pesquisa ambiental. Entre as áreas de interesse estão: saúde, produtos químicos, lixo e reciclagem.
www.nies.go.jp

National Wildlife Federation

Organização sem fins lucrativos com mais de 4 milhões de membros, voltada para proteger a vida selvagem e enfrentar o aquecimento global.
www.nwf.org

Natural Marketing Institute

Empresa de consultoria, pesquisa de mercado e desenvolvimento de negócios especializada em saúde e bem-estar. Autores do *LOHAS Consumer Report.*
www.nmisolutions.com

Natural Resources Defense Council

Com 1,3 milhão de membros e ativistas *on-line*, um grupo de ação ambiental que combina natureza com ciência e profissionais voltados para proteger pessoas, plantas, animais e sistemas naturais da Terra.
www.nrdc.org

The Natural Step

Organização sem fins lucrativos que promove um modelo com base na ciência para ajudar as comunidades e os negócios a compreenderem melhor e integrar as considerações ambientais, sociais e econômicas. Trabalha com empresas, municípios, instituições acadêmicas e organizações sem fins lucrativos.
www.naturalstep.org

The Nature Conservancy

Organização de conservação sem fins lucrativos que trabalha para proteger terras e águas ecologicamente importantes.
www.nature.org

O_2 Global Network

Os membros dessa rede mundial organizam palestras, projetos, workshops e distribuem boletins informativos e outros materiais para promover, ensinar e implementar o design sustentável. O site da O_2 inclui recursos para o design sustentável e uma agenda global.
www.o2.org

Open MIC

Organização sem fins lucrativos que usa o *feedback* para tornar as práticas corporativas de administração mais responsáveis.
www.openmic.org

Organic Consumers Association

Organização *on-line* sem fins lucrativos que lida com assuntos como segurança de alimentos, agricultura industrial, engenharia genética, saúde das crianças, sustentabilidade ambiental e comércio justo.
www.organicconsumers.org

Organic Exchange

Uma organização de membros focados no aumento da produção e uso de fibras orgânicas.
www.organicexchange.org

People for the Ethical Treatment of Animals

Organização sem fins lucrativos que promove os direitos dos animais por meio de campanhas, incluindo o fim do uso de couro e pele, assim como o fim do consumo de carne e derivados do leite, das fazendas de criação, circos e rodeios.
www.peta.org

Planet Ark

Organização sem fins lucrativos com sede na Austrália que procura ensinar às pessoas e às empresa maneiras importantes de reduzir o impacto ambiental.
planetark.org

Project (RED)

As empresas doam 50% dos lucros dos produtos para ajudar a comprar e a distribuir remédio antiretroviral para as pessoas contaminadas com o vírus da AIDS na África.
www.joinred.com

Rocky Mountain Institute

Organização sem fins lucrativos de um grupo de especialistas da indústria, líderes e engenheiros interessados em pesquisas que abordem design pragmático, práticas e políticas relacionadas à energia e aos recursos, com forte ênfase em soluções de mercado.
www.rmi.org/rmi

Sierra Club

Uma organização ambientalista sem fins lucrativos fundada em 1892, que reúne ação jurídica, campanhas de informação e parcerias cooperativas com a indústria para proteger as áreas selvagens dos Estados Unidos.
www.sierraclub.org

Silicon Valley Toxics Coalition

Uma organização sem fins lucrativos envolvida em pesquisa, proteção e organização da indústria de alta tecnologia. Tem pedido a empresas de eletrônicos que reduzam e eliminem o uso de produtos químicos tóxicos da manufatura de suas produtos e se responsabilizem no fim da vida de um produto.
www.svtc.org/site/PageServer

Slow Food

Com 100 mil membros em 132 países, é uma organização sem fins lucrativos que procura acabar com o *fast food* e deter o desaparecimento de tradições de alimentação local, e aumentar a consciência a respeito do sabor dos alimentos e de como as nossas escolhas alimentares afetam o resto do mundo.
www.slowfoodusa.org

Surfrider Foundation

Uma organização ambientalista sem fins lucrativos dedicada à proteção e ao aproveitamento das ondas e praias do mundo por meio da conservação, educação, pesquisa e ativismo.
www.surfrider.org

Sustainability Consortium

Mantido pelo Wal-Mart, uma parceria de pesquisadores de universidades líderes no mundo, ONGs, agências do governo e parceiros de negócios, criada com o objetivo de estabelecer padrões científicos para medir a sustentabilidade e desenvolver índices de produtos cientificamente válidos.
www.sustainabilityconsortium.org

Sustainable Investment Research Analyst Network (SIRAN)

Rede de apoio para analistas engajados em estudos ambientais e sociais, e na abordagem do governo aos investimentos.
www.siran.org

Sustainable Packaging Coalition

Grupo de trabalho da indústria que desenvolve recursos e ferramentas a respeito de embalagens sustentáveis. Entre os projetos e recursos, estão uma ferramenta de avaliação comparativa de embalagem, indicadores de performance sustentável e métricas, orientações para design de embalagens sustentáveis e descrição técnicas ambientais.
www.sustainablepackaging.org

TNS Media Intelligence

Registra gastos competitivos e anúncios criativos para agências de propaganda.
www.tns-mi.com/aboutIndex.htm

Wildlife Conservation Society

Fundada em 1895, essa organização cuida de 500 projetos de conservação em 60 países, a respeito de como salvar a vida selvagem.
www.wcs.org

Women's Voices for the Earth

Organização sem fins lucrativos que pesquisa os impactos na saúde de produtos como cosméticos e produtos de limpeza doméstica.
www.womenandenvironment.org

World Business Council for Sustainable Development

Associação global de cerca de 200 empresas de mais de 36 países e 20 grandes setores da indústria. Oferece uma plataforma para as empresas explorarem o desenvolvimento sustentável, dividirem conhecimento, experiências e melhores práticas e para defender posições de negócios em diversos fóruns, atuando com as organizações do governo e não governamentais, além de intergovernamentais. Entre as quatro principais áreas estão energia e clima, desenvolvimento, o papel dos negócios e ecossistemas.
www.wbcsd.org

World Resources Institute

Empresa ambientalista que trabalha com parceiros de negócios, governos e a sociedade civil, com mais de 50 projetos ativos voltados para a mudança climática no mundo, mercados sustentáveis, proteção de ecossistemas e governos ambientalmente responsáveis.
www.wri.org

Worldwatch Institute

Organização de pesquisa independente liderada por Lester Brown, voltada para o desenvolvimento e a disseminação de dados e estratégias para abordar os desafios da mudança climática, degradação dos recursos, crescimento populacional e pobreza. Os programas prioritários incluem energia e clima, alimentos, agricultura e economia verde.
www.worldwatch.org

Zerofootprint

O Software Zerofootprint aplica tecnologia, design e administração de risco para reduzir os danos ambientais no mundo e oferecer aos clientes soluções para reduzir a emissão de carbono. A Zerofootprint Foundation envolve governo, educadores e outras organizações sem fins lucrativos para combater a mudança de clima.
www.zerofootprint.net

Organizações de certificação e selo ecológico

Aquaculture Certification Council

Essa certificação reconhece a aquicultura que satisfaz padrões sociais, ambientais e de segurança dos alimentos.
www.aquaculturecertification.org

ASTM International

Conhecida originalmente como American Society for Testing and Materials, uma das maiores organizações de certificação focada nos padrões técnicos para materiais, produtos, sistemas e serviços. A ASTM tem desenvolvido padrões de sustentabilidade com domínio em áreas que incluem solo, água, qualidade do ar e administração do lixo.
www.astm.org

Blue Angel

O selo ecológico oficial da Alemanha, abrangendo 10 mil produtos e serviços. Prêmios entregues por qualidades que representam as maiores áreas de impacto por categoria.
blauer-engel.de

Bluesign

Uma rede global de representantes de comunidades científicas e políticas, comerciais e industriais e organizações de consumo e ambientais. O padrão Bluesign garante responsabilidade ambiental, saúde e segurança na produção de têxteis.
www.bluesign.com

Carbon Trust

Oferece um selo de Redução de Carbono para ajudar os consumidores a entender melhor o nível de carbono de um produto.
www.carbontrust.co.uk

Center for Resource Solutions

Uma organização nacional sem fins lucrativos que se concentra na pesquisa e no marketing de alternativas para as energias renováveis. Promove o selo Green-e para energia renovável.
www.resource-solutions.org

Cradle to Cradle Certification

Avalia a segurança de um produto para os seres humanos e o meio ambiente, e o design para futuros ciclos de vida na categoria de materiais, reutilização de material, energia, água e responsabilidade social. Os produtos podem ser certificados em quatro níveis: básico, prata, ouro e platina.
www.c2ccertified.com

Eco Mark

Programa voluntário de multiqualidade e ecologia do Japão, abrange uma série de produtos de consumo.
www.ecomark.jp

EcoLogo

Uma marca ambiental de certificação fundada no Canadá, mas disponível no mundo todo atualmente.
www.environmentalchoice.com

EPEAT

Organização sem fins lucrativos gerenciada e dirigida pelo Green Electronics Council da International Sustainable Development Foundation. Avalia produtos eletrônicos em relação a 51 critérios ambientais, identificados nos padrões IEEE 1680.
www.epeat.net

EU Ecolabel

Um programa voluntário administrado pelo European Eco-labeling Board com o apoio da European Commission. Abrange muitos produtos e serviços, incluindo produtos de limpeza, papel, têxteis e produtos para casa e jardim, lubrificantes e serviços, como acomodação para turistas.
www.eco-label.com

Fairtrade Foundation

Organização do Reino Unido da Fairtrade Labelling Organizations International.
www.fairtrade.org.uk

Fairtrade Labelling Organizations International (FLO)

Uma rede internacional de 24 organizações sem fins lucrativos responsáveis por emitir licenças para usar o selo "FAIRTRADE" em produtos (inclui o Transfair [U.S.] e a Fairtrade Foundation [UK]).
www.fairtrade.net

Forest Stewardship Council

Padrão internacionalmente reconhecido de florestamento responsável.
www.fsc.org

Good Environmental Choice – Austrália

Programa ambientalista voluntário da Austrália que abrange uma série de produtos.
www.geca.org.au

Global Organic Textile Standard

Padrão mundial para têxteis orgânicos com base em materiais e processos usados ao longo da produção.
www.global-standard.org

Green Good Housekeeping Seal

Lançado pela revista *Good Housekeeping* em 2009 para ajudar os clientes a reconhecer produtos que foram bem avaliados com base em muitos critérios ambientais e eficiência.
www.goodhousekeeping.com/product-testing/history/welcome-gh-seal

Green Seal

Uma das mais antigas organizações sem fins lucrativos e independentes, desenvolve padrões e certifica uma série de produtos e serviços de consumo e produtos ambientalmente responsáveis, incluindo materiais de limpeza, de construção e de manutenção.
www.greenseal.org

International Organization for Standardization (ISO)

Com base em Genebra, Suíça, o ISO é uma rede não governamental de institutos de padronização nacional de 163 países e o maior desenvolvedor e editor de padrões voluntários internacionais. O ISO Catalogue inclui mais de 18.000 Padrões Internacionais publicados, incluindo ISO 14001 para administração ambiental corporativa e ISO 14020 para selos ecológicos.
www.iso.org

Marine Stewardship Council

Os peixes certificados por esse programa global são de pesqueiros de captura selvagem que praticam a pesca sustentável e protegem os ecossistemas locais.
www.msc.org

National Standard for Sustainable Forest Management (Canadian Standards Association)

Os produtos com esse selo estão de acordo com os padrões ambientais nacionais e internacionais para a administração de florestas.
www.csa-international.org/product_areas/forest_products_marking

NSF International

Organização sem fins lucrativos fundada em 1944 para certificar produtos e escrever padrões relacionados à saúde pública, à segurança e ao meio ambiente para alimentos, água e bens de consumo.
www.nsf.org

Programme for the Endorsement of Forest Certification

O selo PEFC pode ser encontrado em produtos de madeira e papel de florestas que sejam certificadas por um membro independente dessa associação sem fins lucrativos internacional administrada de modo sustentável. O Sustainable Forestry Program dos Estados Unidos é um membro.
www.pefc.org

Protected Harvest

Produtos agrícolas com esse selo vêm de fazendas com padrões de cultivo ambientais rigorosos.
www.protectedharvest.org

Rainforest Alliance

Certificação independente de reflorestamento e produtos agrícolas, juntamente com verificação de projetos florestais que visam reduzir as emissões de carbono.
www.rainforest-alliance.org

Scientific Certification Systems

Desenvolve padrões atestando a qualidade e a produção sustentável de diversos produtos de agricultura, manufatura e energia.
www.scscertified.com

TransFair USA

Uma organização sem fins lucrativos que é certificadora terceirizada de produtos oriundos do comércio justo. O selo The Fair Trade Certified pode ser aplicado a café, chás e ervas, cacau e chocolate, frutas frescas, flores, açúcar e baunilha. As fazendas certificadas praticam métodos de agricultura ambientalmente sustentáveis e seguem os princípios do comércio justo de condições dignas de trabalho para os trabalhadores.
www.transfairusa.org

ULEnvironment

Uma divisão do UL que certifica pedidos ambientais e desenvolve padrões.
www.ulenvironment.com

United States Department of Agriculture

Por meio do National Organic Program, desenvolve, implementa e administra a produção nacional, os cuidados e padrões de classificação para os produtos orgânicos agrícolas, incluindo o selo USDA Organic. Também abriga o USDA BioPreferre, programa do governo e selo de consumo voluntário.
www.usda.gov

United States Department of Energy

Mantém o Guia de Energia para Eletrodomésticos e coadministra o selo ENERGY STAR (com a U.S. Environmental Protection Agency).
www.energy.gov

United States Environmental Protection Agency

Agência do governo norte-americano que mantém os selos voluntários Design for the Environment (www.epa.gov/dfe), ENERGY STAR (energystar.gov), SmartWay transportation (www.epa.gov/smartway), e WaterSense (www.epa.gov/WaterSense).

United States Green Building Council

Mantém o sistema de avaliação LEED (Leadership for Energy and Environmental Design) para projeto e construção de prédios sustentáveis. www.usgbc.org

Livros

Negócios, design e sustentabilidade

Anderson, Ray C. *Confessions of a Radical Industrialist: Profits, People, Purpose – Doing Business by Respecting the Earth*. St. Martin's Press, 2009.

Begley, Ed Jr. *Living Like Ed: A Guide to the Eco-friendly Life*. Clarkson N. Potter, 2008.

Brown, Lester R. *Plan B 4.0: Mobilizing to Save Civilization*. Earth Policy Institute, 2009.

Dorfman, Josh. *The Lazy Environmentalist: Your Guide to Easy, Stylish, Green Living*. Harry N Abrams, 2007.

Dumaine, Brian. *The Plot to Save the Planet: How Visionary Entrepreneurs and Corporate Titans are Creating Real Solutions to Global Warming*. Crown Business, 2008.

Ehrenfeld, John R. *Sustainability by Design: A Subversive Strategy for Transforming Our Consumer Culture*. Yale University Press, 2008.

Friedman, Thomas L. *Hot, Flat, and Crowded: Why We Need a Green Revolution – and How It Can Renew America*. Farrar Straus & Giroux, 2008.

Friend, Gil. *The Truth about Green Business*. FT Press, 2009.

Fussler, Claude e James, Peter. *Driving Eco-innovation*. Pitman Publishing, 1996.

Goleman, Daniel. *Ecological Intelligence: How Knowing the Hidden Impacts of What We Buy Can Change Everything*. Broadway Business, 2009.

Grant, John. *Co-opportunity: Join Up for a Sustainable, Resilient, Prosperous World*. John Wiley & Sons, 2010.

Grant, John. *The Green Marketing Manifesto*. John Wiley & Sons, 2008.

Green Guide: The Complete Reference for Consuming Wisely (National Geographic, 2008)

Hill, Graham e O'Neill, Meaghan. *Ready, Set, Green: Eight Weeks to Modern Eco-living*. Villard Books, 2008.

Horne, Ralph; Tim Grant e Verghese, Karli. Life Cycle Assessment: Principles, Practice and Prospects. CSIRO Publishing, 2009.

Javna, John; Sophie Javna e Jesse Javna. *50 Simple Things You Can Do to Save the Earth.* Hyperion, 2008.

Jedlicka, Wendy. *Packaging Sustainability: Tools, Systems and Strategies for Innovative Package Design*. John Wiley & Sons, 2008.

Kellogg, Scott e Pettigrew, Stacy. *Toolbox for Sustainable Living: A Do-It-Ourselves Guide*. South End Press, 2008.

Lori, Bongiorno. *Green, Greener, Greenest: A Practical Guide to Making Eco-smart Choices a Part of Your Life*. Perigee Trade, 2008.

MacEachern, Diane. *Big Green Purse: Use Your Spending Power to Create a Cleaner, Greener World*. Avery, 2008.

MacKay, David J.C. *Sustainable Energy – Without the Hot Air.* (UIT Cambridge Ltd., 2009; download gratuito no site www.withouthotair.com)

292 As Novas Regras do Marketing Verde

Pernik, Ron e Wilder, Clint. *The Clean Tech Revolution*. Harper Collins Publishers, 2008.

Russo, Michael V. *Companies on a Mission: Entrepreneurial Strategies for Growing Sustainably, Responsibly, and Profitably*. Stanford University Press, 2010.

Ryan, Eric e Lowry, Adam. *Squeaky Green: The Method Guide to Detoxing Your Home*. Chronicle Books, 2008.

Sivertsen, Linda e Sivertsen, *Tosh. Generation Green: The Ultimate Teen Guide to Living an Eco-friendly Life*. Simon Pulse, 2008.

Steffen, Alex. *Worldchanging: A User's Guide for the 21st Century*. Abrams, 2008.

The Psychology of Climate Change Communication: A Guide for Scientists, Journalists, Educators, Political Aides, and the Interested Public. Center for Research on Environmental Decisions (Columbia University in the City of New York, 2009; *download* gratuito no site www.cred.columbia.edu/guide)

Trask, Crissy. It's Easy Being Green: A Handbook for Earth Friendly Living. Gibbs Smith, 2006.

Uliano, Sophie. *Gorgeously Green: 8 Simple Steps to an Earth-friendly Life*. Collins Living, 2008.

Wann, David. *Simple Prosperity: Finding Real Wealth in a Sustainable Lifestyle*. St. Martin's Press, 2007.

Werbach, Adam. *Strategy for Sustainability: A Business Manifesto*. Harvard Business Press, 2009.

Willard, Bob. *The Sustainability Champion's Guidebook: How to Transform Your Company*. New Society Publishers, 2009.

Winston, Andrew. *Green Recovery: Get Lean, Get Smart, and Emerge from the Downturn on Top*. Harvard Business Press, 2009.

Notas

Capítulo 1

1. Natural Marketing Institute, *The LOHAS Report: 2009* (Harleysville, PA: NMI, 2009).

2. Focalyst, "It's Good to Be Green: Socially Conscious Shopping Behaviors among Boomers", Focalyst Insight Report; AARP Services and Focalyst, dezembro de 2007; https://www.focalyst.com/Sites/Focalyst/Media/Pdfs/en/CurrentResearchReports/ 698F1654.pdf; https://www.focalyst.com/Sites/Focalyst/Content/KnowledgeCenter, acessado em 16 de setembro de 2010.

3. Randeep Ramesh, "Bhopal marks 25th anniversary of Union Carbide gas disaster", *The Guardian*, 3 de dezembro de 2009; www.guardian.co.uk/world/2009/dec/03/bhopal-anniversary-union-carbide-gas, acessado em 16 de setembro de 2010.

4. Conhecido oficialmente como United Nations Conference on Environment and Development (UNCED).

5. Green Canary Sustainability Consulting, "New Research: 18- to 34-Year-Olds Key to Green Economy", Tuerff-Davis EnviroMedia; www.greencanary.net/newsitem. php?id=693, acessado em 10 de agosto de 2010.

6. O American College and University Presidents' Climate Commitment (ACUPCC) aborda o comprometimento global para eliminar as emissões de gases de efeito estufa dos *campi*; www.presidentsclimatecommitment.org.

7. Sophia Yan, "Understanding Generation Y", *The Oberlin Review*, 8 de dezembro de 2006; www.oberlin.edu/stupub/ocreview/2006/12/08/features/Understanding_Generation_Y.html, acessado em 1º de agosto de 2010.

8. American Forest & Paper Association, "Facts About Paper", 2009; www.afandpa. org/FunFacts.aspx, acessado em 1º de agosto de 2010.

9. Dan Shapley, "Green Election Issues 101", *The Daily Green*, 28 de agosto de 2008; www.thedailygreen.com/environmental-news/latest/green-elections-guide-47082517, acessado em 1º de agosto de 2010.

10. League of Conservation Voters, "About LCV"; www.lcv.org/about-lcv, acessado em 1º de agosto de 2010.

11. Beth Walton, "Volunteer Rates Hit Record Numbers", *USA Today*, 7 de julho de 2006; www.usatoday.com/news/nation/2006-07-06-volunteers_x.htm, acessado em 1º de agosto de 2010.

12. Gwynne Rogers, Natural Marketing Institute, mensagem de e-mail ao autor, 29 de março de 2010.

13. Tanya Irwin, "Study: Organic Products Selling Strong Despite the Economy", *MediaPost News*, 4 de maio de 2009; www.mediapost.com/publications/?art_aid=105371&fa=Articles.showArticle, acessado em 1º de agosto de 2010.

14. Sustainable Life Media, "Sales in Organics Soar Over 17% Despite Recession", 6 de maio de 2009; www.sustainablelifemedia.com/content/story/brands/sales_in_organics_soar_over_17_percent_despite Recession, acessado em 1º de agosto de 2010.

15. Jack Neff, "Why Burt's Bees CMO Won't Cut Spending in Recession", *Advertising Age*, 13 de maio de 2009; adage.com/results?endeca=1&return=endeca&search_offset=0&search_order_by=score&x=0&y=0&search_phrase=Why+Bur t%27s+Bees+CMO+Won%27t+Cut+Spending+in+Recession, acessado em 1º de agosto de 2010.

16. John Murphy and Kate Linebaugh, "Honda's Hybrid Will Take On Prius", *Wall Street Journal*, 1º de outubro de 2008: B1.

17. Procter & Gamble, "Procter & Gamble Deepens Corporate Commitment to Sustainability", press release, 26 de março de 2009; www.pginvestor.com/phoenix.zhtml?c=104574&p=irol-newsArticle&ID=1270272, acessado e 16 de setembro de 2006.

18. Procter & Gamble, "P&G Launches Initiative to Make Conservation of Natural Resources More User Friendly", press release, 15 de março de 2010; www.pginvestor.com/phoenix.zhtml?c=104574&p=irol-newsArticle&ID=1402138&highlight=future%20 friendly, acessado em 16 de setembro de 2010.

19. "Green Is The New Black", *Brandweek*, 24 de junho de 2009; www.brandweek.com/bw/content_display/news-and-features/green-marketing/e3i772f176924f862d41-ded85b4a202121f, acessado em 1º de agosto de 2010.

20. Helen K. Chang, "Business: Coming Clean", *Plenty* 22 (junho/julho de 2008); www. plentymag.com/magazine/business_coming_clean.php, acessado em 1º de agosto de 2010.

21. www.openmic.org.

22. Sustainable Life Media, "Consumers Chuck Green Debate for Environmental Action", 11 de fevereiro de 2009; www.sustainablelifemedia.com/content/story/brands/consumers_chuck_green_debate_for_environmental_action, acessado em 1º de agosto de 2010.

23. Jeremy Lovell, "Global Warming Impact Like 'Nuclear War'", Reuters, 12 de setembro de 2007; www.reuters.com/article/environmentNews/idUSL1234809620070912 acessado em 1º de agosto de 2010.

24. Bret Stephens, "Global Warming and the Poor", *Wall Street Journal*, 4 de agosto de 2009: A11.

25. U.S. Environmental Protection Agency, "Water Supply and Use in the United States", *WaterSense*, junho de 2008; www.epa.gov/watersense/pubs/supply.html, acessado e 13 de outubro de 2009.

26. Leo Lewis, "Ecologists Warn the Planet Is Running Short of Water", *The Times*, 22 de janeiro de 2009; www.timesonline.co.uk/tol/news/environment/article5562906.ece, acessado em 1º de agosto de 2010.

27. Sustainable Life Media, "86 of S&P 100 Have Corporate Sustainability Websites", 23 de julho de 2006; www.sustainablelifemedia.com/content/story/strategy/86_of_s_and_p_100_have_corporate_sustainability_websites, acessado em 1º de agosto de 2010.

28. Ibid.

Capítulo 2

1. LOHAS, Naturalites, Conventionals, Drifters e Unconcerneds são marcas registradas do Natural Marketing Institute of Harleysville, Pensilvânia.

2. "Over Half of Consumers Factor Green Record into Buying Decisions", *Environmental Leader*, 6 de agosto de 2008; www.environmentalleader.com/2008/08/06/over-half-of-consumers-factor-green-record-into-buying-decisions, acessado em 1º de agosto de 2010.

3. Amazon Green (www.Amazon.com/Amazon-Green) e Yahoo! Green (green.yahoo.com).

4. Sustainable Life Media, "Americans Buy Green to Save Green When Shopping for Electronics", 17 de abril de 2007; www.sustainablelifemedia.com/content/story/brands/americans_buy_green_to_save_green, acessado em 6 de agosto de 2010.

5. Daniel H. Pink, "Rise of the Neo-Greens", *Wired* 14.05 (maio de 2006); www.wired.com/wired/archive/14.05/neo.html, acessado em 1º de agosto de 2010.

Capítulo 3

1. Renewable Energy Certificates, também conhecido como créditos renováveis, são bens comerciáveis que comprovam que uma certa quantidade de eletricidade usada na produção foi gerada de uma fonte de energia renovável, novamente sob seu domínio (Fonte: www.epa.gov/greenpower/gpmarket/rec.htm).

2. "Certified B Corporation", B Lab; www.bcorporation.net, acessado em 1º de agosto de 2010.

3. "Fighting Dirty", an interview with the founders of Method green home-care products by Sarah van Schagen, 14 de março de 2008: www.grist.org/article/fightingdirty, acessado em 15 de agosto de 2010.

4. As embalagens em questão são as garrafas grandes que as marcas concorrentes usam e não as garrafas pequenas da Method.

5. Katie Molinari, Method Products Inc., entrevista por telefone, 22 de julho de 2009.

296 As Novas Regras do Marketing Verde

Capítulo 4

1. Muitos programa ecológicos têm sido desenvolvidos em diversos países do mundo para esse propósito.

2. D. Sabaliunas, "Tide Coldwater: Energy Conservation through Residential Laundering Innovation and Commercialization", apresentado na *10th Annual Green Chemistry and Engineering Conference,* Capital Hilton, Washington, DC, 26 a 30 de junho de 2006; acs.confex.com/acs/green06/techprogram/P27314.HTM, acessado em 19 de outubro de 2010.

3. U.S. Environmental Protection Agency, "Life-Cycle Assessment (LCA)"; www.epa.gov/nrmrl/lcaccess.

4. "PepsiCo Reveals Method for Calculating Carbon Footprint of Products", *Environmental Leader*, 5 de outubro de 2009.

5. Glenn Rifkin, "Saving Trees is Music to Guitar Makers' Ears", *New York Times*, 7 de junho de 2007: C4.

6. Earthworks No Dirty Gold Campaign, "Dirty Gold's Impacts"; www.nodirtygold.org/dirty_golds_impacts.cfm, acessado em 1º de agosto de 2010.

7. Earthworks No Dirty Gold Campaign, "Tiffany & Co. Stakes Bold Position on Mining Reform", press release, 24 de março de 2004; www.nodirtygold.org/stdnt_alternatives.cfm, acessado em 1º de agosto de 2010.

8. Tiffany & Co., "Sources and Mining Practices: Our Views on Large-Scale Mining", 2009; www.tiffany.com/sustainability/mining.aspx, acessado em 1º de agosto de 2010.

9. Tiffany & Co., "Our Environmental and Social Commitments", 2008; www.tiffany.com/sustainability, acessado em 1º de agosto de 2010.

10. Cure Recycling, "Recycle Printer Cartridges", Earthtone Solutions Inc.; www.earthtonesolutions.com/recyclecartridgesinkjet.html, acessado em 1º de agosto de 2010.

11. Emma Ritch, "Pumping up the Value of Recycled Plastics", Cleantech Group LLC, 8 de maio de 2009; cleantech.com/news/4439/hp-lavergne-improve-value--recycled, acessado em 1º de agosto de 2010.

12. Sustainable is Good, "Recycline Wins Forbes Boost Your Business Contest", 17 de dezembro de 2007; www.sustainableisgood.com/blog/2007/12/recycline-wins.html, acessado em 1º de agosto de 2010.

13. Jenny Hoponick, "Nonylphenol Ethoxylates: A Safer Alternative Exists to This Toxic Cleaning Agent", Rep. Sierra Club, Jersey Coast Anglers Association, novembro de 2005.

14. Organic Trade Association, "U.S. Organic Sales Grow by a Whopping 17.1 Percent in 2008", press release, 4 de maio de 2009; www.organicnewsroom.com/2009/05/us_organic_sales_grow_by_a_who.html, acessado em 1º de agosto de 2010.

15. Emily B. York, "Safeway to Roll out House Brands to Grocery Stores Nationwide", *Advertising Age*, 6 de agosto de 2008; adage.com/article?article_id=130191, acessado em 1º de agosto de 2010.

16. "Safeway Aims to Expand O Organics, Eating Right Lines Beyond Its Store Shelves", *Nutrition Business Journal: Strategic Information for the Nutrition Industry | Nutrition Industry Research*; nutritionbusinessjournal.com/retail/news/07-15- -safeway-exapand-o-organics-eating-right-beyond-store-shelves, acessado em 6 de agosto de 2010.

17. Sarah F. Gale, "Earth's Best: A Food Every Mother Could Love", *Organic Processing Magazine*, julho-setembro de 2006; www.organicprocessing.com/opjs06/opjs06enterprise.htm, acessado em 1º de agosto de 2010.

18. Paulette Miniter, "Organic-Food Stocks a Natural Choice in Slowdowns", *Smart-Money*, 28 de fevereiro de 2008; www.smartmoney.com/investing/stocks/organicfood-stocks-a-natural-choice-in-slowdowns-22626, acessado em 1º de agosto de 2010.

19. WWF, "Agriculture and Environment: Cotton. Environmental Impacts of Production on Water Use", WWF International, 2009; www.panda.org/what_we_do/footprint/agriculture/cotton/environmental_impacts/water_use, acessado em 1º de agosto de 2010.

20. *Nikebiz*, "Nike Responsibility"; www.nikebiz.com/responsibility/considered_design/environmentally_preferred.html, acessado em 1º de agosto de 2010.

21. Nicole Peyraud, "Mainstream Green", *Yogi Times*, setembro de 2007: 38-39.

22. Organic Exchange, "OE 2009 Organic Market Report: Global Organic Cotton Grows 35%, Hits 4.3 Billion in 2009", press release, 16 de agosto de 2010; organicexchange.org/oecms/OE-2009-Organic-Market-Report-Global-Organic-Cotton- -Grows-35-Hits-$4.3-Billion-in-2009.html, acessado em 1º de outubro de 2010.

23. UNICEF, "Child Labor", 6 de março de 2008; www.unicef.org/protection/index_childlabour.html, acessado em 1º de agosto de 2010.

24. BBC News, "Women Face Bias Worldwide – UN", 5 de abril de 2008; news.bbc.co.uk/2/hi/europe/7331813.stm, acessado em 1º de agosto de 2010.

25. Department for International Development, "Fairtrade Olive Oil Offers Economic Lifeline for Palestinian Farmers", press release, fevereiro de 2009; collections.europarchive.org/tna/20100423085705/http://www.dfid.gov.uk/Media-Room/Press-releases/2009/Fairtrade-olive-oil-offers-economic-lifeline-for-Palestinianfarmers, acessado em 1º de agosto de 2010.

26. Fairtrade Foundation, "Global Fairtrade Sales Increase by 22%", press release, 8 de junho de 2009; www.fairtrade.org.uk/press_office/press_releases_and_statements/jun_2009/global_fairtrade_sales_increase_by_22.aspx, acessado em 1º de agosto de 2010.

27. Ben Cooper, "The Just-Food Interview – Sophi Tranchell, Divine Chocolate", *Just-Food*, 5 de março de 2009; www.just-food.com/article.aspx?id=105703&d=1, acessado em 1º de agosto de 2010.

28. Clearly So, "Divine Chocolate"; www.clearlyso.com/company.jsf?id=172, acessado em 1º de agosto de 2010.

29. Andrew Cleary, "Cadbury Brings in Fairtrade Dairy Milk as Ethical Foods Prosper", Bloomberg.com, 22 de julho de 2009; bloomberg.com/apps/news?pid=2060 1130&sid=a10orRl3z8Dw, acessado em 1º de agosto de 2010.

30. TransFair USA, "Ben & Jerry's Goes Globally Nuts for Fair Trade"; www.transfairusa.org/content/about/ppr/ppr_100218.php, acessado em 1º de outubro de 2010.

31. Amy Pellicane, Clarins, email ao autor, 18 de agosto de 2010.

32. Clarins, "Sustainable Development"; www.clarins.com.my/social_sustainable-development.php, acessado em 1º de outubro de 2010.

33. Ibid.

34. Ibid.

35. Clarins, "Clarins We Care"; my.clarins.com/clarins-cosmetics/about-clarins/commitment-to-beauty/clarins-we-care/178, acessado em 1º de outubro de 2010.

36. Clarins, "The ClarinsMen Award"; int.clarins.com/clarins-cosmetics/aboutclarins/commitment-to-beauty/environmental-protection/the-clarinsmenaward/174, acessado em 1º de outubro de 2010.

37. Julia R. Barrett, "Phthalates and Baby Boys: Potential Disruption of Human Genital Development", *Environmental Health Perspectives* 113 (2005): A542.

38. Paul Brown and Keris KrennHrubec, "Phthalates and Children's Products", National Research Center for Women & Families, novembro de 2009; www.center4research.org/2010/04/phthalates-and-childrens-products, acessado em 1º de outubro de 2010.

39. Industrial Designers Society of America, "Nike Considered Boot", 2005; www.idsa.org/content/content1/nike-considered-boot, acessado em 1º de agosto de 2010.

40. Reena Jana, "Nike Quietly Goes Green", *Bloomberg BusinessWeek*, 11 de junho de 2009; www.businessweek.com/magazine/content/09_25/b4136056155092.htm?campaign_id=rss_tech, acessado em 1º de agosto de 2010.

41. Susan Piperato, "Marmoleum & Green on Display", *New York House*, julho de 2009; www.metrogreenbusiness.com/archive/article.php?issue=39&dept=57, acessado em 1º de agosto de 2010.

42. Forbo, "Forbo Group Annual Report 2009", 10 de março de 2010; www.forbo.com/default.aspx?menuId=33, acessado em 16 de agosto de 2010. Moeda convertida de CHF para USD usando a cotação de 2009 de 1,03 do relatório da Forbo.

43. Environmental Health Association of Nova Scotia, "Guide to Less Toxic Products" (Halifax, Nova Scotia: EHANS, 2004; www.lesstoxicguide.ca/index.asp?fetch=household, acessado em 1º de agosto de 2010).

44. Seventh Generation, *Spheres of Influence: 2007 Corporate Consciousness Report* (Burlington, VT: Seventh Generation, 2008; www.svg2007report.org/flash.html#/-2, acessado em 1º de agosto de 2010).

45. Martin Wolf, Director of Product and Environmental Technology, Seventh Generation, Entrevista por telefone, 13 de agosto de 2008.

46. Rich Pirog e Andrew Benjamin, "Checking the Food Odometer: Comparing Food Miles for Local Versus Conventional, Produce Sales to Iowa Institutions" (Ames, IA: Leopold Center for Sustainable Agriculture, Iowa State University, julho de 2003; www.leopold.iastate.edu/pubs/ staff/files/food_travel072103.pdf, acessado em 1º de agosto de 2010).

47. Paul Martiquet, "More to Eating Local", Vancouver Coastal Health Authority, 16 de abril de 2008; www.nscg.ca/Services/archive.cfm?id=261, acessado em 10 de julho de 2009.

48. Natural Marketing Institute, *LOHAS Consumer Trends Database 2009* (NMI, 2010).

49. U.S. Department of Agriculture, Agricultural Marketing Service, "Farmers Markets and Local Food Marketing", USDA, Agricultural Marketing Service, 10 de outubro de 2009; www.ams.usda.gov/AMSv1.0/ams.fetchTemplate Data.do?template=TemplateS&navID=WholesaleandFarmersMarkets&leftNav=WholesaleandFarmersMarkets&page=WFMFarmersMarketGrowth&description=Farmers%20Market%20Growth&acct=frmrdirmkt, acessado em 1º de agosto de 2010.

50. Wal-Mart, "Wal-Mart Commits to America's Farmers as Produce Aisles Go Local", press release, 1º de julho de 2008; walmartstores.com/FactsNews/ NewsRoom/ 8414.aspx, acessado em 1º de agosto de 2010.

51. Wal-Mart, "Locally Grown Fact Sheet", *Live Better Index*, Wal-Mart; www.livebetterindex.com/savemoreprod.html, acessado em 6 de agosto de 2010.

52. Erica Erland, Maxwell PR, e-mail ao autor, 20 de novembro de 2009.

53. Kettle Foods Inc., "Sustainability", 13 de novembro de 2009; www.kettlefoods.com/about-us/sustainability, acessado em 1º de agosto de 2010.

54. Cyrus Farivar, "Pulling the Plug on Standby Power", *The Economist*, 9 de março de 2006; at Global Technology Forum, globaltechforum.eiu.com/index.asp?layout=rich_story&channelid=3&categoryid=10&title=Pulling+the+plug+on+standby+power&doc_id=8293, acessado em 1º de agosto de 2010.

55. Bosch, "Life is Better with Bosch", 15 de julho de 2009: 91; www.bosch-home.com/Files/bosch/us/us_en/literaturerequests/bosch_full_line_winter_08lr.pdf, acessado em 30 de setembro de 2010.

300 As Novas Regras do Marketing Verde

56. Bosch, "New Bosch Washer and Dryer Line Fits Your Lifestyle, Pampers Your Clothes for the Next Wave in Laundry Care", press release, novembro de 2003; www.bosch-press.com/tbwebdb/bosch-usa/en-US/PressText.cfm? CFID=707&CFTOKEN=714c9f97d9380b9-9964A3F4-B5A3-413F-9367-DE1036D275FA&Search=1&id=160, acessado em 1º de outubro de 2010.

57. Bosch, "Life is Better with Bosch": 9.

58. Rebecca Smith and Ben Worthen, "Stimulus Funds Speed Transformation toward 'Smart Grid'", *Wall Street Journal,* 20 de setembro de 2009: Marketplace, B1.

59. World Business Council for Sustainable Development, "Reducing Mobile Phone No-load Energy Demand: Nokia", 18 de junho de 2008; www.wbcsd.org/Plugins/DocSearch/details.asp?DocTypeId=24&ObjectId=MzA0MTM, acessado em 1º de agosto de 2010.

60. U.S. Environmental Protection Agency and U.S. Department of Energy, "Find a Car: 2010 Toyota Prius"; at Fueleconomy.gov, www.fueleconomy.gov/feg/findacar.htm, acessado em 10 de julho de 2009.

61. Matthew Dolan, "Ford Device Stretches Gallons", *Wall Street Journal*, 29 de outubro de 2008: D10.

62. United Nations Environment Programme, *Global Environment Outlook 4 (GEO4): Environment for Development*, 2007: 148; www.unep.org/geo/geo4/report/geo-4_report_full_en.pdf, acessado em 1º de outubro de 2010.

63. Ibid.

64. Ibid.

65. American Water Works Association, "Water Use Statistics", Drinktap.org; www.drinktap.org/consumerdnn/Default.aspx?tabid=85, acessado em 1º de agosto de 2010.

66. TreeHugger, "Dual Flush Toilet by Caroma", 1º de março de 2005; www.treehugger.com/files/2005/03/dual_flush_toil_1.php, acessado em 1º de agosto de 2010.

67. Sustainable Solutions, "Thinking Bathrooms", 24 de julho de 2009.

68. Sharon Nunes, "Smarter Water and Energy Conservation Policies", *Environmental Leader*, 22 de julho de 2010; www.environmentalleader.com/2010/07/22/smarterwater-and-energy-conservation-policies, acessado em 26 de agosto de 2010.

69. Stokke Global, "Tripp Trapp Highchair", 2009; www.stokke-highchair.com/en-us/tripp-trapp-highchair.aspx, acessado em 1º de agosto de 2010.

70. Emily Arnold and Janet Larsen, "Bottled Water: Pouring Resources Down the Drain", Earth Policy Institute, 2 de fevereiro de 2006; www.earthpolicy.org/Updates/2006/Update51.htm, acessado em 1º de agosto de 2010.

71. Campaign to End Bottled Water, "Bottled Water is a Serious Problem", Wellness Enterprises, 24 de julho de 2009; www.endbottledwater.com/TheProblem.aspx, acessado em 1º de agosto de 2010.

72. Arnold and Larsen, "Bottled Water: Pouring Resources Down the Drain."

73. Springwise, "Reusable Envelopes for Reply Mail", 7 de março de 2008; springwise.com/marketing_advertising/reusable_envelopes_for_reply_m, acessado em 1º de agosto de 2010.

74. Ibid.

75. Jim McLain, "Patagonia Seeks to Recycle Used Capilene Products into New Clothing", *Environmental News Network*, 23 de agosto de 2005; www.enn.com/top_stories/article/2402, acessado em 1º de agosto de 2010.

76. Patagonia, "Capilene Baselayers are the Best Option for High-Sweat Activities and Wet Conditions"; www.patagonia.com/web/us/patagonia.go?slc=en_US&sct=US&assetid=10148, acessado em 1º de outubro de 2010.

77. Toray, "Toray, Patagonia to Jointly Work on Chemical Recycle of Nylon 6", press release, 12 de dezembro de 2007; www.toray.com/news/eco/nr071212b.html, acessado em 1º de agosto de 2010.

78. VerTerra, "Company"; www.verterra.com/company.php, acessado em 1º de outubro de 2010.

79. Michael Dwork, CEO, VerTerra, mensagem de e-mail ao autor, 4 de novembro de 2009.

80. Jeff Borden, "SunChips Lets the Sun in: How Frito-Lay Embraced Green and Grounded its Brand Identity", *Marketing News*, 30 de setembro de 2009: 10.

81. Ibid.

82. SunChips, "SunChips Bags"; www.sunchips.com/resources/pdf/sunchips_bags.pdf, acessado em 1º de agosto de 2010.

83. GenPak, "Environmentally Friendly Food Packaging"; harvestcollection.genpak.com, acessado em 1º de outubro de 2010.

84. Biodegradable Products Institute, "The Compostable Label"; www.bpiworld.org/BPI-Public/Program.html, acessado em 1º de outubro de 2010.

85. Biodegradable Products Institute, "FAQ"; bpiworld.org/Default. aspx?pageId=190434, acessado em 1º de outubro de 2010.

86. Reuters, "Dutch Government Blocks PlayStation One", *CNet News*, 4 de dezembro de 2001; news.cnet.com/Dutch-government-blocks-PlayStation-One/2110-1040_3-276584.html, acessado em 1º de agosto de 2010.

87. Philips Lighting Company, "Lighting the Future" (Somerset, NJ:Philips Lighting Company, 2008; www.lighting.philips.com/us_en/environmentandsustainability/downlad/sustainability_brochure.pdf, acessado em 1º de agosto de 2010).

88. Philips Lighting Company, "Alto Lamp Technology" (Somerset, NJ: Philips Lighting Company, 2009; www.wescodist.com/healthcare/docs/alto_brochure.pdf, acessado em 1º de agosto de 2010).

Capítulo 5

1. Joyce Cohen, "Brushing Innovations, Built on Titanium", *New York Times*, 13 de novembro de 2007: F6.

302 As Novas Regras do Marketing Verde

2. Soladey, "How It Works"; www.soladey.com/about.htm, acessado em 15 de julho de 2010. Nota do autor: uma avaliação de ciclo de vida é necessária para compreender os relativos impactos de seu sistema *versus* o convencional de escovação.

3. Tina Butler, "Taking Care of Business: Diapers Go Green", Mongabay.com, 2 de abril de 2006; news.mongabay.com/2006/0402-tina_butler.html, a acessado em 1º de agosto de 2010.

4. Ibid.

5. Industrial Designers Society of America, "SIM from Tricycle", 2006; www.idsa.org/content/content1/sim-tricycle, acessado em 1º de agosto de 2010.

6. Maggie Overfelt, "Product Samples that Save Money (and the Earth)", CNN-Money.com, 24 de outubro de 2006; money.cnn.com/magazines/fsb/fsb_archive/2006/10/01/8387304/index.htm, acessado em 1º de agosto de 2010.

7. Industrial Designers Society of America, "SIM from Tricycle."

8. Overfelt, "Product Samples that Save Money (and the Earth)."

9. Michael Hendrix, "Waste Not", *Innovation*, primavera de 2006: 94-96.

10. Katie Fehrenbacher, "Why the Kindle Is Good for the Planet", *Earth2Tech*, 19 de agosto de 2009; earth2tech.com/ 2009/08/19/why-the-kindle-is-good-for-the--planet, acessado em 1º de agosto de 2010.

11. Associated Press, "Israel Gets First Plugs For All-Electric Car Network", MS-NBC.com, 8 de dezembro de 2008; www.msnbc.msn.com/id/28113041, acessado em 1º de agosto de 2010.

12. Mara Der Hovanesian, "I Have Just One Word For You: Bioplastics", *Business-Week*, 30 de junho de 2008: 44-47.

13. The Coca-Cola Company, "The Coca-Cola Company Introduces Innovative Bottle Made from Renewable, Recyclable, Plant-Based Plastic", press release, 14 de maio de 2009; www.thecoca-colacompany.com/presscenter/nr_20090514_plant-bottle.html, acessado em 16 de agosto de 2010.

14. Brian Dumaine, "Feel-good Plastic that Fades Away", *Fortune*, 29 de abril de 2010; money.cnn.com/2010/04/29/technology/feel_good_plastic.fortune/index.htm, acessado em 1º de agosto de 2010.

15. Natureworks, "Many New Products Launch for the Foodservice Industry", LLC Ingeo News, 13 de junho de 2009; www.natureworksllc.com/news-and-events/ingeonews/ingeonews-v6-issue4.aspx, acessado em 1º de outubro de 2010.

16. Steve Davies, Director of Communications and Public Affairs, NatureWorks, e-mails ao autor, 14 de novembro de 2009.

17. Anna Burroughs, "Are Biodegradable Plastics Good for the Environment?" Associated Content, 15 de agosto de 2006; www.associatedcontent.com/article/51038/are_biodegradable_plastics_good_for.html, acessado em 1º de agosto de 2010.

18. NatureWorks LLC, "NatureWorks Discovers There Is No Technical Barrier for Recycling Plastic Bottles Made from Plants", press release, 23 de fevereiro de 2009;

www.natureworksllc.com/news-and-events/press-releases/2009/02-23-09-sorting-recycling.aspx, acessado em 1º de outubro de 2010.

19. Amy Westervelt, "Explosive Growth for LED Lights in Next Decade, Report Says", SolveClimate, 13 de maio de 2010; solveclimate.com/blog/20100513/explosive-growthled-lights-next-decade-report-says, acessado em 27 de agosto de 2010.

20. "The Home Depot Sells Ecosmart LED Lamps Made by Lighting Science Group", *LEDs Magazine*, Maio de 2010; www.ledsmagazine.com/products/22332, acessado em 27 de agosto de 2010.

21. Joe Mullich, "Mainstreaming Alternative Energy", *Wall Street Journal*, 6 de maio de 2008: A12-13.

22. Michael S. Davies, "Understanding the Cost of Solar Energy", *Green Econometrics*, 13 de agosto de 2007; greenecon.net/understanding-the-cost-of-solar--energy/energy_economics.html, acessado em 1º de agosto de 2010.

23. Mullich, "Mainstreaming Alternative Energy."

24. "Solio Solar Charger Product Comparison Chart"; www.solio.com/charger/soliocharger-comparison-chart.html, acessado em 9 de agosto de 2010.

25. Voltaic Systems Inc., "Voltaic Solar Bags and Solar Chargers"; www.voltaicsystems.com.

26. Reware, "Products"; www.rewarestore.com/product/beachtote.html.

27. Martin LaMonica, "Quiet Wind-turbine Comes to U.S. Homes", *CNET News*, 28 de outubro de 2008, atualizado com correção, 6 de fevereiro de 2009; news.cnet.com/8301-11128_3-10075828-54.html, acessado em 1º de agosto de 2010.

28. Warren McLaren, "Ventura: Human Powered Digital Watches", Treehugger.com, 5 de abril de 2006; www.treehugger.com/files/2006/04/ventura_human_p.php, acessado em 1º de agosto de 2010.

29. Collin Dunn, "AladdinPower Hand Generator", Treehugger.com, 2 de dezembro de 2005; www.treehugger.com/files/2005/12/aladdinpower_ha.php, acessado em 1º de outubro de 2010.

30. Tylene Levesque, "Human-Powered Gyms in Hong Kong", *Inhabitat*, 8 de março de 2007; www.inhabitat.com/2007/03/08/human-powered-gyms-in-hong--kong, acessado em 1º de agosto de 2010.

31. Windstream Power, "Bike Power Generator"; www.windstreampower.com/Bike_Power_Generator.php, acessado em 1º de agosto de 2010.

32. GM Volt, "Chevy Volt Exact Launch Date Will be Mid-November 2010, Tens of Thousands in 2011", 20 de abril de 2009; gm-volt.com/2009/04/20/chevy-volt--exactlaunch-date-will-be-mid-november-2010-tens-of-thousands-in-2011, acessado em 16 de agosto de 2010.

33. Chevrolet, "Chevy Volt: The Future is Electrifying"; www.chevrolet.com/pages/open/default/fuel/electric.do?evar23=fuel_solutions_landing%20page, acessado em 1º de agosto de 2010.

34. Jeff Sabatini, "Honda Sees a Hydrogen Future", *Wall Street Journal*, 30 de novembro de 2007: W7.

35. Ibid.

36. Ibid.

37. Tom Mutchler, "Commuting in a Honda FCX Clarity", ConsumerReports.org, 26 de janeiro de 2009; blogs.consumerreports.org/cars/2009/01/commuting-in--hondafcx-clarity-fuel-cell-car.html, acessado em 1º de agosto de 2010.

38. Nissan Motor Company, *Nissan's Environmental Initiatives: Nissan Green Program* (Yokohama, Japan, fevereiro de 2009).

39. Ibid.

40. Ibid.

41. Ibid.

42. Nissan USA, "Nissan LEAF: New Car", Nissan News: Technology, 30 de junho de 2010; www.nissanusa.com/leaf-electric-car/news/technology#/leaf-electric--car/news/technology, acessado em 1º de outubro de 2010.

43. Yoshio Takahashi, "Nissan Motor Turns Over a New Leaf, Going Electric", *Wall Street Journal*, 3 de agosto de 2009: B1.

44. Nissan Motor Company, *Nissan's Environmental Initiatives*.

45. Nissan-Global, "World First Eco Pedal Helps Reduce Fuel Consumption", 4 de agosto de 2008; www.nissan-global.com/EN/NEWS/2008/_STORY/080804-02--e.html, acessado em 1º de outubro de 2010.

46. Nissan Motor Company, *Nissan's Environmental Initiatives*.

47. Ibid.

48. Ibid.

49. Shivani Vora, "Test-Driving Car-Share Services", *Wall Street Journal*, 11 de junho de 2010: D2.

50. Zipcar, "Zipcar Announces Annual Low-Car Diet 'Call For Participants'", Zipcar Press Overview, 24 de junho de 2010; zipcar.mediaroom.com/index.php?s=43&item=128, acessado em 11 de agosto de 2010.

51. Zipcar, "Green Benefits"; www.zipcar.com/is-it/greenbenefits, acessado em 9 de agosto de 2010.

52. Ibid.

53. Zipcar, "Zipcar Announces Annual Low-Car Diet 'Call For Participants'."

54. Steven Erlanger, "A New Fashion Catches On in Paris: Cheap Bicycle Rentals", *New York Times*, 13 de julho de 2008: A6.

55. Tamar Lewin, "A Leading Publisher Announces a Plan to Rent Textbooks to College Students", *New York Times*, 14 de agosto de 2009: A10.

56. REC Solar Power Company, "Commercial Financing"; www.recsolar.com/CommercialFinancing.aspx, acessado em 1º de agosto de 2010.

57. Peter Maloney, "Pay for the Power, Not the Panels", *New York Times*, 26 de março de 2008: H1.

58. Netflix",Netflix Passes 10 Million Subscribers, with 600,000 Net Additions since the First of the Year", Netflix.com, 12 de fevereiro de 2009; netflix.mediaroom.com/index.php?s=43&item=307, acessado em 1º de agosto de 2010.

59. Zonbu, "Zonbu's Zonbox Declared Greenest Computers for Consumers, Certified as First Consumer Device to Win Gold-Level Certification from EPEAT", 6 de julho de 2007; www.zonbu.com/download/EPEAT-June-07.pdf, acessado em 1º de agosto de 2010.

60. BASF Corporation, "PremAir Technology Destroys Ozone", 21 de agosto de 2007; www2.basf.us/corporate/news_2007/news_release_2007_00011.htm, acessado em 1º de agosto de 2010.

61. BASF Corporation, "Yellow Cab Transforms into Smog-Eater for Taxi 07 Exhibit at New York Auto Show", 4 de abril de 2007; www2.basf.us/corporate/news2007/040407_Taxi07.htm, acessado em 1º de agosto de 2010.

62. Reliance, "PUR Purifier of Water"; www.relianceproducts.info/index.html, acessado em 1º de agosto de 2010.

Capítulo 6

1. Jacquelyn A. Ottman, Edwin R. Stafford, and Cathy L. Hartman, "Avoiding Green Marketing Myopia: Ways to Improve Consumer Appeal for Environmentally Preferable Products", *Environment* 48.5 (2006): 22-36.

2. AFM Safecoat, "We Put Your Health First"; www.afmsafecoat.com, acessado em 1º de outubro de 2010.

3. Rob Walker, "Sex vs. Ethics", *Fast Company*, junho de 2008: 74-78.

4. Ottman *et al.*, "Avoiding Green Marketing Myopia."

5. "Pepsi Cans Feature Recycling Info", *Environmental Leader*, 27 de abril de 2008; www.environmentalleader.com/2008/04/27/pepsi-cans-feature-recycling-info, acessado em 1º de agosto de 2010.

6. 18Seconds.org; green.yahoo.com/18seconds.

7. Blue Planet Network, "Brita and Nalgene Partner to Challenge People to Make a Difference", August 21, 2007; blueplanenetwork.org/news/brita_nalgene, acessado em 1º de agosto de 2010.

8. Aileen Zerrudo, Director of Communications, The Clorox Company, mensagem de e-mail ao autor, 25 de agosto de 2009.

9. Netflix, "Netflix Facts"; www.netflix.com/MediaCenter?id=5379#about, acessado em 1º de agosto de 2010.

10. Nicole Rousseau, VP Retail Marketing, HSBC U.S., mensagem ao autor, 24 de setembro de 2009.

11. Stonyfield Farm, "Meet our CE-Yo and his Team"; stonyfield.com/about_us/meet_our_ceyo_and_his_team/index.jsp, acessado em 1º de outubro de 2010.

12. Zipcar, "Zipcar Announces Annual Low-Car Diet 'Call For Participants'."

306 As Novas Regras do Marketing Verde

13. Philip W. Sawyer (ed.), "It's Not Easy Being Green: How to Improve Advertising with Environmental Themes", *Starch Tested Copy* 2.5 (1993): 5.

14. Don't Mess with Texas, "FAQs"; www.dontmesswithtexas.org/about/faq, accessed acessado em 1º de agosto de 2010.

15. Dawson M. Williams, "Car2Can Video Contest is 'Don't Mess with Texas' Campaign's Latest Anti-litter Initiative", *Dallas Morning News*, 17 de junho de 2009; www.dallasnews.com/sharedcontent/dws/news/texassouthwest/stories/061709dn metlittervideos.889ed007.html, acessado em 1º de agosto de 2010.

16. Natural Marketing Institute, *Understanding the LOHAS Market Report* (Harleysville, PA: NMI, março de 2008): 112.

17. "Reynolds Wrap Foil From 100% Recycled Aluminum", *Journal News*, 6 de junho de 2009 (anúncio).

18. Cause Marketing Forum, "The Growth of Cause Marketing", 2010; www.causemarketingforum.com/page.asp?ID=188, acessado em 1º de outubro de 2010.

19. Cone, "Cone Releases First Cause Consumer Behavior Study", 1º de outubro de 2008; www.coneinc.com/content1188, acessado em 20 de julho de 2010.

20. People, "Caught Caring: (RED), Bugaboo and Kelly Rutherford", People.com, 14 de setembro de 2009; celebritybabies.people.com/2009/09/14/caught-caring--redbugaboo-and-kelly-rutherford, acessado em 13 de agosto de 2010.

21. UNICEF, "International partnerships: IKEA Social Initiative", 11 de maio de 2010; www.unicef.org/corporate_partners/index_42735.html, acessado em 13 de agosto de 2010.

22. www.onepercentfortheplanet.org

23. Anya Kamentz, "Cleaning Solution", *Fast Company*, setembro de 2008: 121-25.

24. "Clorox To Stop Using Chlorine", *Chemical & Engineering News*, 16 de agosto de 2010; pubs.acs.org/cen/news/87/i45/8745notw2.html, acessado em 1º de outubro de 2010.

25. Andrew Adam Newman, "Tough on Crude Oil, Soft on Ducklings", *New York Times*, 25 de setembro de 2009: B6.

26. Rob Walker, "Big Gulp", *New York Times*, 26 de fevereiro de 2006; www.nytimes.com/2006/02/26/magazine/26wwln_consumed.html, acessado em 1º de agosto de 2010.

27. Cone, "Cone Releases First Cause Consumer Behavior Study."

28. "Philips Launches 'A Simple Switch' Campaign", *Environmental Leader*, 6 de julho de 2007; www.environmentalleader.com/2007/07/06/philips-launches-a-simpleswitch-campaign, acessado em 1º de agosto de 2010.

29. Emily Steel, "Taking Green Message to Great Outdoors", *Wall Street Journal*, 2 de outubro de 2007: B9.

30. United Nations Environment Programme, *Talk the Walk: Advancing Sustainable Lifestyles through Marketing and Communications* (UNEP, dezembro de 2005): 23.

31. Números para 30 de junho de 2010 da Internet World Stats, "World Internet Usage and Population Statistics"; www.internetworldstats.com/stats.htm, acessado em 1º de agosto de 2010.

32. Jonathan Lemonnier, "Spending on Alternative Media Jumps 22%", *Advertising Age*, 26 de março de 2008; adage.com/digital/article?article_id=125950, acessado em 13 de agosto de 2010.

33. No Sweat; www.nosweatapparel.com.

34. Beth Snyder Bulik, "What Your Favorite Social Network Says About You", *Advertising Age*, 8 de julho de 2009; adage.com/digital/article?article_id=137792, acessado em 1º de agosto de 2010.

35. "Role of Social Media in Sustainability Evolves", *Environmental Leader*, 15 de julho de 2009; www.environmentalleader.com/2009/07/15/role-of-social-mediain-sustainability-evolves, acessado em 1º de agosto de 2010.

36. Ibid.

37. Lauren Thaman, Associate Director, External Relations, Procter & Gamble, e-mail ao autor, 28 de outubro de 2009.

Capítulo 7

1. Emilia Askari, "USA: Ford CEO Says He's Green", *CorpWatch*, 31 de outubro de 2001; www.corpwatch.org/article.php?id=1453, acessado em 1º de agosto de 2010.

2. Em 24 de fevereiro de 2010, General Motors anunciou oficialmete seus planos de "fechar" o Hummer depois do fracasso da venda aos fabricantes chineses. General Motors, "HUMMER Sale to Tengzhong Cannot be Completed. Wind Down of HUMMER Business to Begin", 24 de fevereiro de 2010; media.gm.com/content/media/us/en/news/news_detail.brand_gm.html/content/Pages/news/us/en/2010/Feb/0224_hummer, acessado em 12 de agosto de 2010.

3. *Business Wire*, "Nine in 10 at U.N. Climate Change Conference Believe Greenwashing is a Problem", press release, 9 de dezembro de 2007; www.businesswire.com/portal/site/google/?ndmViewId=news_view&newsId=20071209005061&newsLang=en, acessado em 1º de agosto de 2010.

4. British Telecom, "Consumers Sceptical of Corporate Commitment to Sustainability", press release, 4 de janeiro de 2007; www.btplc.com/News/Articles/Showarticle.cfm?ArticleID=11efc6a1-1df0-4189-a0f7-392c478a12bf, acessado em 29 de setembro de 2008.

5. Bernie Becker, "Baseball Team Clashes with Environmentalist over Oil Company dvertising", *New York Times*, 27 de julho de 2008; www.nytimes.com/2008/07/27/us/27stadium.html, acessado em 1º de agosto de 2010.

6. Steve Jobs, "A Greener Apple", Apple Inc., 14 de setembro de 2008; www.apple.com/hotnews/agreenerapple, acessado em 1º de agosto de 2010.

7. Burst Media, "Consumers Recall Green Ads", *Business Wire*, press release, 14 de abril de 2008; www.businesswire.com/portal/site/google/?ndmViewId=news_vie w&newsId=20080414005857&newsLang=en, acessado em 1º de agosto de 2010.

8. Uma avaliação oferecida pela organização sem fins lucrativos B Lab: www.bcor-poration.net.

9. Patagonia, "The Footprint Chronicles"; www.patagonia.com/web/us/footprint/index.jsp?slc=en_US&sct=US, acessado em 1º de outubro de 2010.

10. The Webby Awards; www.webbyawards.com/webbys/current.php?season=12, acessado em 1º de outubro de 2010.

11. Natalie Zmuda, "Sigg Tries to Control Brand Damage after Admitting its Bottles Contain BPA", *Advertising Age*, 31 de agosto de 2009; adage.com/article?article_id=138712, acessado em 1º de agosto de 2010.

12. Christopher A. Cole and Linda A. Goldstein, "'Green' is so Appealing", *New York Law Journal*, 15 de setembro de 2008; www.law.com/jsp/nylj/PubArticleNY.jsp?id=1202424493387, acessado em 1º de agosto de 2010.

13. "How to Avoid a Green Marketing Backlash", *Environmental Leader*, 15 de abril de 2008; www.environmentalleader.com/?s=HOW+TO+AVOID+A+GREEN+MARKETING+BACKLASH, acessado em 1º de agosto de 2010.

14. Mark Sweney, "Lexus Ad Banned for Claiming SUV is Environmentally Frien-dly", *The Guardian*, 23 de maio de 2007, e como "Lexus ad Banned for Green Claims"; www.guardian.co.uk/business/2007/may/23/advertising.media, acessa-do em 1º de agosto de 2010.

15. Reilly Capps, "Questioning How Biota Sprung a Leak", *Telluride Daily Planet*, 16 de abril de 2008; www.telluridenews.com/archive/x121157044, acessado em 13 de outubro de 2008.

16. BIOTA; www.biotaspringwater.com.

17. Christina Binkley, "Picking Apart Bamboo Couture", *Wall Street Journal*, 12 de novembro de 2009: D1.

18. "U.S. Green Council Debated", *Environmental Leader*, 17 de junho de 2009; www.environmentalleader.com/2009/06/17/us-green-product-council-debated, acessado em 1º de agosto de 2010.

19. Tim Bradshaw, "Complaint Upheld over Shell Advert", *Financial Times*, 13 de agosto de 2008; www.ft.com/cms/s/0/d08d0a66-68c1-11dd-a4e5-0000779fd18c.html, acessado em 1º de agosto de 2010.

20. Mark Sweney, "Ad for US Cotton Industry Banned by ASA over Green Claims", *The Guardian*, 12 de março de 2008; www.guardian.co.uk/media/2008/mar/12/asa.advertising1/print, acessado em 1º de agosto de 2010.

21. Dr. Anastasia O'Rourke, Co-Founder, Ecolabel Index, e-mail para o autor 17 de agosto de 2010.

22. Eve Smith, Brand Strategist, BBMG, e-mail ao autor, 3 de dezembro de 2009.

23. Emily Crumley, Manager, Chain of Custody, FSC, e-mail ao autor, 23 de novembro de 2009.
24. Vanessa Gibbin, Brand, Advertising and Research, The Carbon Trust, e-mail ao autor, 12 de maio de 2010.
25. Joan Schaffer, Spokeswoman, USDA, entrevista por telefone com o autor sobre a USDA Organic, 1º de dezembro de 2009.
26. Shelley Zimmer, Manager of Environmental Affairs, HP, e-mail ao autor, 1º de dezembro de 2009.
27. International Association for Soaps, Detergents and Maintenance Products, *Promoting* Sustainable Consumption of Household Laundry Detergents in Europe: *Washright, a Unique Industry Campaign* (Brussels: AISE, novembro de 2002 washright.com/documents/Washright_11-2002.qxd.pdf, acessado em 1º de agosto de 2010).
28. Michael Sanserino, "Peer Pressure and Other Pitches", *Wall Street Journal*, 14 de setembro de 2009.

Capítulo 8

1. Ian Austen, "Bottle Maker to Stop Using Plastic Linked to Health Concerns", *New York Times*, 18 de abril de 2008; www.nytimes.com/2008/04/18/business/18plastic.html, acessado em 1º de agosto de 2010.
2. Mark Ritson, "Bottled Water Brands Beware: Tap is Back", *Branding Strategy Insider* blog, 7 de novembro de 2007; www.brandingstrategyinsider.com/2007/11/bottled-water-b.html, acessado em 1º de agosto de 2010.
3. Jennifer Lee, "City Council Shuns Bottles in Favor of Water from Tap", *New York Times*, 17 de junho de 2008; www.nytimes.com/2008/06/17/nyregion/17water.html, acessado em 1º de agosto de 2010.
4. International Bottled Water Association, "IBWA Launches Major Media Advertising Campaign", press release, 2 de agosto de 2007; www.bottledwater.org/content/ibwa-launches-major-media-advertising-campaign, acessado em 1º de agosto de 2010.
5. Emily Bryson York, "Nestle, Pepsi and Coke Face their Waterloo", *Advertising Age*, 8 de outubro de 2007; adage.com/print?article_id=120986, acessado em 1º de agosto de 2010.
6. Rebecca Wilhelm, "Bottling Trends: Bottled Water Industry Makes Strides", *Water & Wastes Digest*, abril de 2008; www.wwdmag.com/Bottling-Trends-article9117, acessado em 1º de agosto de 2010.
7. Mike Verespej, "Nestlé Exec Counsels Bottled-Water Industry", *Plastics News*, 7 de julho de 2008: 1.
8. Sustainable Life Media, "More Marketers Targeting Green-Conscious Kids", 25 de julho de 2008; www.sustainablelifemedia.com/content/story/brand/more_marketers_targeting_green_conscious_kids, acessado em 1º de agosto de 2010.

310 As Novas Regras do Marketing Verde

9. Briana Curran, Public & Community Relations Program Manager, Staples, e-
-mail ao autor, 28 de maio de 2009 e 2 de setembro de 2009.
10. Vince Meldrum, "Robinson Students Address Invasive Species", Earth Force
news, 18 de março de 2008; www.earthforce.org/content/article/detail/2083, acessado em 1º de agosto de 2010.
11. Earth Force, "Staples Award Winners"; www.earthforce.org/section/thank_
you/staples/staples_awards, acessado em 1º de agosto de 2010.
12. Lynn Ascrizzi, "TerraCycle: Yogurt Cups, and More, Help Schools Raise Funds",
Natural Resources Council of Maine, 16 de março de 2008; www.nrcm.org/news_
detail.asp?news=2249, acessado em 11 de agosto de 2010.
13. www.biggreenhelp.com
14. Joanna Roses, Sr. Director Communications, Nickelodeon, e-mail ao autor,
16 de outubro de 2009; www.neafoundation.org/pages/educators/grantprograms/
nea-foundation-green-grants, acessado em 21 de julho de 2010.
15. Jonas Risen, "Solar Decathlon – Technische Universität Darmstadt", Greenline,
17 de outubro de 2007; greenlineblog.com/2007/10/solar-decathlon-technische-
-universitat-darmstadt, acessado em 11 de agosto de 2010.
16. www.nwf.org/campusecology/chillout
17. Jen Fournelle, Campus Program Coordinator, National Wildlife Federation,
mensage ao autor, 1º de setembro de 2009.
18. Aria Finger, Chief Marketing Officer, DoSomething, mensagem ao autor, 1º de
outubro de 2009.
19. "SHRM Survey Asks How 'Green' is the American Workplace?" Reuters, 16
de janeiro de 2008; www.reuters.com/article/pressRelease/idUS188509+16-Jan-
2008-+BW20080116, acessado em 21 de julho de 2010.
20. Alcoa, "2008 Alcoa Worldwide Month of Service: Alcoa Employees to Make
a Difference Where they Live and Work", press release, 30 de setembro de 2008;
www.alcoa.com/global/en/community/foundation/news_releases/2008_mos.asp,
acessado em 1º de agosto de 2010.
21. Michael Barbaro, "At Wal-Mart, Lessons in Self-Help", *New York Times*, 5 de
abril de 2007; www.nytimes.com/2007/04/05/business/05improve.html, acessado
em 1º de agosto de 2010.
22. KaBOOM!, "KaBOOM Partner: The Home Depot", Kaboom.org, 2009; ka-
boom.org/about_kaboom/supporting_partners/meet_our_partners/partner_spo-
tlight_home_depot, acessado em 24 de julho de 2009.
23. Erin Gunderson, Best Buy PR, mensagem ao autor, 2 de setembro de 2009.
24. Jill Vohr, Marketing Manager, U.S. Environmental Protection Agency, mensagem ao autor, 9 de dezembro de 2009.
25. Ahmed El Amin, "Wal-Mart Unveils 'Green' Packaging Rating System", Foo-
dProductionDaily.com, 2 de novembro de 2006; www.foodproductiondaily.com/
content/view/print/104013, acessado em 1º de agosto de 2010.

26. NatureWorks LLC, "KLM, the First Airline to Introduce the Environmentally Friendly Ingeo-Lined Cup", press release, 16 de junho de 2009, atualizado em 11 de novembro de 2009; www.natureworksllc.com/news-and-events/press-releases/2009/06-16-09-klm-cup.aspx, acessado em 1º de agosto de 2010.

27. "Paper, Cardboard Packagers Launches 'Responsible Package' Initiative", *Environmental Leader*, 8 de outubro de 2009; www.environmentalleader.com/2009/10/08/paper-cardboard-packagers-launch-responsible-package-initiative, acessado em 1º de agosto de 2010.

28. Brian M. Carney, "Bye Bye, Light Bulb", *Wall Street Journal*, 2 de janeiro de 2008: A10.

29. Sustainable Housing Communities/U.S. Department of Housing and Urban Development (HUD), "Sustainable Housing and Communities", hud.gov, 2010; portal.hud.gov/portal/page/portal/HUD/program_offices/sustainable_housing_communities, acessado em 8 de agosto de 2010.

30. Doris De Guzman, "Metabolix Targets Bioplastic Bottle", ICIS.com, 8 de outubro de 2009; www.icis.com/blogs/green-chemicals/2009/10/metabolix-targets-bioplastic-b.html, acessado em 11 de agosto de 2010.

31. The National Environmental Directory, 22 dejulho de 2009; eelink.net/gaindirectories.html.

32. Conservation International, "McDonald's", 2009; www.conservation.org/discover/partnership/corporate/Pages/mcdonalds.aspx, acessado em 11 de agosto de 2010.

33. Kimberly-Clark, "Kimberly-Clark Sets the Bar Higher for Tissue Products with Stronger Global Forest Policy", press release, 5 de agosto de 2009; investor.kimberlyclark.com/releasedetail.cfm?ReleaseID=401321, acessado em 1º de agosto de 2010.

34. Lisa Bailey, Communications Manager, Americas, Marine Stewardship Council, Mensagem ao autor, 27 de agosto de 2009.

35. Rahul Raj, VP of Marketing, New Leaf Paper, mensagem ao autor, 2 de setembro de 2009. Nicole Rycroft, Executive Director, Canopy, entrevista ao telefone com o autor, 30 de julho de 2009.

36. James E. Austin, Roberto Gutierrez, E. Ogliastri, and E. Reficco, "Capitalizing on Convergence", *Stanford Social Innovation Review* 5.4 (Winter 2007): 24-31.

37. American Museum of Natural History, "Climate Change"; www.amnh.org/exhibitions/climatechange, acessado em 1º de agosto de 2010.

38. Cargill, "Cargill: Corporate Responsibility – Partnerships"; www.cargill.com/corporate-responsibility/partnerships/index.jsp, acessado em 11 de agosto de 2010.

39. The Nature Conservancy, "The Home Depot"; www.nature.org/joinanddonate/corporatepartnerships/partnership/homedepot.html, acessado em 1º de agosto de 2010.

Capítulo 9

1. Timberland, "Creating Sustainable Change", 5 de março de 2009; www.timberland.com/corp/index.jsp?page=csr_civic_change, acessado em 8 de agosto de 2010.
2. Alison Franklin, City Year, e-mail ao autor, 28 de junho de 2010.
3. Esse estudo de caso foi preparado por Jacquelyn Ottman usando fontes secundárias e aprovado para publicação por Cara Vanderbeck, Timberland, por e-mail, agosto de 2010.
4. Starbucks Coffee Company, "Starbucks Shared Planet Goals & Progress 2009"; www.starbucks.com/responsibility/learn-more/goals-and-progress, acessado em 12 de agosto de 2010.
5. Este estudo de caso foi preparado por Jacquelyn Ottman usando fontes secundárias e aprovado para publicação por Ben Packard, Vice Presidentw, Global Responsibility, Starbucks, por e-mail, 17 de março de 2010.

Sobre a Autora

Aos quatro anos, seus irmãos a chamavam de "Jacquie do Lixo", quando ela levava para casa tesouros do lixo do vizinho. Aos 34 anos, Jacquie se tornou pioneira no marketing verde fundando a J. Ottman Consulting, Inc. Sua missão: utilizar a profunda experiência com embalagens para produtos, a criatividade para desenvolver novos produtos e a intuição estratégica afiada para ajudar a aprimorar negócios e anunciar a próxima geração de produtos criados pensando na sustentabilidade.

Com uma lista de clientes que inclui mais de 60 empresas das 500 melhores da *Fortune*, os programas BioPreferred da USDA e outras iniciativas do governo norte-americano, Ottman é palestrante requisitada para conferências e fóruns empresariais pelo mundo. É cofundadora do Sustainable Business Committee (Comitê de Negócios Sustentáveis) da Columbia Business School Alumni Club de Nova York. Também foi cofundadora da NYC chapter of O_2, a rede de designers verdes, e participou como jurada no Special Edison Awards for Environmental Achievement in New Products (Prêmio Especial Edison para Realização Ambiental em Novos Produtos) da American Marketing Association. Em 2004, ela encabeçou a iniciativa educacional de design verde da IDSA com a meta de dar início ao ensino do eco-design nos Estados Unidos. A iniciativa recebeu o prêmio Innovation Grant da U.S. Environmental Protection Agency, e continua sendo um curso no programa *on-line* Certificate in Sustainable Design do Minneapolis College of Art and Design.

Autora de centenas de artigos a respeito de questões de marketing verde, ela mantém um blogue no endereço www.greenmarketing.com/blog, e também escreve para a *Harvard Business Review* e outros sites.

Seus três livros anteriores a respeito de marketing verde foram traduzidos para cinco idiomas.

Ottman é formada no Smith College e mora na cidade de Nova York. Viúva de Geoffrey S. Southworth, um reciclador industrial, ela é a madrasta orgulhosa dos três filhos e avó de duas crianças.

Índice Remissivo

Os números das páginas *em itálico* se referem às ilustrações.

1% for the Planet 271
  Marketing de causa 172-3
18Seconds.org 163
7-Eleven 105
A&P 236
Abordagem proativa ao desempenho ambiental 186-7
Ação do governo mudando os planos nacionais dos Estados Unidos 44
ACCC *ver* Australian Competition and Consumer Commission
Ace Hardware Helpful Earth Choices 226
ACEEE *ver* American Council for an Energy Efficient Economy
Acessibilidade dos produtos aos consumidores 156-7
  Benefícios de produtos acrescentando benefícios desejáveis 161-2
  Meio ambiente como benefício extra desejável 159-60
  Tangível, direto 156-7, 158-9
Ácido polilático (PLA) 124, 140
ACLCA *ver* American Center for Life Cycle Assessment
Acordos de compra de energia (PPAs) 149
Aderindo à política ambiental corporativa ISO 14001 186-7
  Estrutura voluntária 186-7
Administração de peste integrada (IPM) 150
Administração de recursos, economizando dinheiro 47
Advertising Standards Authority (ASA) 155, 192, 271
Advertising Standards Canada 155, 272
AFM Safecoat 160
Água em garrafa, reutilizável 120
Água mineral (Dasani) 215, 216
  Odwalla 175
  PlantBottle 139

Água mineral
  Campanha da Internet para reduzir o uso 163
  Dificuldades e credibilidade de reputação 215
  Medidas contra 44
AIGA Center for Sustainable Design 261
AISE *ver* International Association for Soaps, Detergents and Maintenance Products
Aladdin gerador de mão 142
Alcoa "Month of Service" 222
All "small & mighty" 105, 225
Allegra Strategies 257
Alliance for Climate Protection 175
Alliance to Save Energy 177, 272
Alta eficiência de luz 140
Alto II lâmpadas fluorescentes 126
Altria 237
Alugel de bicicletas 148
Aluguel de Livros Acadêmicos 148
Alunos comprometidos com sustentabilidade 34
Amantes dos animais, segmentando os consumidores por interesses verdes 64
Amazon 104
  Amazon Green 266
  Kindle 137
American Apparel 160
American Center for Life Cycle Assessment (ACLCA) 272
American Council for an Energy Efficient Economy (ACEEE) 272
American Express 172
American Forest and Paper Association 199
American Hiking Society 272
American Marketing Association Green Effie prêmios 166
American Museum of Natural History 238

American National Standards Institute (ANSI) 206
American Rivers 272
AmeriCorps 38
Amônia 112
Anderson Windows 201
Animal Fair 266
ANSI *ver* American National Standards Institute
Anúncios de TV 43, 167-8, 177, 193-4
Apoio de terceiros para aumentar credibilidade 194-03
Apoio dos consumidores para consumo responsável 208-9
Apoio financeiro da Cargill de grupos ambientais 237
  NatureWorks 47, 124, 140, 229
Apple 137, 172
Aquaculture Certification Council 285
Aquafina Pepsi 215
Aquecimento global confiança do consumidor nas informações a respeito 66
AQUS Greywater Recycling System 135
Arm & Hammer Essentials produtos de limpeza 41
Armani 172
Armstrong, Lance 169
Arrowhead 216
Arrowhead Mills 106
ASA *ver* Advertising Standards Authority
ASTM International 285
Atividades Method interagindo com os consumidores 88-9
Ativismo ambiental de Baby Boomers para a Geração Z 33
Ativismo ambiental dos Baby Boomers 32-4
Australian Competition and Consumer Commission (ACCC) 155, 273
Autointeresse atraindo consumidores 158-62
Avaliação de ciclo de vida (LCA)

316 As Novas Regras do Marketing Verde

abordando as preocupações de sustentabilidade dos consumidores 94-100

passos de preparação 96

Uso quantificado de energia, recursos e emissões 96-7, 97

abordando novas regras de marketing verde 98-9

não recomendado como ferramenta de marketing 98-9

Avaliação do ciclo de vida do produto (LCA) 94-9

Aveda 46

Estée Lauder 42

Uruku 42

B Corporation B Corps' B Lab Certification 189, 273

B Impact Rating System 189

Method's B relatório de impacto 85

B Lab Corporation ver B Corporation

Baby Bust Generation ativismo ambiental 33-5

Bank of America, poder aos funcionários 187

Filantropia estratégica 238

Barnes & Noble Nook 137

Barreiras de custo para a compra verde 72-4

Barreiras de preços à compra verde 72

justificado 156-7

Barreiras para a compra verde 72-73, 73

Comportamento 40

Passos para influenciar a economia de consumo dos Estados Unidos 44-5 ver consumidores verdes

BASF PremAir ozone catalyst 151

Begley, Ed, Jr. 43

Ben & Jerry's 42

Fair Trade Certified Chunks and Swirls 109

One World One Heart festival de música 175

Reporting 189

Benefício moral do funcionário com programas de responsabilidade ambiental 222

Benefícios ambientais dramatização 46

Ligando produtos aos estilos de vida sustentáveis 223

Benefícios aos consumidores da eco-inovação 133-4

Benefícios sociais de resolver os problemas ambientais 48-9

Benefícios ver benefícios dos produtos

Best Buy 63, 226

Greener Together programa 224, 226

Better Place estações de recarga 138

Beyond Pesticides 273

Bhopal, Índia 34, 110

Bifenil polibrominado (PBB) 126

BIFMA (Business and Institutional Furniture Manufacturers Association) 206

Big Green Help Public Education Grants program, The 219

Biodegradable Products Institute (BPI) 273

Selo ecológico 123-5, 125

Biodiesel 84, 115

do óleo vegetal Kettle Foods 114-5

Biomimicry Institute 273

Bioplastics compostável em compositores industriais 130-40

Bioplastics Recycling Consortium 140

BioPreferred programa da USDA, Apoio a produtos de biodiesel 204

BIOTA modificando suas propagandas 193

Biscoitos Oreo 218

Bissell site de informação ao consumidor 49

BlackBerry 149, 176

BLC Leather Technology Centre 246

blogue "Inspired Protagonist, The" 185

Blogue de empresas 88-9, 112, 175-6, 185, 186, 247

dos consumidores 34-5, 43, 175, 182, 183, 190-1

Blue Angel 285

Bluesign 286

BMW 151

Body Shop, The 42

Boeing 231

Bono 172

Bosch EcoSense Wash Management System 116

ENERGY STAR reconhecimento 116

Nexxt lava-roupas 116

Produtos mais silenciosos 161

Boys & Girls Clubs of America 219

BP 189

Beyond Petroleum campanha 49, 182

BP Solar 219

Derramamento de óleo no Golfo do México 32, 34, 38

BPA (bisfenol A) 32, 73, 190, 214

BPI ver Biodegradable Products Institute

BPSolar with US Green Building

Branding communications challenge 154-6

Brita filtros de água 41, 42, 121, 163, 215

British Standards Institute 206

British Telecom 182

Brown, Michael City Year 249

BSR ver Business for Social Responsibility

Bundling integrando benefícios e sustentabilidade 161-3

Burt's Bees 41, 42, 46, 53, 187

Beautify Your World Tour 175

Buscando consumidores conscientes 159-61

Business Ethics Magazine 257

Business for Social Responsibility (BSR) Clean Cargo iniciativa 243

butil 110

Buygreen.com 175, 267

C.F. Martin ver Martin, C.F.

C2C selo 200

Cabinet Mountains Wilderness 102

Cadbury 42, 108, 274

Cadeiras 101, 120, 205

cádmio 126

Café Starbucks de fornecedores éticos 252, 253

CamelBak 190

Cameron, Rob 109

Índice Remissivo **317**

campanha "Marcal Small Steps" 161

campanha "Toyota We See Beyond Cars" 48
  Prius 39, 43, 46, 47, 118, 168-9

Campanha da Apple "Greenest Laptops" 43

Campanha da Kashi cereais "Seven Whole Grains on a Mission" 43, 167

Campanha *Don't mess with Texas* 169

Campanha *Dow Chemical Company The Human Element* 48

campanha Green My Apple 186

Campanhas da Method na imprensa 87
  perfil da Starbucks 255-6

canais de TV a cabo sobre ecologia 43

Canopy 237, 273

Capri Sun 218

Carbon Disclosure Project 119, 274

Carbon Neutral Digest 261

Carbon Trust *198*, 199, 201, 274, 286

Carbonrally.com 70, 267

CARE 251

Care2 71, 176, 267

Carros elétricos 143, 144-5 *ver* Estações de recarga

Carson, Rachel 29, 105

Carter, Jimmy 118

CARWINGS sistema GPS 145

Cascade Engineering turbinas eólicas 142

Cash for Clunkers programa 44

Cause Marketing Forum 249

Celebridades promovendo estilos de vida verde 43

Celestial Seasonings Tea 106

Celsias.com 70, 267

Células de combustíveis 47, 143, 144

Células de hidrogênio *ver* células de combustível

Cengage Learning 148-9

Center for a New American Dream 177

Center for Resource Solutions 286

Centre for Sustainable Design 274

CEO 113, 185-6

CEOs *ver* Chief executive officers

Cereais Cascadian Farm 42

Ceres 189, 275

Certification *ver* Green certification

CFCs (clorofluorcarbonos) 159

CFLs *ver* Compact fluorescents

Change.org 70, 267

Chappell, Kate 186

Chappell, Tom 186

Charney, Dov American Apparel 160

Cheadle, Don 247

Chevron Human Energy campanha 48

Chevy Volt 138, 143

Chief executive officers (CEOs)
  Mantendo altos perfis 185

Choice 275

Chouinard, Yvon Patagonia 173

Church & Dwight Arm & Hammer Essentials 41

Cidadãos e eleitores verde 38

Circle of Blue Waternews 261

Clarins Beauty Products alternativa ao certificado de comércio justo 109-10

Clean Edge 261

Climate Change U.S. EPA 262

ClimateCounts.org 220, 267

Cloro 86, 105, 112, 121, 173, 174, 194, 195, 215, 237

Clorox Brita filtros de água 39-41, 42, 121, 164, 215
  Campanha mal dirigida 173-4
  Produtos Green Works 41, 173, 174

Coca-Cola 38, 49, 139, 140, 175, 216

Coffee and Farmer Equity (C.A.F.E.) Practices
  Orientações da Starbucks 252-4

Coffee Starbucks origem ética 252-3

Colgate-Palmolive 42, 82

Columbia University 124

Common Threads programa de reciclagem 121

Como novos *stakeholders* 216-21

Compartilhamento de livros 148

Compass Community Services 84

Completa informação de produto 192-3

Comportamento de compra 38-43, *40*
  Principais motivos para compra 158-62

Comportamento verde dos funcionários 39
  Method consciência ambiental 84-5
  Serviços voluntários da Timberland 244

Comportamento verde, um fenômeno diário 35-43, *37*

Comportamentos ambientais um fenômeno diário 36-42, *37*

Compostável 69, 123-5, 138, 139, 190, 193, 203, 208-9

Compras ficaram verdes 38-42, *40*

Compromisso com a transparência da Method 87-8

Compromisso de um CEO 185-6

Comunicação verde dos consumidores 153-77

Comunicações de sustentabilidade *ver* Comunicando a sustentabilidade

Comunicações do marketing verde 79-80
  LCA como ferramenta para abordar novas regras 98-9
  Plataforma de marketing da Method 86-9
  Segmentando os consumidores por interesse verde 60-4, 61, 62
  Seis estratégias de comunicação 157-62
  Sete estratégias para o sucesso 80
  Um novo paradigma 78-81, 80

Cone 192
  Cause Evolution Study 172, 173

Confiança do consumidor nas informações prestadas *171*
  Pesquisa dos consumidores verdes 68-9

318 As Novas Regras do Marketing Verde

Recursos da Internet 49, 163-4

Transparência em 188–9

Consciência *ver* preocupação do público

Conservadores de recursos, segmentando os consumidores por interesse verde 63

Conservation International 235, 237, 252, 275

Starbucks trabalhando com 225-6

Construção verde 45

Consumer Product Safety Improvement Act 109

Consumidores verdes, cinco tons 54, 56-7

Conheça seu cliente 158

Estratégias e motivos de compra 64-73, 65

Psicograficamente segmentado 53-4, 54, 55 ver compras verdes

segmentação, para ajudar na busca 162

Consumidores

Público em geral como *stakeholders* 214-5

Uma novo visão do 79-80 ver consumidores verdes

conteúdo reciclado em produtos 30

design de produto sustentável 102-3

Continental Airlines 231

Controle integrado de pestes administração 150

Converse 172-3

Corrugated Packaging Alliance 230

Cotton Council International 194-5

Cottonelle 236

CPC Mueller 94

Cradle to Cradle Certification 286

Crenças dos consumidores na sustentabilidade de acordo com os dados 156-7

Crest 175-6

Crianças como novos *stakeholders* 216-20

criando novos mercados para produtos sustentáveis 236-7

Criativos, esforços de publicidade 175-8

Crise de energia (1973-1975) 33

Cromo hexavalente 126

CSR *ver* Responsabilidade social corporativa

Dallas Cowboys 123-4

Dansko 85

Dasani Coca-Cola 215, 216

Dawn detergente 162-3, 169-70

Forçado a defender políticas 173-4

Deer Park Nestlé 216

Defenders of Wildlife 275

Defra *ver* Department for Environment, Food and Rural Affairs

DeLaVergne, Ann 121

Dell *50*, 172-3

Demanda dos consumidores para criar oportunidades de negócios 45-50

Educação e compromisso dos consumidores educando o público em geral 216

Ensinando os professores para informarem as crianças 217-20

Estratégias de marketing 158

Iniciativas para alunos, professores e funcionários 219-20

Method mirando os consumidores 87-8, 88-9

Varejistas como aliados-chave para conscientizar os clientes 223-4

Demanda por produtos cultivados na região 113

Denson, Charles Nike 110-11

Department for Environment, Food and Rural Affairs, UK (Defra) 275

Department of Energy *ver* United States Department of Energy

Departmento de Agricultura dos Estados Unidos (USDA) 45

BioPreferred programa 207, 317

National Organic Program 203, 204, 289

Selo Organic da USDA 69, 105, 106, 107-8, 196-7, 197, 204, 232

Desafio de comunicação de credibilidade 156

Obtendo apoio de terceiros 195-204

Para branding sustentável, cinco estratégias 184-210

Problemas 183

Repercussão de percepção de greenwashing 184

Desafios de sustentabilidade de comunicação 154

Campanha Earthkeeper da Timberland 247 Compromisso de sustentabilidade de comunidades 170-8

de processos, produtos e serviços 153-4

Fundamentos do marketing verde 155-7

Site interativo da Starbucks 255-6

Descargas duplas da Caroma para eficiência no uso de água 118-20

Descarte de lixo nos Estados Unidos 131

Desempenho do produto marketing verde 156-7

Superando percepções negativas 169-70

Desenvolvimento de materiais cinco estratégias para a eco-inovação 138-9

Desenvolvimento de produto verde para consumidores econômico-conscientes 77–8

LCA de questões ambientais 95-100

Desenvolvimento de tecnologia cinco estratégia para eco-inovação 139-46

Design ambiental *ver* design de produto sustentável

Design de escova de dente 135

Design de produto na era da sustentabilidade 79-80

Design sustentável de produtos estratégias para 100-25

Desmaterialização, recriando um produto 136-7

Diaz, Cameron 34, 43

DiCaprio, Leonardo 34, 43

Índice Remissivo **319**

Diodos de emissão de luz (LEDs) *50*, 140
Dióxido de carbono (CO_2) 115, 116, 137, 163-4, 183, 193, 222
medida 201
Dióxido de enxofre (SO_2) 115-17
Discovery Channel Planet Green 43, 219, 270
Distribuição dos produtos sustentáveis hoje 30
District 209
Divine Chocolate 107-8
Do Something inspirando e ensinando os adolescentes 268
Dreyfus, Julia Louis 43
Drifters segmentando os consumidores verdes 58
Dunkin' Donuts 256
Duracell pilhas 42
Dwell 268
Dwork, Michael VerTerra 123
Dyna-E International 194
E – The Environmental Magazine 268
Earth Day Network 275
Earth Force 217
Earth's Best comida orgânica para bebê 106
Earthbound Farm 203
Earthjustice 275
Earthkeepers Timberland linha de produtos 246, 247
Earthtweet 262
Earthwatch Starbucks parceria com 257
Earthworks apelo para mineração consciente 102
easyJet destaque para o *Greenwashing Index* 184
E-books 137
Eco Mark 268
Eco Products NEC 204
Eco Voice 262
EcoEasy papel 30, 226
EcoEnvelopes solução reutilizável 120-1
Ecolabel Index 276
Ecolect 262-3
EcoLogo 268
Ecomagination campanha 48, 134, 195, 204
Economics of Ecosystems and Biodiversity, The (TEEB) 276

Eco-Pedal System 144
EcoSmart LED lâmpadas 141
Ecotainer 140
EcoWorld 267
Educação de funcionários 186
Educação *ver* educação dos consumidores
Effies prêmios para efetividade de campanha 50
Eficiência ambiental com materiais de marketing 187-8
Eficiência de água, design sustentável de produto 118-9
Eficiência de combustível, design de produto sustentável 115-6
Eficiência de energia, design de produto sustentável 115-6
Eileen West 162
Electricity maior fonte de geração de energia de poluição do ar 115-6
Electronic Product Environment Assessment Tool (EPEAT) 199-200, 286
Avaliação "Ouro", oferecida à Zonbu 149
Electronics TakeBack Coalition 276
Eleitores preocupados com problemas ambientais 38-9
EMA *ver* Environmental Media Association
Embalagem 94
Desafios e soluções 229
elegante e moderna da Method 85
Frito-Lay SunChips 124
Embalagem com refil 120
Emissões de partículas 116
ENDS Europe 262
Energia alternativa 141-2
Energia cinética 142
Energia de espera (standby), redução 115-6
Energia renovável compromisso da Timberland 244
Energia solar 30, 141-2, 149
Energia, compromisso renovável da Timberland 243
Energy Independence and Security Act, 2007 233
ENERGY STAR 45, 60, 69, 98, 197, *198*

Parceria com a ENERGY STAR 49-50, 207, 226
Programa de voluntariado 202, 203
Reconhecimento para a Bosch 115, 161
Energy Trust Oregon 114-5
Ensinando os funcionários 186-7
Entusiastas segmentando os consumidores por interesse verde 64
Envelopes ecoEnvelopes solução reutilizável 121
Environment for Europeans 262
Environmental Defense Fund 229, 276
Environmental Leader 262
Environmental Media Association (EMA) 43, 276
Environmental Product Declarations (EPDs) 206
Environmental Protection Agency *ver* United States Environmental
Environmental Protection UK 276
Environmental values Kettle Foods' projetos de energia e terra 114
Traduzido nos processos da Method 83-6, 85
Environmental Working
Envolvendo os funcionários da Method atividades comunitárias 87-8
EPA *ver* United States Environmental Protection Agency
EPDs *ver* Environmental Product Declarations
EPEAT *ver* Electronic Product Environment Assessment Tool
Epson 167
Equipamentos renováveis turbinas eólicas 142
E-readers 137
Estabelecendo os títulos verdes de uma empresa 48-9
Estações de recarga 138
Estados Unidos compromissos com a nação 44
Consumer Product Safety Improvement Act 110
Iniciativas verdes por líderes cívicos 45

320 As Novas Regras do Marketing Verde

Legislação ambiental 33-4
Estée Lauder 42
Estilo de vida influenciando as escolhas dos consumidores 72
Estratégia de redução de fonte da Dropps 104-5
Estratégias de redução de carbono da Timberland 242, 245
Estratégias para o sustentável 100-26
Éter de bifenil polibrominado (PBDE) 126
Ethos Water 174
EU Ecolabel 287
European Advertising Standards Alliance 277
European Environmental Bureau 277
European Union Restriction of Hazardous Substances (ROHS) diretiva 126
Evelyn Hill Inc. 124
Evitando a miopia do marketing verde 159-62
Extensão de vida do produto 120
Exxon 26, 183, 237
Exxon Valdez derramamento de óleo 32, 34, 182
Fabricação responsável, práticas de design sustentável de produto 114
Facebook 88, 164-5, 173-4, 175-6, 259
Fadiga verde
  Consumidores enganados por jargões 184
  Desafios de comunicação 154
Fair Trade design de produto sustentável 109–10
Fairtrade Foundation 108, 287
Fairtrade Labelling Organizations International (FLO) 109, 287 *ver* TransFair USA
Fairway 108
Falta de estações de abastecimento de hidrogênio 143
Farmer Support Centers Starbucks 253
Fazendo lobby por leis ambientais mais rígidas 232-3
FDA *ver* Food and Drug Administration

Federal Trade Commission (FTC) 20, 155, 191, 194-3, 277
  Green Guides 206, 210, 277
Feinstein, Dianne senadora da Califórnia 45
Fiji água mineral destacada pelo *Greenwashing Index* 184
Filantropia corporativa pelo meio ambiente 237-9
filterforgood.com 163
Financial Times 257
First Magazine 257
Flickr 89
FLO *ver* Fairtrade Labelling Organizations
Folhas de palmeira material para VerTerra, utensílios de cozinha 82
Fome na Etiópia 34
Food and Drug Administration (FDA) 254
Forbes.com Boost Your Business 104
Forbo Marmoleum piso 111, 162
Ford Motor Company 182
  Heroes of the Planet campanha 182
  Hummer 132
Ford, Bill, Jr. 182
Forest Products Association Canada 199
Forest Stewardship Council (FSC) FSC label *198*, 198-200, 287
Fornecedores como novos *stakeholders* 228-30
Fortalecendo os consumidores no centro do marketing verde 156-7
  Fazendo a diferença 70, 71
  Para tomar decisões conscientes de compra 162
Fortune 238, 245, 257
Fraldas 98-9, 139-40
  Alternativa para o descartável 135-6
Fred Meyer 30
Fresh Energy 121
Friends of the Earth 277
Frito-Lay SunChips 50, 124, 209
FSC *ver* Forest Stewardship Council

ftalatos 32, 110
FTC *ver* Federal Trade Commission
Funcionários como *stakeholders* 221-3
Furacão Katrina 32, 35, 38, 253
Future Friendly P&G 41
Gaiam 268
Galaxy Granola 173
Gap 105, 172
Garantias de selos ecológicos 205-6
gDiapers 135-6
GEDnet *ver* Global Environmental Declaration Network
Geldof, Bob 34
General Electric (GE) 41, 115, 231
General Motors (GM) 176, 182, 189
  Chevy Volt 143-4, 195
GenPak Harvest Collection 125
Geração X ativismo ambiental 33-4
Geração Y ativismo ambiental 34
Geração Z ativismo ambiental 35
Gerações verdes de Baby Boomers para a Geração Z 32-5
Giorgio Armani 172
Girl Scouts of America 219
Global Footprint Network 277
Global Fund to Fight AIDS, Tuberculosis and Malaria (the Global Fund) 172
Global Green USA 268
Global Oneness Project 263
Global Organic Textile Standard 200, 287
Global Reporting Initiative (GRI) 49, 189, 256, 278
Global Warming Social Footprint (GWSF) 189
GMOs *ver* organismos geneticamente modificados
Good Environmental Choice 287
Good Housekeeping 43, 108, 287
GoodGuide 68, 268
Goodwill parceria com Levi Strauss 209
Google 117
Gore, Al 32, 38

Governo como *stakeholder* 231-7

Great Pacific Garbage Patch 35, 215

Green & Black's 42, 108

Green America 61, 68, 278

Green Building Council 45, 84, 183, 219, 257, 277

Green certification DfE avaliação das fórmulas de produto Method 88
  Obtendo apoio de terceiros 194-204
  Proliferação de sistemas 196-8

Green Design Institute, Carnegie Mellon University 278

Green Done Right 43

Green Effie prêmio *ver* Effies

Green Energy TV 263

Green Gap Survey 192

Green Guide, The 269

Green Guides *ver* Federal Trade Commission

Green Index sistema de avaliação para sapatos 204, 247-8, *248*

Green jobs U.S. iniciativa nacional 43

Green Maven 263

Green Mountain Coffee Roasters 139

Green Net 245

Green Power Network, The 263

Green Rubber 246

Green Seal 200

Green Toys 229-30

GreenBiz 263

Green-E *198*

GreenerChoices 269, 278

GreenGuard selo 197

GreenHome.com 175, 269

Greenhouse Gas Protocol Initiative 278

Greenpeace 38, 102, 235-6, 279
  campanha "Green My Apple" 186
  Kleercut campanha 236

Greenwashing 181-4
  Cinco estratégias para evitar 184-210
  E ceticismo resultante 78
  Origem do termo 182

Greenwashing Index, The 184, 263

Greywater 135

Greywater sistema de reciclagem 135

GRI *ver* Global Reporting Initiative

Grist 183, 263

Group 270, 277

Grupos ambientais com domínio especial de 235-6
  Como stakeholders 234-8

GSD&M agência de propaganda 169

GWSF *ver* Global Warming Social Footprint

Hain Celestial Group produtos naturais 106

Hallmark 172

Hartman, Cathy 161

HDPE *ver* polietileno de alta densidade

Health Valley 106

HealthyStuff.org 63, 269

Herman Miller
  Eames cadeira e poltrona 101
  Leaf lâmpada 50
  Mirra, cadeira de trabalho 122

Hershey 105

Hewlett-Packard *ver* HP

Hidróxido de sódio 173-4

Hilton 201

Hirshberg, Gary Stonyfield 167, 175

Holland Middle School Pennsylvania 218

Hollender, Jeffrey Seventh Generation

Home Depot 141, 226
  EcoOptions programa 223-4, 226, 237-9
  Funcionários construindo parquinhos 222

Honda Accord 118
  Civic and Insight 39
  FCX Clarity 143

Horizon Organic 203

HP 229
  campanha "Power to Change" 209
  campanha "There's No Small Change" 50 , 164-5, 188, 208-9
  Cartuchos de tinta com conteúdo reciclado 103

Eco Highlights selo 205, 205

HSBC
  Quatro passos para a neutralidade do carbono 187

Huggies 140

Human Resources Magazine 257

Hyundai 151

IBM 49, 189

IBWA *ver* International Bottled

IDEA *ver* Industrial Design Excellence Award

Ideal Bite 269

IEG 172, 238, 279

IGive.com 269

IKEA 120, 224
  IKEA Canada, site de informações ao consumidor 49
  Parceria com UNICEF 172

Imagem tornar mais verde a imagem de uma empresa 48

Impact Reporting and Investment Standards 279

impacto ambiental 149
  Lista de produtos 93
  Timberland minimizando 242, 245

Impacto social, lista de produtos 93-4

Impacto *ver* impacto ambiental; Impacto social

Implicações da mudança do clima para o meio ambiente 46-8

Índice de recuperação Nissan, concentrando-se nos três Rs 144-5

Industrial Design Excellence Award (IDEA) 49
  carpete 136
  Nike's Considered tênis, linha vencedora do prêmio Gold IDEA 111
  Tricycle's prêmio IDEA para o SIM, substituto de amostras de
  Vencedores do prêmio IDEA para excelência em design 49, 50

Industrial Designers Society of America 278

Informação *ver* informação do consumidor

Informação/Inspiração 264

Ingeo bioplásticos 124, 140, 229

Iniciativas de redução de lixo Starbucks 254

Iniciativas sociais Timberland programas 244-5

Inovação de sistema cinco estratégias para a eco-inovação 134-8

inovação ecológica além do design ecológico 132-4

cinco estratégias para 134-49

definido 132-4

Inovação no nível de sistema 134

Eco-oportunidades para 48

Motivado pelas novas regras do marketing verde 126

Para a sustentabilidade 88-9

Produtos eco-inovadores 79-80

Institute for Sustainable Communication 264

Interdependência de stakeholders/corporativa, Novo paradigma do marketing verde 79-80, *80*

Interface 186

International Association for Soaps, Detergents and Maintenance Products (AISE) 209, 279

International Bird Rescue Research Center 173-4

International Bottled Water Association (IBWA) 216

International Organization for Standardization (ISO) 288

ISO 14001 187

Padrões de avaliação ecológica 205-6

International Paper 139-40

Internet informação do consumidor 68, 163

Meio interativo para consumidores 42-3

Meios eficientes de chegar aos consumidores 175-6

Investimento em novas tecnologias 46

capital de risco no setor de tecnologia limpa 42

Investimentos de capital em indústrias de produtos de limpeza 43

iPhone 68, 149, 176, 179

IPM *ver* administração de pestes integrada

Islândia uso de energia geotérmica para produzir hidrogênio 143

Islesboro Central School Maine 218

ISO *ver* International Organization for Standardization

J. Ottman Consulting, Inc. 61, 165, 202, 279

James River Corp 230

Japan Environment Association 279

Japan Environmental Management Association for Industry 280

Jardins du Monde 110

Jargões para compras verde 65, 65

JCPenney Simply Green 226

Jeffers, Alan Exxon 183

Jeffrey, Kim Nestlé Waters 186

Jobs, Steve (Apple) 186

Johnson, SC 49, 189

autocertificação 204, 228

Jornais se tornando verdes 43

Justmeans 264

JWT 165

KaBOOM! 222, 280

Kaplan Test Prep and Admissions 219-20

Kashi cereals "Sete Grãos em uma Missão" 43, 167

Kenmore 161

Kettle Foods painéis solares e energia eólica 115

Veículos que usam biodiesel de óleo vegetal 115

Kimberly-Clark 236

Cottonelle 236

"Green Done Right" 43

Kleenex 236

Relacionamento com grupos ativistas 38, 235-7

Scott Naturals 30, 41, 194-5

Klean Kanteen 64, 121, 190

Kleenex 236

KLM novos copos para café/chá 229-30

Kmart 194

Kohn, Pam Wal-Mart 114

Kool-Aid 218

Kowalski, Michael J. (Tiffany) 102

Kuapa Kokoo 108

L'Oréal 42

Lâmpadas fluorescentes compactas (CFLs) 39, 73, 125-6, 163

Lançamentos de produtos mais verdes 41

Oferecendo benefícios 46 ver produtos de marcas ecológicas; e sob Produtos

Land Stewardship Foundation 120-1

Laptops mais verdes 43

criados pelo Greenpeace 186

iPad 137

iPhone 68, 149, 176, 255

iPod/iTunes 149

LCA Information Hub 264

LCA *ver* avaliação de ciclo de vida

LCAccess 99, 264

Lead 126, 126

Leadership in Energy and Environmental Design (LEED) *ver* United States Green Building Council

LEAF carro elétrico 138, 144

Learning About Renewable Energy 264

Leather Working Group (LWG) para desempenho ambiental de curtumes 246

LEDs *ver* diodos de emissão de luz

LEED *ver* United States Green Building Council

Lenzing 162

Levi Strauss. A Care Tag for the Planet 209-10

Lewi, Linda JWT 166

Lexus 192

Life Cycle Initiative 280

Linguagem para profissionais de marketing verde

Específica e proeminente 192

LinkedIn 175

Linóleo alternativa ecológica ao vinil 110-12, 162-3

lista limpa e lista suja de ingredientes Method 86

Live Aid concert 34

Live Earth shows 175

LOHAS (Lifestyles of Health and Sustainability)

Aumentando a participação de mercado 154
Green Consumer Segmentation Model 54-60, 54, 55, 59, 83-4
LOHAS *On-line* 263
Love Hewitt, Jennifer 169-70
Lowe's 82
Lowry, Adam Method 81, 87-9
Lunds & Byerly's 236-7
Madeira sustentável, para fabricantes de violão 101-2
MakeMeSustainable 70, 270
Marca de certificação 200, *202*
Marcas de carbono como opção ao LCA 99
Pepsico redução 99-100
Walkers Crisps redução 100
Marcas ecológicas avaliadas por consumidores verdes 65
Alguns confiáveis, alguns enganados 68-9
Passos para influenciar a economia de consumo dos Estados Unidos 44-5
Índice verde da Timberland 204, 247-8, 248
Marine Mammal Center 173-4
Marine Stewardship Council (MSC) *198*, 288
Chain of Custody certificado 236-7
Marketing ambiental *ver* Marketing verde
Marketing de causa 171-4
Algumas regras da estrada 173-4
Estratégia da Timberland 247
Marketing de causa 172-3
Marketing *ver* marketing verde
Marks & Spencer 223-4, 236-7
Marmoleum piso, reiventando a imagem do linóleo 112-3
Mars Inc. 108-9
Martin, C.F. & Company 101-2
Materiais inovadores trabalho com fornecedores 229
Materiais reutilizáveis 119-20
Material Connexion 279-80
Mathews, Craig 172
Maytag 119-20
McDonald's 38, 104, 229, 236, 256

Mensagens educacionais com conteúdo de intenção de compra 162-3
Mercedes 151
mercúrio 110, 116, 126, 141
em fluorescentes compactas 126-7
Metabolix 233
Mirel 138-9
Method 46, 74
Campanha "People Against Dirty" 18, 88
Estudo de caso 82-90
Squeaky Green: The Method, Guia para desintoxicar a sua casa 89
Microsoft 117
Mídia digital a comando da Geração Y 34-5
Mídia torna-se verde 42-3
Midler, Bette 43
Millennials ativismo ambiental 34
Mirel bioplásticos 139-40
Mirra cadeira 122
Mitsubishi 151
Modal brand fiber Lenzing 161
Modelos de negócios para desenvolvimento de estratégias para a eco-inovação 146–9
Modelos de negócios voltados ao serviço 16-7
Modo 172-3
Monsanto destaque da Greenwashing Index 184
Moonen Packaging 229-30
Motivações dos consumidores
Abordagem básica 167-8, 169
Motivos para compra 158-62
Sucesso da campanha "Don't mess with Texas" 169
Motivações *ver* motivações do consumidor
Motivo para o consumidor verde assumir o controle 65, 66, 68
Motorola 172-3
MSC *ver* Marine Stewardship Council
Mueller's pasta 94
Mulheres na vanguarda da compra verde 53
Munro, Alice 237
Music Wood Coalition 101-2
MySpace 176

Nalge Nunc International 214
Nalgene 121, 164, 215
National Advertising Division, Council of Better Business Bureaus 280
National Audubon Society 280
National Football League 219
National Geographic Society 280
National Grid Foundation 220
National Institute for Environmental Studies 281
National Recycling Coalition 163
National Standard for Sustainable Forest Management (Canadian Standards Association) 288
National Wildlife Federation (NWF) 196, 219, 281
programa "Chill Out" 219
*Native*Energy 84, 192
Natural Awakenings 270
Natural Health Group 270
Natural Life Magazine 270
Natural Marketing Institute (NMI) 54-6, 281
Comportamento do consumidor pelo segmento NMI 59
Composição demográfica de cinco segmentos NMI de consumidores 55
Consumidor verde modelo de segmentação 54
The LOHAS Report 54-8
Natural Resources Defense Council 219, 281
Natural Step, The 281
Natural Technology 172
Naturalites, segmentando consumidores verdes 57
Nature Conservancy, The 237-8, 281
Natureworks 47, 124, 140, 230
NBC 43
NEA Foundation National Education Association 219
NEC Eco Products 204
Necessidade de os consumidores aliviarem sua culpa 70
Nelson, Gaylord 33
Nelson, Willie 169
Nestlé Waters 215, 216
Arrowhead 216
Deer Park 216
Netflix 149

324 As Novas Regras do Marketing Verde

Enfatizar os benefícios ambientais 164
New Leaf Paper 237
New Seasons Market 113
Newell Rubbermaid 139
Newman's Own Foundation 173
Newsweek 43, 209, 257
Nickelodeon "The Big Green Help" 219
Nicolas, Jean-Pierre (Jardins du Monde) 110
Nike 38, *50*, 229
Air Jordan XX3 tênis 111
Compromisso com a sustentabilidade 111
Considered, linha de sapatos 111
Roupas de algodão orgânico 107
Nissan 118-9, 144-6
Infiniti Hybrid 145
LEAF 138, 145
Níveis de confiança de consumidores 66, *66*
Em fontes de informação de consumidores 171
Níveis *ver* níveis de carbono; nível de água
nível de água 119-20
NMI *ver* Natural Marketing Institute
No Dirty Gold campanha 102
No Sweat Apparel 176
Noble Juices 140
Nokia modoficações para economia de energia em aparelhos celulares 117
Novartis 189
Novo paradigma do marketing verde das relações dos consumidores 79-80
NPE (etoxilato de nonilfenol) 105
NSF International 288
Numi Tea 85
NWF *ver* National Wildlife Federation
O verde entrando na cultura corporativa 173-4
O_2 Global Network 281
Oatso Simple 100
Obama, Barack políticas e inicitivas verdes 44
Obama, Michelle, horta de 44

Objetivos alcançáveis e que valham a pena 185-6
Odwalla 175
Office Depot 103
OfficeMax 103
Opção de ação dos funcionários da Starbucks "Bean Stock" 254
Open Media and Information Companies (Open MIC) 43, 282
Oportunidades de negócios para produtos mais verdes e serviços 45-50
Organic Authority 270
Organic Consumers Association 282
Organic Exchange 282
Organismos geneticamente modificados (GMOs) 183-4, 204
Organização sem fins lucrativos City Year apoiada pela Timberland 244, 249
Organizações de serviços voluntários 38-9
Orientações inconsistentes da emissão de carbono 191-2
Oriente Médio embargo do petróleo 33
Óxidos de nitrogênio (NO_x) 116
Ozone PremAir catalizador de ozônio 150
P&G *ver* Procter & Gamble
Packard, Ben 250
Padrões de construção das lojas Timberland 245-8
Painéis solares nas fábricas Kettle Foods 115
Palmolive 69, 82, 82, 170
programa "Pure + Clear" 90
Paper Mate caneta biodegradável 140
Paperboard Packaging Alliance 230
Parabenos 112
Parceria da Best Buy Greener com a ENERGY STAR 226
campanha "Essencial para o HSBC" 166
Com agências do governo 233
com stakeholders 256
Council and Department of Energy 219
Home Depot e KaBOOM 222

Home Depot e Nature Conservancy 237-8
IKEA com UNICEF 173
Kimberley-Clark e Greenpeace 235-6
Levi Strauss e Co e Goodwill 209
McDonald's e Conservation International (CI) 236
McDonald's e James River Corp. 230
Nissan, com grupos comunitários e agencias do governo 146
Parceria com ENERGY STAR 49, 207, 226-7
Parceria com fornecedores 228-31
Parceria com governo 232-4
Parceria com grupos ambientais 235
Staples Foundation for Learning with Earth Force 217
Tide Coldwater com Alliance to Save Energy 177
Unilever com WWF para criar MSC 236
Wal-Mart com Sam's Club 222
Paris Vélib, aluguel de bicicleta 148
Patagonia 185-6
Common Threads programa de reciclagem 122
Footprint Chronicles, site 49, 189-90
Synchilla PCR 30
Patrocínio da tv programação orientada 218-9
Paul, Scott Greenpeace 236
PBB *ver* bifenil polibrominado
PBDE *ver* éter bifenil polibrominado
PCBs (bifenilos policlorados) 32
Peace Corps 38
Penney, JC *ver* JCPenney
People Against Dirty 18, 87-8
People for the Ethical Treatment of Animals (PETA) 64, 90, 282
PepsiCo 274
Água mineral (Aquafina) 215, 216

Campanha de reciclagem "Have We Met Before?" 162

Oatso Simple 100

Produto emissão de carbono 99-100

Quaker Oats 100

Percloroetileno 32

Perfil de consumidor, conheça seu cliente 157-9
da Method 83

Perrier 215

PET 85, 98, 139, 140, 216, 146, 255

PETA *ver* People for the Ethical Treatment of Animals

Philips 188
A Simple Switch campanha 175
Alto II lâmpadas fluorescentes 126
campanha para aumentar os padrões de eficiência das lâmpadas 232-3

Pitt, Brad 43

PLA *ver* ácido polilático

Planet Ark 202, 282

Planet Green 43, 219, 270

Planetsave 265

PlantBottle 139

Poland Spring 215, 216

Policarbonatos 214

Polietileno de alta densidade (HDPE) 234

polipropileno (PP) 104, 255

Política da Starbucks de dar poder aos funcionários 254
Para abordar questões verdes 186
Para causar um impacto positivo 222-3

Políticas ambientais cumprindo o que prometem 185-6

Poluição tóxica preocupações públicas 32

Portland General Electric 115

Posicionamento corporativo otimista 166-8

Posicionamento corporativo, comunicando sustentabilidade 166-7

Práticas ambientais grandes marcas para deficientes 38

Práticas de agricultura para o design sustentável de produtos 101-03

Práticas de mineração para design sustentável de produtos 101-02

Práticas sociais grandes marcas para deficientes 38

PremAir catalista de ozônio 149-50

Prêmios e reconhecimentos cobiçados
Prêmios verdes 49–50
História de sucesso da Method 89-90

Prêmios verdes 50

Preocupação pública a respeito de questões ambientais 30-2, *31*

Preocupação *ver* Preocupação do público

Preocupações ambientais 30-2, *31*
Segmentando os consumidores verdes de acordo com suas 60-4, 61, 62
Problemas dos LCAs 99-100

Preocupações com a energia nuclear
Chernobyl 34
Three Mile Island 33

Preocupações sociais problemas de LCAs 99-100

Preocupados com saúde, segmentando os consumidores por interesse verde 61

preparando a mensagem para o consumidor 159-62

Prius *ver* Toyota

Problemas de compostagem com bioplásticos 139-40

Procter & Gamble (P&G) prêmio 49-50
Avaliação de ciclo de vida 96-7, 97
campanha Ariel "Turn to 30" 209-10
campanha"Future Friendly" 41
detratores 0173-4
Duracell 42
PUR purificador de água 42, 151
Tide Coldwater site 178
Tide HE 42

Procupação com problemas de saúde 32

Produção de materiais regionalmente 79-80, 113-4

Produção local de materiais 79

"Product Footprint" Timberland's Informação ambiental específica 246

Produtos ambientalmente sustentáveis 39-41

Produtos de algodão orgânico 106-7

Produtos de cuidados pessoais da Method, estudo de caso 8290

Produtos de limpeza doméstica Estudo de caso Method 82-90
Seventh Generation estratégia de design 112

Produtos de marcas ecológicas
Redes criando as próprias linhas de 223 ver produtos verdes

Produtos descartáveis *ver* "Seguro para descarte"

produtos eco-inovadores 79

Produtos feitos pelo homem
Human Power Trainer 143

Produtos orgânicos design sustentável 105-6

Produtos para proteger/melhorar a saúde 159-60

Programa de administração de carbono
Quatro passos para a neutralidade do carbono da HSBC 187-8

programas de desenvolvimento de funcionários da Timberland 244-5

Programas de iniciativa ambiental da Timberland 244

Programas de TV voltados para a ecologia 70, 218, 263

Programas voluntários estratégia de parceria com governo 232

Programme for the Endorsement of Forest Certification 288

Project (PSP) com Wal-Mart 222

Project (RED) 255, 282

Projeto 93-123
adicional para se concentrar na sustentabilidade 86-7

326 As Novas Regras do Marketing Verde

ver design de produto sustentável
promoção de consumo responsável 207-10
Propagandas 192-5
Protected Harvest 289
Protection Agency
Protegendo o fornecimento de matéria-prima 236
Público em geral como novos *stakeholders* 214-6
Público *ver* público geral
Publix 105
PUR purificador de água 42, 151
Purificação do ar 150-1
PVC 32, 73, 111, 122, 149
Quaker Oats 100
Questões ambientais abordando a consciência dos consumidores 158
Consciência pública 30
Ensinando os educadores a informar os alunos 217-8
Questões sociais a respeito da consciência dos consumidores 158-9
Rainforest Alliance *198*, 289
Rainforest Network students supporting 218-9
Raymond Communications 265
RealClimate 265
REC Solar 149
reciclagem design de produto sustentável 121-2
reciclagem incentivando as crianças a reciclarem 218-9
Geração Z 36
iniciativas da Starbucks 254-5
Recipientes compostáveis 123, 124-5
Reconhecimento *ver* prêmios e reconhecimento
RECs *ver* Renewable Energy Certificates
Recursos da Internet 261-90
Recursos de Internet 261-90
Recursos naturais, preocupação com o desgaste de 32
Recycline Inc produtos de recursos reciclados 103
Redes sociais sites relacionados a consumidores verdes 70
Alcançando os consumidores por meio de 175-6

Timberland presença 247-8
Redução de fonte alternativa à reciclagem 104
Redução de toxicidade 32, 109-10
Redução de transporte para reduzir a emissão de carbono 113-4
Refrigeradores 158-9
Renault 146, 193
Renewable Choice Energy 121
Renewable Energy Certificates (RECs) 84, 191
Repercussões corporativas da percepção de *greenwashing* 184-5
Reputação o responsabilidade ambiental e social 66-8
Resina 112, 139, 234
Responsabilidade ambiental Starbucks iniciativas verdes 251
Starbucks' Shared Planet plataforma 251, 255
Responsabilidade social corporativa (CSR) Starbucks parceria CARE 250-1, 255
Responsabilidade social projetos da Clarins em Madagascar e
Restaurando as cinco estratégias ambientais para a eco--inovação 150-1
Retardadores de chamas 126
Reuso 142-3
Revistas sobre sustentabilidade 42–4
Reynolds Wrap foil 41, 170
Robinson Elementary School Tampa, FL 217
Rocky Mountain Institute 282
ROHS (Restriction of Hazardous Substances) diretiva 126
Rowling, J.K. 237
Royal Dutch Shell contra anúncios enganosos 193-4
Rubber 246
Ryan, Eric Method 82-3, 86-9
Sacramento Municipal Utility
"Safe for disposal" estratégia de eco-design 126
Safeway 30, 106
linha orgânica O 106
Sainsbury's 236
Sam's Club Personal Sustainability

Satisfação pessoal em ação integrando valor e visão 50
SC Johnson *ver* Johnson, SC
Schultz, Howard Starbucks 254
Scientific Certification Systems 205-6, 226-7, 289
Scituate High School, Massachusetts 220
Scott Naturals *ver* Kimberly Clark
Scott, Lee Wal-Mart 225
Segmentação convencional dos consumidores verdes 60
Segurança do produto 32, 86-7, 151
Consumer Product Safety Improvement Act 109-10
Selo de Redução de Carbono 99-100, 199, 200-01, *202*, 274, 286
Selo Green Good Housekeeping 43, 287
Selo *ver* selo ecológico
Selos ecológicos
Atributo único 199-200
Biodegradable Products Institute 124-5
Critérios para seleção 197-9, 198
Declaração ambiental de produto 205-6
EU Ecolabel 287
Múltiplos atributos 199-201
No mundo todo 197
programas de certificação 204-7
proliferação de 196-7
Selos voluntários do governo 202-3
Somando valor à sustentabilidade 197-207
Verificação independente 205-6
Service Master Cleaning 201
Serviços eletrônicos substituindo os produtos materiais 148
Seventh Generation
blogue "Inspired Protagonist" 186
Informando ingredientes dos produtos 189
Produtos de limpeza doméstica 39, 112, 169-70
Publicidade criativa 169-70, 175-6, 185-6

SFI *ver* Sustainable Forest Initiative

ShareGreen 266

Shell *ver* Royal Dutch Shell

Shriver, Bobby 172

Sierra Club 173, 196, 265

Sierra Club Compass 265

SIGG perdendo a confiança dos consumidores 190

Silicon Valley Toxics Coalition 283

SIM trocando as amostras de carpete com imagens impressas 137

Síndrome da China 33

SIRAN *ver* Sustainable Investment Research Analyst Network

Sistema de carona 47, 147, 167

Sistemas voltaicos 142

Sites de consumidores focados em 43-44

Skin Deep Cosmetic Safety Database 270

Small Farmer Sustainability Initiative 252-3

Smart-Grid rede 117
eletrodomésticos inteligentes 116

Social Enterprise Coalition 108

Social Investment Forum SIRAN Grupo de trabalho 49

Soladey escova de dente 135

Soluções dos fornecedores para os desafios de energia e carbono 229-30
desafios de embalagem e descarte 230

Soluções inovadoras para os desafios de energia e carbono 229

Sony Ericsson GreenHeart 204
Playstation 126
Reader 137

Sprint 175

Squeaky Green: The Method Guide to Detoxing Your Home 89

Stafford, Ed 159, 161

Stakeholder/interdependência corporativa novo paradigma do marketing verde 79-80, *80*

Stakeholders comunicando a sustentabilidade a 153-237
Dados consistentes para 189

Starbucks parceria com 256
Tradicional e novo 213-4, 214

Standards B Corps padrão de negócios sustentáveis 189
Global Warming Social Footprint 189
ISO 14001 sobre política ambiental 187
ISO padrões para selo ecológico 206

Staples EcoEasy papel 30, 226-7
Foundation for Learning 217-8

Starbucks 49-50, 172-3, 173-4
Café Estima, comércio justo 108
Perfil 250-7

Starbucks produtos de sustentabilidade inovadora 136-7

Steelcase Think Chair 205-6

Stokke Tripp Trapp cadeira 120

Stonyfield Farm 42, 46, 218, 220
e Recycline 103
marketing não convencional 174
mensagens positivas 137-8

Story of Stuff, The 35, 271

Sun Products "All small & mighty" 105-6, 225

SunChips 50-1, 124, 207, 209

Sundance 43

SunEdison LLC 149

SunPower 149

Surfrider Foundation 283

Sustainability Consortium *ver* Wal-Mart Sustainable Forestry Initiative (SFI) *198*
ecoEnvelopes 121

Sustainable Investment Research Analyst Network (SIRAN) 283

Sustainable Life Media 265

Sustainable Materials 265

Sustainable Packaging Coalition 229, 284

SustainableBusiness.com 266

Sustainablog.org 266

Sustentabilidade produção atual e consumo não sustentável 131
Compromisso de projeto com 48

Representando mudanças psicológicas e sociológicas 78
Starbucks abordagem proativa a 250

Sustentável marketing *ver* marketing verde

Swartz, Jeffrey Timberland 242-4, 247, 249

Swift turbina eólica 142

Synchilla PCR 30, 64

Szaky, Tom 218-9

Talheres compostáveis 124-5

Target 82, 105, 110, 113, 140, 236

Tasho, Philip Aston/TAMO Small Cap Fund 106-7

Tecido Capilene 122, 190

Tecnologias inovadoras de ecologia 140-6

TEEB *ver* Economics of Ecosystems and Biodiversity

Television *ver under* TV

Telles bioplásticos 140

Tender Corp 193-4

Terminologia 190-1

Termos ambientais consciência do consumidor acerca de 69, *70*

Terra Chips 106

TerraCycle 218

Tesco apoiando com selo Carbon Reduction 201, 224

Tesla *50*

Texas Department of Transportation 169

TheDailyGreen.com 268

Three Mile Island usina nuclear 33

Tide 82, 88
Tide Coldwater 42, 97, 177
Tide HE 42

Tiffany & Company pedindo reforma de minas 102

Timberland Company, The *50*, 64, 185
Design for Disassembly sapatos 254
Earthkeeping programação 245
Green Index selo 204-5, 247-8, 248
Perfil 242-9

TNS Media Intelligence 284

Tom's of Maine 42, 186

328 As Novas Regras do Marketing Verde

TOMS One for One marketing de causa 174

Toys R Us 110

Trader Joe's 30, 224

TransFair USA 253, 289
Fair Trade Certified selo 189, 199, 200

Transparência na informação de consumidores 188-9
Seventh Generation lista de ingredientes para produtos de energia 112
Starbucks marketing e comunicação 254-5
Timberland's Green Index sistema de avaliação 247-8, 248
Valorizado pela Method 84-5

Treehugger.com 183, 271

Tricycle SIM 50, 136

Tuiteiros 43, 183

Tuiteiros ver Twitter

Twitter 88, 176, 247

ULEnvironment 289

Unconcerneds, segmentando os consumidores verdes 60

UNICEF "Children's Right To Play" programa 173

Unilever 82, 181, 236

Union Carbide 34

Unisource 230

United Nations Environment Programme 189, 280

United States Department of Energy 159, 165, 202, 219, 263, 289

United States Environmental Protection Agency (EPA) 33, 165, 187, 290
Climate Change 262
Climate Protection Award 164
Cradle to Cradle (C2C) certificado de começo a começo 88
Design for the Environment (DfE) selo 88, 202-3, 203, 233
Green Power prêmios 165, 249
LCAccess 99, 264
Prêmios 49
SmartWay 203, 203
Toxicity Characteristic Leaching Procedure (TCLP) teste 126
WasteWise, WaterWise e ClimateWise programas 232

WaterSense selo 118, 119, 203, 203 ver ENERGY STAR

United States Green Building Council 219, 257, 290
Leadership in Energy and Environmental Design (LEED) 45, 84, 115, 122, 183, 198, 246, 252, 257

Ure, Midge 34

Uruku Aveda 30

USDA ver United States Department of Agriculture

Uso de energia no produto 97, 97

Valor de lucros – benefícios de desempenho superior 46-7

Valores sociais traduzidos em processos da Method 84-5, 85

Vantagem competitiva da eco-inovação 134

Varejistas como os novos stakeholders 223-7

Ventura relógio digital 142

VerTerra utensílios de cozinha com folhas de palmeira 123

Vietnã 110
Timberland Código de conduta 243-4

Vinil no piso problemas ambientais 111-2

Visão exigida de um CEO 185

VOCs (compostos orgânicos voláteis) 39, 159

Vohr, Jill ENERGY STAR 225, 227

Voluntariado ver voluntariado de funcionários

Volvo 120, 151

Waitrose 114, 236

Walkers Crisps reduzindo emissão de carbono 100

Wal-Mart 38, 39, 50, 104, 105, 274
fonte local 113-4
greenwashing 181
lâmpadas CFL 73, 163
Personal Sustainability Project (PSP) com Sam's Club 222
Reduzir embalagens 104
ShareGreen 266
Sustainability Consortium 42, 226, 216, 283
Índice de Produto Sustentável 200

Selo ecológico 42
Trabalhando com fornecedores 111, 228-9
Wal-Mart Canadá 266-7

Walton, Sam Wal-Mart 181

Washington Nationals 183

Washright 209, 279

Wasik, Steve SIGG 190

Water Association

WaterSense selo ver United States Environmental Protection Agency

Wausau Paper 201

Webby Awards 190

Wegmans 108, 236

Westerveld, Jay 182

Wheaties 192

Whirlpool 117, 159, 161

Whole Foods 30, 82, 104, 108, 113, 121, 124, 175, 224, 236
priorizar fornecedores locais 113
uso de Facebook e Twitter 176

Wildlife Conservation Society 238, 284

Windstream Power LLC 143

Wisk 82

Wolf, Martin - Seventh Generation 99

Women's Voices for the Earth 284

World Business Council for Sustainable Development 278, 284

World Environment Center
Prêmio anual Gold Medal Award 49-50

World Resources Institute 278, 284

World Wildlife Fund 236, 245

Worldchanging 183, 266

WorldCoolers 70, 271

Worldwatch Institute 285

WWF ver World Wildlife Fund

Yahoo! 163

18Seconds.org 163

Yahoo! Green 271

YouTube 124, 174, 247

Zerofootprint 70, 285

Zipcar compartilhamento de carros 47, 147, 167

Zippo 120

Zonbu serviço de computador 149